마음을 움직이는

글로벌리더십

| 한은미 · 서영복 · 이용규 공저 |

수양재

머리말

어느 조직에서나 리더십의 중요성은 아무리 강조해도 지나치지 않다. 더구나 오늘날과 같이 변화무쌍하고 복잡한 환경에 살고 있는 우리에게 리더십의 중요성은 더욱 커질 수밖에 없다. 대통령을 비롯한 일부 정치가들의 능력에 의해 국가의 운명이, 기업 총수들의 능력에 의해 기업의 운명이 좌지우지되고 있으며, 가장 작은 조직 중 하나인 가정에서도 가장의 능력에 따라 가족들의 삶의 질이 달라진다.

그런 의미에서 리더십은 곧 사회에 첫발을 내딛게 되는 대학생들에게 매우 중요한 학문이 될 것이다. 이 교재를 통해 여러분이 리더십의 개념을 확실히 이해하고 완벽하게 습득함으로써 사회의 훌륭한 일원이 되기를 기대하면서 집필하게 되었다.

리더는 특정한 사람에게만 필요한 것이 아니라 두 사람 이상이 모인 곳이면 어느 누구에게나 필요하다. 평범한 사람도 누구나 리더십을 잘 발휘하면 조직의 목표달성이나 원만한 인간관계에 크게 기여할 수 있다. 그러나 바람직한 리더십을 발휘하기는 쉽지 않다. 그렇다고 어려운 것만도 아니다.

이 교재를 잘 활용하여 모두가 소기의 학업성과를 거두었으면 한다.

이 교재는 다음과 같은 부분에 역점을 두어 제작되었다.

첫 번째, 실무 중심이다.

시중에 리더십에 대한 책이 많이 나와 있으나, 실무에 적합한 서적은 그리 많지 않다. 어떻게 하면 실제 리더십 상황에서 좀 더 효과적으로 리더십을 발휘할 수 있을까에 대해 깊이 고민하였다. 즉, 학문을 위한 학문을 지양하고 철저하게 실무현장 중심으로 기술하였다.

둘째, 사례 중심이다.

각각의 리더십 이론에 대해 다양한 사례를 조명하여 리더십의 실체에 쉽게 접근할 수 있게 하는 동시에 지루함을 최소화하도록 했다.

셋째, 글로벌 리더십 능력향상이다.

현대는 글로벌화가 심화되어 지구촌이란 개념에서 지구집이라는 용어까지 사용하고 있다. 단순히 국내 중심의 로컬 리더십만으로는 변화가 심하고 복잡한 글로벌 경영에 한계가 있는 바 '글로벌 리더십'을 육성하는 데 초점을 맞추었다.

이 책은 5개 Part로 되어 있는데, 구체적으로 기술하면 다음과 같다.

Part 1은 '리더십의 이해'에 중점을 두어 리더십의 기본 개념과 글로벌 리더십에 대한 기본 이론을 기술하였다. Part 2는 고전적인 리더십 이론으로 시작하여 여러 가지 현대 리더십 이론 중 대표적인 8가지 이론, 즉 카리스마 & 변혁적 리더십, 셀프 & 수퍼 리더십, 서번트 & 윤리적 리더십 그리고 감성 & 코칭 리더십으로 구성되었다. 리더십은 사람과 사람 간의 관계에서 출발하며 이러한 관계구축은 리더십 이론의 밑바탕이 되어준다. Part 3는 '리더십 관계구축'의 주요 요소인 동기부여, 의사소통과 갈등관리, 팀워크 향상, 변화관리로 구성되었다. 팔로워 없는 리더십은 의미가 없다. Part 4는 리더십을 발휘하는 데 절대적으로 필요한 요소인 리더와 팔로워와의 관계에 대해 살펴보았다.

또한, 리더십을 제대로 발휘하기 위해서는 시대에 맞게 개발되어야 한다. Part 5에서 어떻게 하면 적절한 리더십을 개발할 것인가에 대해 고민하였다.

훌륭한 리더를 꿈꾸는 학생들에게 본 교재가 새로운 비전을 제시하고 힘차게 전진해 나아가는 지침서가 되길 바란다. 모든 대학생들의 리더십 입문서로서 부끄러움이 없도록 다양한 내용을 기술하고자 했지만 시간상의 제약으로 그 내용을 충분히 기술하지 못한 것도 사실이다. 아낌없는 지도 편달을 부탁드리며 미흡한 부분은 차후 보완하여 발전의 계기로 삼고자 한다.

이 책을 출판함에 있어 주위에서 힘을 실어준 동료 교수님들과 가족에게 감사를 표한다. 특히, 바쁜 와중에도 깊은 애정을 갖고 이 책이 출판되기까지 많은 지원을 해 주신 수양재 대표님께도 깊은 감사를 드린다.

2019. 2.

저자

차 례

PART 1 ▸ 리더십의 이해

PART 2 ▸ 주요 리더십 이론

PART 1

리더십의 이해

Chapter

1 리더십 개요

"한 마리 양이 이끄는 100마리의 사자보다
한 마리 사자가 이끄는 100마리의 양이 더 강하다"

– 알렉산드로스 대왕

1절 리더십 개요

1. 조직(組織, organization)과 리더(leader)

조직이란 특정한 목적을 추구하기 위하여 의도적으로 구성된 사람들의 집합체로서 외부환경과 여러 가지 상호작용을 하는 사회적 단위를 말한다. 인간은 사회적 동물이므로 대부분의 사람들은 적어도 한 개 이상의 조직에 소속되어 있다. 특히, 현대사회는 조직사회라 말할 수 있으리만큼 여러 분야에 걸쳐 다양한 조직이 수없이 존재하고 있다. 이러한 조직을 효율적으로 끌고 나가기 위해서는 이에 적합한 리더가 있어야 한다.

리드(lead)란 바이킹 언어의 '배의 방향을 잡다'에서 유래하였으며 '앞선다, 지도한다, 선도한다'라는 의미로 해석할 수 있다. 그러므로 리더(leader)란 '앞선 사람, 지도하는 사람, 선도하는 사람'이란 뜻으로 지도자, 통치자, 지휘자, 통솔자 등으로 표현될 수 있으며 "조직의 목표를 향해 조직 구성원을 이끌어 가는 중심적인 위치에 있는 사람"으로 규정할 수 있다. 보스와 리더를 혼돈하여 쓰는 경우가 많다. 사전적 의미에서 보스는 '실권을 쥐고 있는 책임자'이고, 리더는 '조직을 이끌어 가는 중심적인 위치에 있는 사람'이므로 모든 보스가 리더를 의미하지는 않는다. 물론 리더십능력이 뛰어난 보스들은 좋은 리더가 될 수 있지만 그렇지 않은 많은 보스들은 그저 직급만 높을 뿐이다. 당연히 보스만 있고 리더가 없는 조직은 목표달성이 어려울 수밖에 없다.

2. 리더십(leadership)의 정의

'~ship(배)'은 '한 배를 탄 공동체'에서 유래하였으며 '배(공동체)를 이끄는 기술(능력)'로 해석할 수 있다. 리더십(leadership)이란 '안내자', '이끄는 사람'을 의미하는 leader와 '공동체를 이끄는 기술'을 의미하는 'ship'이 결합된 것으로 '(조직을) 이끄는 사람이 갖는 공동체를 관리하는 기술'로 직역할 수 있다. 리더십에 대한 개념적 정의들은 학자들 사이에서 다양하게 연구되고 있고, 어느 조직이나 중요한 관심사이나 그 개념을 한 가지로 정의하기란 매우 어렵다. 그 원인은 리더십이란 용어가 권한(authority), 권력(power), 통제(control), 관리(management) 등의 개념과 혼동되어 사용되어 왔기 때문이다. 리더십을 가장 함축적으로 표현하면 "사람들을 움직이는 기술" 또는 "리더가 자신이 원하는 방향으로 구성원들을 끌어가는 기술(능력)"이라고 할 수 있으나, 여러 요소들을 가장 포괄적으로 내포하는 리더십의 정의는 "리더가 조직목표를 달성하기 위해 팔로워에게 영향력을 행사함으로써 자발적 추종을 이끌어 내는 상호작용의 과정"이라고 할 수 있다. 이러한 정의 키워드인 목표, 팔로워, 영향력 행사과정을 좀 더 구체적으로 살펴보면 다음과 같다.

1) 목표(object)

리더십의 궁극적인 지향점은 목표를 달성하는 것이다. 아무리 리더십이 뛰어나도 조직의 목표를 벗어난다면 의미가 없다. 진정한 리더십은 실행을 통하여 원하는 목표를 이루어 내는 것이다.

2) 팔로워(follower)

조직은 과업, 물자, 정보, 문화 등의 많은 구성요소가 유기적으로 결합되어 운영되지만, 이러한 조직 구성요소들이 그 기능을 잘 발휘하도록 하는 것은 결국 구성원들, 즉 팔로워(follower)들이다. 리더는 사람을 움직여서 조직의 목표를 달성하기 때문에 팔로워가 조직의 성패를 결정하는 핵심요소이다.

3) 영향력 행사(influence process)

영향력이란 한 사람이 다른 사람에게 어떤 행위를 하도록 하는 것으로 리더십의 성공 여부를 결정하는 매우 중요한 요인이다. 영향력 행사의 결과(부하의 반응)는 ① 리더의 요구에 스스로 동의하고 자발적으로 업무에 임하는 '몰입', ② 리더가 명령에 어쩔 수 없이 응하는 '복종', ③ 리더의 제안이나 요구에 반대하며 이를 수행하기를 적극적으로 회피하는 '저항' 중 한 가지 형태로 나타난다. 부하들의 '몰입'은 가장 성공적인 영향력 행사의 결과라 할 수 있으며 '저항'은 가장 바람직하지 않은 리더십 행사의 결과라 할 수 있다. '복종'의 경우 단순한 과업에는 별 문제가 없으나 복잡하고 변화가 심한 과업에는 한계를 갖게 된다. 리더십 행사는 일반적으로 리더가 팔로워에게 행사하는 하향적 영향력이지만 좀 더 광의로 해석해보면, 팔로워가 리더에게 행사하는 상향식 영향력, 동료들에게 행사하는 수평적 영향력 행사도 포함된다. 당신의 주위에 사람이 몰려들지 않는다면 당신의 수평적 리더십에 문제가 없는지, 상사에게 신임을 받지 못한다면 상향적 리더십에 문제가 없는지 살펴봐야 할 것이다.

3. 관리와 리더십 비교

관리(management)는 모든 자원에 대한 책임, 리더십(leadership)은 인적자원에 대한 책임이므로 이론적으로 리더십은 관리의 일부 기능이나, 조직 리더십의 중요성이 부각됨에 따라 리더십의 비중이 더 커지게 되었다. 관리와 리더십은 '다른 사람을 통해서 목표를 달성한다'는 공통점을 가지고 있으나 차이점도 존재한다. 존 코터(John P. Kotter)가 그의 저서 《기업이 원하는 변화의 리더》를 통해 제시한 차이점을 발췌해보기로 한다.

① '관리'는 기업규모가 커지면서 복잡성을 줄이기 위해 도입된 개념이고 '리더십'은 경쟁적이고 불확실해진 경제환경에 대응하기 위해 도입된 개념이다.

② '리더십'은 조직의 사명에 옳은 방향을 선택하는 데, '관리'는 맡겨진 과업을 문제없이 수행해 내는 데 초점을 맞춘다.

③ '리더십'이 유연하고도 인간적인 활동인 반면 '관리'는 조직계층과 시스템을 통해 이루어지며 보다 형식적이고 냉정한 활동이다.

④ '리더십'은 유용하고 비약적인 변화창출이 목적이며, '관리'는 현재 시스템이 지속적으로 기능을 발휘하게 하는 것이 목적이다. 따라서 변화가 가속될수록 '리더십'이 차지하는 비중은 더욱 커진다.

리더십 없는 관리는 모험과 혁신을 방해하고 조직을 관료적으로 만들며, 반대로 관리 없는 리더십은 조직의 질서와 효율성을 와해시킬 수 있으며 비현실적인 변화를 유발할 수 있다. 따라서 조직은 상황에 맞게 리더십과 관리를 조화롭게 통합하여야 한다.

두 개념의 차이를 좀 더 구체적으로 비교해보면 〈표 1-1〉과 같다.

〈표 1-1〉 관리와 리더십의 차이

관리	리더십
• 안정 • 통제 • 경쟁 • 일에 초점 • 획일성 • 수직적 관점	• 변화 • 임파워먼트 • 협력 • 인간에 초점 • 다양성 • 수평적 관점

4. 리더십의 중요성

조직은 조직을 올바른 목적지까지 안전하게 이끌어 갈 수 있는 리더십능력을 갖춘 리더를 필요로 한다. 크게는 국가나 대기업, 적게는 일반 가정이나 소규모 친목회까지 모든 조직의 흥망성쇠는 리더에 달려 있다. 즉, 리더가 얼마나 효과적인 리더십을 발휘하는가에 따라 그 집단의 성과를 좌우하게 된다. 리더십이 효과적이지 못할 때 집단성과가 좋지 못할 뿐더러 심지어는 그 집단이나 조직이 무너지기도 한다. 현대 기업경영의 창시자로 불리는 피터스(T. J. Peters)는 그의 저서 《우수성에서의 열정》에서 초우량기업의 조건 3대 축의 중심에 있는 것이 리더십이라 주장하였다. 즉, 초우량기업이 되기 위해서는 고객을 잘 관리(care of customers)하고 끊임없는 혁신(constant innovation)을 해야 하며 인간 중심의 경영(people)을 해야 하는데, 이러한 필수요소를 뒷받침해주는 것이 리더십이라고 하였다.

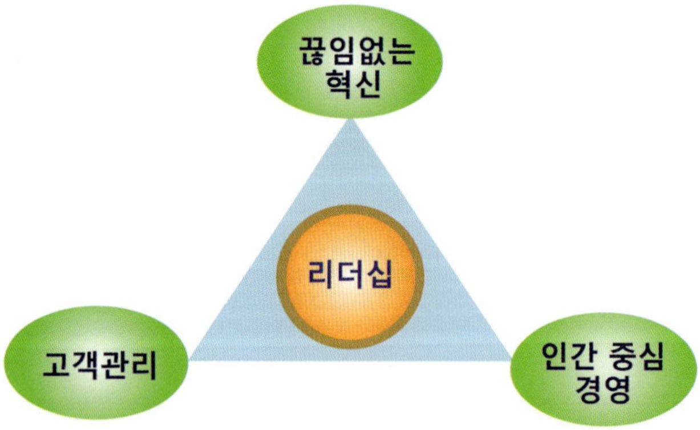

[그림 1-1] 초우량기업의 조건

주요 리더십 학자들이 리더십의 중요성에 대해 언급한 내용들을 몇 가지 살펴보도록 한다.

"인류가 직면하고 있는 심각한 문제는 다른 어떤 천연자원이나 에너지의 고갈보다, 그 어느 시대보다도 우리가 리더십 부족의 시대에 살고 있다는 점이다." (Myron Rush)

"훌륭한 상사는 구성원들의 친구요, 스승이요, 동맹군이자 영감의 원천이며 직원들의 삶까지 변화시킨다. 이와 반대로 나쁜 상사는 직원들의 신체를 병들게 하고 영혼까지도 파괴하는 주범이다. 따라서 리더십은 이 시대 최고경영자들이 가장 먼저 신경 써야 할 경영 포인트이다." (Jack Welch)

사례 설렌버거 기장(1951. 1. 23~)

2009년 1월 15일 오후 3시 30분, 승객과 승무원 155명을 태운 US 에어웨이즈 1549편은 미국 뉴욕 라과디아 공항을 출발해 노스 캐롤라이나 주 샬럿으로 비행할 계획이었다. 그러나 이륙한 지 2분 뒤, 갑자기 날아든 새떼와 충돌해 엔진 2개가 동시에 파손되는 사고가 발생하였다. 동력을 잃은 비행기는 당연히 추락하기 시작했고, 기장 체슬리 설렌버거(Chesley Sullenberger, 당시 57세)는 침착하게 상황을 정리하고 가장 가까운 공항을 찾기 시작했다. 설렌버거는 라과디아(Laguardia) 공항으로 돌아가 착륙하거나 뉴저지 티터버러(Teterboro) 공항에 착륙할 것인지를 결정해야만 했다. 그러나 그는 항공기가 더 이상 비행할 수 없는 상황이어서 허드슨 강에 항공기를 착륙하는 것이 최선의 길이라고 판단하였다. 그는 곧바로 승객들에게 항공기가 강물 표면에 부딪칠 때의 충격에 대비하도록 기내방송을 통해 알렸다. 그리고 기체는 수많은 뉴욕시민들의 이목이 집중된 가운데 허드슨 강에 미끄러지듯 착륙했고, 주변에 있던 페리들이 기체의 비상착륙을 목격하고 일제히 달려와 생존자들을 구조하였다. 기적적으로 사망자는 없었지만 5명의 부상자가 있었다. 설렌버거 기장은 승객들이 모두 항공기에서 구출되었는지 확인하기 위해 항공기 내부를 두 번이나 살펴보고 마지막으로 구조되었다.

반면, 2014년 4월 진도 인근해상에서 발생된 세월호 참사의 경우 구조를 지휘하지 않고 선장이 가장 먼저 탈출함으로써 탑승자 476명 중 304명이 사망하는 대형 참사를 초래했다. 리더십의 중요성을 다시 한 번 일깨워주는 사례라 할 수 있다.

출처 : 국민안전처 사이버 콘텐츠 교안

2절 리더십의 역할과 구성요소

1. 리더십의 역할

리더십 역할은 크게 나누어 조직의 목표설정, 자원의 동원, 조직활동의 통제·통합·조정의 세 가지로 나눌 수 있다.

1) 목표설정

지도자는 조직 또는 집단이 나아갈 방향을 제시하는 목표를 설정한다. 이 경우 지도자에게 가장 중요시되는 일은 조직 내 개인들의 목표를 조직의 목표에 일치시키는 일이다. 즉, 각 구성원들이 하는 모든 일은 조직의 목표달성을 위한 것이 되도록 해야 한다.

2) 자원의 동원

조직의 목표를 달성하기 위하여 지도자는 그 구성원들에게 인적(人的)·물적(物的) 자원과 상징적 수단을 최대한 동원하여 적절하게 배분하고 충족시켜야 한다. 그래야만 구성원들은 리더십에 따르고 각자의 역량(力量)을 최대한 발휘하게 되며 궁극적으로 조직성과를 극대화할 수 있다.

3) 조직활동의 통제·통합·조정

지도자는 그 조직의 구성원들이 목표를 성공적으로 달성할 수 있는 방향으로 노력하게끔 조직활동을 통제(control)하고 통합(integration)하며 조정(coordination)하는 역할을 하게 된다.

2. 리더십 구성요소

리더십 개념을 보다 명확히 하기 위해서는 리더십이 어떠한 요소들로 구성되어 있는가를 살펴볼 필요가 있다. 리더십은 [그림 1-2]와 같이 리더, 부하, 상황으로 이루어진 함수관계로 정의될 수 있다.

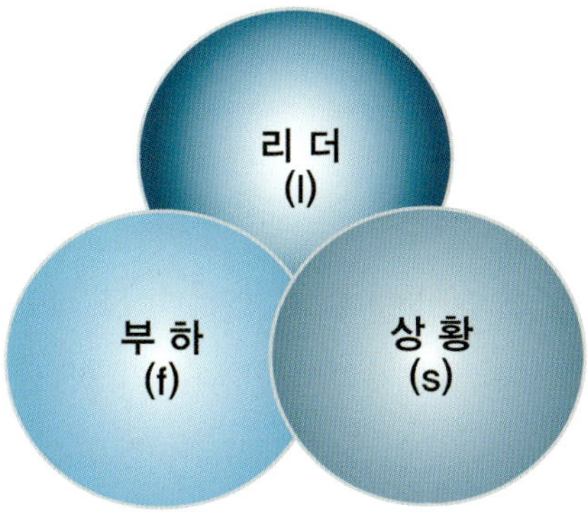

[그림 1-2] 리더십 구성요인

$$L = f(l, f, s)$$

L = Leadership, l = leader, f = follower, s = situation

즉, 리더십 효과를 극대화하기 위해서는 '리더는 구성원을 잘 이끌어야 하고' '팔로워는 이를 잘 따라야 하며', '리더는 리더십 행사를 그가 처한 상황에 맞게 해야 한다'.

1) 리더(leader)

리더십은 그 누구보다도 지도적 역할의 주체자인 지도자에 의하여 다루어진다. 지도자는 한 조직에서 고위관리직의 지위에 있을 수도 있으나 고위관리자라고 하여 반드시 리더십이 있다고 하거나 지도자가 될 수 있다고는 말할 수 없다. 왜냐하면, 관리자의 기능과 지도자로서의 자질은 별개의 문제이기 때문이다. 리더는 공식적인 리더(formal leader)와 비공식적인 리더(informal leader)로 구분된다. 공식적인 직위권력만을 가진 리더는 구성원에 대한 영향력 행사에 한계가 있게 된다. 공식적인 리더와 비공식적인 리더가 동일 인물일 경우 가장 바람직한 결과를 가져올 수 있다.

2) 팔로워(추종자 : follower)[1]

지도자가 있으면 그 지도적 역할에 상응하여 반드시 추종자가 있어야 할 것이다. 오늘날과 같은 무한경쟁 시대에 조직이 살아남고 발전을 도모하기 위해서는 훌륭한 리더가 있어야 할 것은 말할 나위 없다. 그러나 이러한 상황에 적절하고 적극적으로 대응할 수 있는 팔로워가 없다면 아무리 리더십이 뛰어나도 바라는 성과는 기대할 수 없을 것이다. 이때 팔로워의 추종행위는 가능한 자발적이어야 할 것이다.

3) 상황

상황이란 리더와 추종자들 간의 영향력 행사과정에 영향을 미치는 환경요소로 정의될 수 있다. 리더십은 리더와 팔로워와의 상호관계 속에서 일어나는 결과이나 상황에 따라 적용방법이나 효과는 달라지게 된다.

---

1) **팔로워(follower)와 팔로워십(followership)** : 리더십의 상대적인 개념으로, 조직의 구성원들을 이끌고 관리하는 자를 리더(지도자)라 한다면, 이 리더의 지시에 따르고 조직의 긍정적인 발전을 위해 노력하는 구성원을 팔로워(추종자)라 부른다. 그리고 리더를 도와 조직의 과업을 수행함에 있어 팔로워로서 갖추어야 할 역량과 바람직한 자세 내지 정신을 팔로워십(followership)이라 한다. 팔로워십에 대해서는 '12장 팔로워십'에서 더욱 구체적으로 거론될 것이다.

3절 경영과 리더십의 관계

1. 경영의 기능 측면과의 관계

1) 경영의 기능

경영을 기능 측면에서 보았을 때 크게 '생산기능, 판매기능, 재무회계기능, 인적자원기능'으로 분류할 수 있다[그림 1-3].

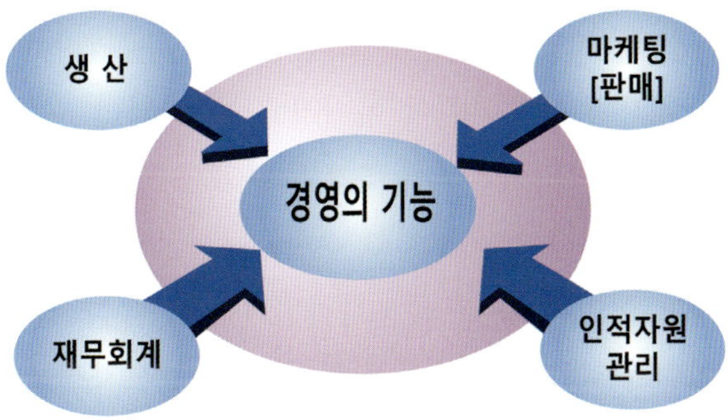

[그림 1-3] 경영의 기능

2) 경영의 기능 측면에서의 리더십 위치

경영의 4가지 기능 중에서 최근 점차 중요해지고 있는 부문이 바로 인적자원관리 기능이다. 리더십은 인적관리기능의 핵심적인 요소라 할 수 있다[그림 1-4].

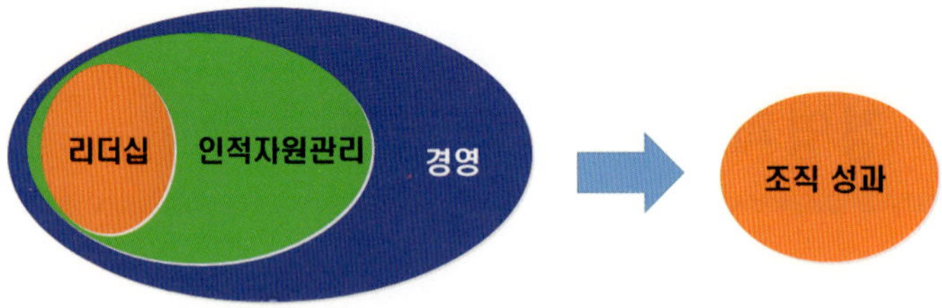

[그림 1-4] 경영기능에서의 리더십 위치

2. 경영의 과정 측면과의 관계

1) 경영의 (순환)과정

실제로 이루어지는 경영활동은 기업목표를 달성하기 위하여 일련의 연속적인 과정으로 이루어지는데, 이를 경영관리 또는 경영의 순환과정이라 부른다. [그림 1-5]와 같이 순환과정은 단순한 순환이 아니라 당초 세웠던 계획의 실행결과를 새로운 계획에 지속적으로 피드백하면서 조직의 목표를 달성하기 위한 방향으로 순환된다. 경영의 순환과정은 3단계인 '계획 수립(plan) – 실행(do) – 평가 및 피드백(see)', 즉 PDS 사이클로 이루어지며, 보다 세분화하면 4단계, 즉 '계획 수립 – 조직화 – 지휘 – 통제'로 이루어진다. 경영의 4단계 순환과정을 보다 자세히 살펴보기로 한다.

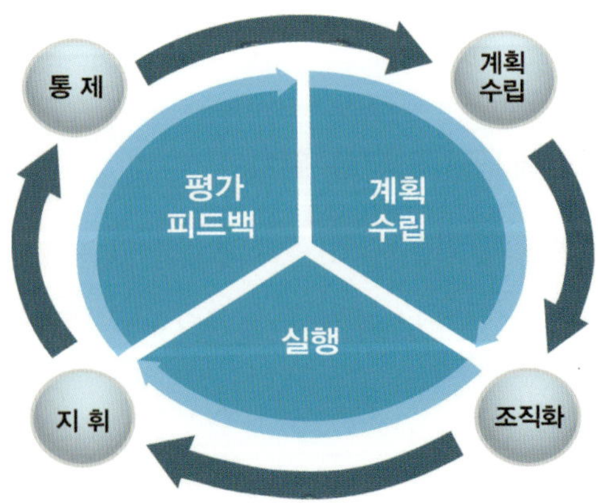

[그림 1-5] 경영의 (순환)**과정**(3단계, 4단계)

(1) 계획 수립

계획(計劃, planning)이란 조직활동의 목표 · 방침 · 행동계획을 설정해 조직활동 및 구성원의 업무 방향을 제시하는 경영활동을 말한다. 수립된 계획에 따라 경영활동이 이루어지므로 계획은 정확성 및 정밀성을 갖추어야 한다. 그러나 조직을 둘러싼 환경은 계획 수립 당시에 예측했던 것과는 전혀 다른 방향으로 전개될 수도 있다. 그래서 계획은 미래의 예측하지 못한 환경에 대응하기 위해 유연성을 갖는 것이 중요하다.

(2) 조직화

조직화(組織化, organizing)는 조직의 목표를 효율적이고 효과적인 방식으로 달성하기 위해 자원과 활동 등을 구조화하는 것이다. 경영자들은 계획을 검토하고 이를 구현하기 위해 어떠한 활동들이 필요할 것인지를 결정한 후 조직을 구성한다. 그런 다음, 업무를 작은 단위로 분할하여 단계적으로 하위조직을 만들어간다.

(3) 지휘

조직화가 완료되면 관리자는 직원을 지휘해야 한다. 지휘(conducting, 指揮)는 조직의 목표를 달성하기 위해 직원들을 동기부여하고 이끄는 것이다. 훌륭한 지휘활동은 직원들에게 무엇을 언제까지 해야 하는지를 알려주고, 그런 다음 직원들의 업무수행을 격려하고 적절한 보상을 한다.

(4) 통제

통제(control, 統制)란 조직 구성원들의 활동을 조직목표와 부합시키는 관리기능을 말한다. 즉, 조직목표달성을 위해, 구성원들의 활동이 일정한 기준에 따르는지의 여부를 검토해 차이가 있을 경우 이를 시정하는 관리활동을 말한다.

2) 경영의 과정 측면에서의 리더십 위치

경영의 4단계 순환과정 중 지휘기능의 질은 매우 중요하다고 할 수 있다. 왜냐하면 업무의 성격이나 종류, 조직의 특색, 업무를 수행하는 개인이나 집단의 특성에 따라 지휘방법이 달라지기 때문이다. 리더십은 지휘과정에 포함되며 지휘과정을 완성시키는 데 가장 중요한 요인이라고 할 수 있다[그림 1-6].

[그림 1-6] 경영(순환)과정에서의 리더십 위치

4절 리더십 패러다임의 변화

1. 패러다임(paradigm)의 개념

패러다임이란 어떤 한 시대 사람들의 견해나 사고를 지배하고 있는 이론적 틀이나 개념의 집합체로 정의된다. 리더가 낡은 또는 잘못된 패러다임을 가지고 있다면, 결국 현실을 직시하지 못하여 문제의 해결책을 제시할 수 없다.

많은 리더들이 자신의 패러다임이 객관적이라고 생각하지만 환경에 영향을 받아 주관적일 수도 있다는 점을 간과해서는 안 된다. 따라서 우리 모두 패러다임의 특성과 변화를 정확히 이해해야 한다.

2. 리더십 패러다임의 변화

1) 과거의 리더십 패러다임

리더십과 관계된 패러다임이 변화하고 있다. 이는 21세기에 진입하면서 현재까지 통하던 리더십 패러다임이 전반적인 시대적 흐름과 맞지 않음을 뜻한다. 리더십과 관계된 기존의 패러다임은 기본적으로 산업화 사회에 바탕을 둔다. 산업화 사회의 기업을 중심으로 한 조직은 조직 간의 적자생존의 경쟁 논리를 통해 조직의 능률 극대화와 성장을 그 기본 가치로 한다. 따라서 기업은 목표관리에 경영의 초점을 두며 톱 다운식 의사결정체계에 따라 구성원의 행위를 조직이 요구하는 방향으로 통제(control)하는 데 초점을 맞춘다. 이때에는 조직가치가 개인가치보다 우선하였으므로, 개인들은 조직의 요구에 순응하는 것을 당연시하였으며 리더십을 "상부에서 지시한 목표달성을 위해 주어진 직무만 잘 하도록 부하들에게 영향력을 행사하는 과정"으로 인식되었다. 즉, 조직의 구조가 톱니바퀴로 연결된 기계처럼 구성되는 것이 효율적이라고 생각되었으며 구성원은 기계적 조직과 나사못 인간으로 인식되었다.

2) 새로운 리더십 패러다임

1980년대에 들어서면서 기업을 둘러싼 환경들이 급격하게 변화하고 2차 오일쇼크 여파 등으로 불경기가 지속되면서 구조조정의 소용돌이 속에서 새로운 리더십 패러다임의 필요성이 대두되었다. 이해관계자의 관리 대상 범위도 종전의 고객과 소유자 중심에서 조직 구성원들은 물론 정부 또는 지역사회 등까지 한층 넓어지게 되었다. 기업 조직은 전 세계적으로 사업을 벌이면서 조직 간의 경계는 무너지거나 의미가 없어지고 상호 네트워크로 연결되어 상호의존성이 높아졌다. 그리고 기업 간의 관계는 종전의 단순 경쟁으로부터 협력을 통한 경쟁으로 바뀌어, 승리 아니면 패배로부터 함께 사는 길을 모색하는 win-win 전략으로 바뀌고 있다. 새로운 리더십 패러다임을 구체적으로 살펴보면 다음과 같다.

① 민주화와 지식 정보화의 진전으로 집단보다 개인들의 가치가 중시되고 교육 수준과 전문화 수준이 높아지고 있으며, 지배와 군림 문화에서 존중과 배려로 변화하고 있다.

② 제품, 시스템, 기술 위주에서 인적 요소, 비전, 방향 제시 중심으로 바뀌고 있다. 또한, 통제 중심의 관리에서 능동적으로 자신의 역할을 발견하고 과제를 해결하는 자율능력이 중시되기 시작했다. 이때 조직의 리더는 구성원의 능력에 따라 권한을 위양하고 감독자 역할보다는 코치와 촉진자의 역할이 강조된다.

③ 4차 산업혁명사회는 산업사회보다 더욱 빠르고 복잡한 변화의 양상을 보이고 있어 리더에게 변화와 혁신을 주도할 수 있는 능력을 요구하고 있다. 즉, 디지털 사회는 아날로그 사회보다 더욱 기민한 순발력을 요구하므로 디지털상황에 적응하지 못하는 아날로그형 리더는 디지털형 구성원을 이끌어 나가기 어려워졌다.

본 교재는 이러한 새로운 리더십 패러다임 중심으로 리더십 이론을 전개할 예정이다.

Chapter

2 글로벌 리더십

> "한국의 IMF 외환위기는 리더십 부재에서 비롯되었으며,
> 현재 한국의 리더십은 달러보다 더 고갈되어 있다."
>
> – 아시안 월스트리트저널(1999. 12. 12)

1절 한국형 리더십

1. 한국형 리더십 개요

특정 리더십이 모든 상황에 적용될 수 있다는 사고는 잘못된 것이다. 즉, 각 나라 또는 지역별 문화의 차이에 따라 그 효과는 달라지기 때문에 리더십을 논하기 위해서는 리더가 속한 문화를 고려해야 한다.

그동안 우리는 리더십하면 서구의 것을 주로 수입해서 적용하는 데 머물러 왔다. 하지만 이제 우리도 한국환경에 맞는 '우리의 리더십'에 대해 고민하고 그 틀을 개발해 공유할 필요성이 커지고 있다. 즉, 오늘날의 한국 기업과 조직 구성원들을 대상으로 조사하여 한국인들의 문화적·상황적 가치를 반영한 리더십을 개발해야 한다. 그렇다고 보편적으로 통용되는 글로벌 리더십을 무시해서는 안 된다. 한국에 적합한 리더십은 '일반적으로 통용되는 리더십 또는 글로벌 리더십'과 '한국에만 효과가 발휘되는 한국적 리더십'이 적절히 접목되어야 효과를 극대화할 수 있을 것이다. 그러면 리더십이 발휘될 때, 한국형 리더십과 글로벌 리더십 가운데 어느 쪽이 더 큰 영향을 미칠까? 연구결과에 따르면, 한국의 리더들은 세계 보편의 리더십을 인식하고는 있지만, 실제 리더십을 발휘할 때는 한국적 가치로부터 더 큰 영향을 받는 것으로 나타났다.

2. 한국적 리더십 저변에 깔려 있는 한국적 정서

그렇다면 한국형 리더십에 영향을 미치는, 다른 나라 국민과 구별되는 특성은 무엇일까? 관점에 따라 차이가 있을 수 있으나 보편적으로 다음 4가지로 분류할 수 있다.

1) 오기와 집념의 특성

한국인은 무엇이든 한번 시작하면 끝장을 보고 만다. 도박을 하면 가산이 거덜 날 때까지 하고, 술을 마시면 쓰러질 때까지 마신다. 일을 해도 불가능이란 없다는 신조 아래 악착같이 목적한 바를 이루고야 만다. 이러한 집념으로 한국전쟁 후 잿더미 속에서 전 세계가 찾아보기 어려울 정도로 빠른 경제성장을 이루었다. 그러나 이러한 한국인의 특성의 이면에는 절차, 순서, 예의, 질서, 상식, 그리고 원칙을 무시하는 단점을 가지고 있다. 이제 글로벌 시대를 맞이하였고 선진국의 문턱에 와있는 만큼 보다 유연하고 합리적인 사고로의 전환이 필요한 시점이 되었다.

2) 강한 연고주의 특성

한국사회만큼 혈연(血緣)을 중시하는 사회를 찾기 어렵다. 서양의 시민사회가 수평적인 계약관계에 근거해 개인 간 신뢰가 높은 반면 한국은 '가족이나 친척'과 같은 혈연관계가 강하기 때문이다. 이로 인해 문제의 원인을 남의 탓으로 돌리고 자신이 속한 혈연과 지연에 무관한 사람은 배척하며 외국인을 혐오하는 성향이 강하다. 한국처럼 한 사람이 초·중·고교 동창회, 전우회, 향우회, 동창회 등 여러 사적인 비공식 조직에 몸담는 경우도 드물다. 한국의 경우 3명 이상이 모여야만 가능한 고스톱 모임과 2인 이상으로 이루어진 인터넷 게임이 성행하고 있는 반면, 일본의 경우 두 사람도 모이기 어려워 고스톱 문화는 아예 존재하지 않고 혼자 하는 파친고가 성행하는 실정이다. 이러한 한국인의 특성은 인간관계의 폭을 넓혀 단합하게 하는 호평도 있다. 그러나 일본인에 비해 사적인 모임은 강하지만 업무를 위해 뭉치는 힘은 오히려 약하다는 비판도 적지 않게 받는다. 이제 현대화가 진행되면서 분권과 네트워크가 중요해졌으므로 타인을 포용하고 대화하는 의식의 전환이 필요한 시점이다.

3) 남에게 지기 싫어하는 특성

'사돈이 논을 사면 배가 아프다'라는 속담에서 알 수 있듯이 한국인은 남에게 지기 싫어한다. 부자인 친구가 고급차를 사면 가난한 친구도 자신의 상황은 생각하지 않고 동급 이상의 고급 차를 산다. 이웃집 아이가 피아노학원을 다니면 전혀 음악적 소질이 없는 자식을 강제로 학원에 보낸다. 오늘날 비혼(非婚) 젊은이가 많고 결혼했어도 아이를 낳지 않아 세계 최고 저출산국으로 전락한 이유 중의 하나가 이러한 사교육비를 댈 경제적 자신이 없기 때문이다. 무슨 일이 있어도 내 자식은 대학을 보내야 한다는 잘못된 생각이 대졸 취업난으로 이어지고 학비대출 신용불량자도 양산한다. 이제 끝없이 반복되는 비생산적이고 소모적인 행위를 종식시켜야 할 때이다.

4) 세계에서 가장 유교적인 특성

중국의 경우 유교가 태동된 나라이지만 그들에게 유교는 수백 가지 종교 중 하나이고 그들의 의식 밑바닥에 깔려 있는 종교는 도교이다. 반면, 한국의 경우 조선왕조가 들어서면서 숭유억불정책을 펴서 전 세계에서 가장 유교적인 국가가 되었다. 다른 나라와 달리 서열을 중시하는 뿌리 깊은 유교사상으로 인해 나이차, 직책차를 지나치게 의식함으로써 선후배 사이에 마음 편하게 사귀지를 못한다. 이러한 서열에 의한 뚜렷한 구별은 자칫 상사에 대한 무조건적인 순종의 불합리를 낳을 수 있을 뿐 아니라 쌍방향 의사소통을 가로막아 바람직한 리더십 구현에 큰 걸림돌이 될 수 있다. 이제 세계가 글로벌해지는 상황에서 보다 평등하고 자연스럽게 대화가 이루어지는 방향으로의 패러다임 전환이 필요하다고 하겠다.

3. 한국형 리더십 특성

한국형 리더십의 주요 특성은 어떤 것들이 있으며 한국의 리더들은 어떠한 리더십 특성을 키워나가야 할까? 두 건의 연구결과를 통해 살펴보고자 한다.

1) '리더가 가지고 있는 리더십 특성' 대 '팔로워가 원하는 리더십 특성'

한국의 리더가 가지고 있는 특성은 어떤 것들이 있으며 팔로워가 원하는 특성은 어떤 것들이 있을까? 그리고 이들 특성 간에는 어떤 연관이 있을까? 백기복 교수가 한국형 리더십연구회에서 동료연구자들과 함께 실시한 '한국형 리더십 연구'를 바탕으로 분석해보기로 한다.

(1) 한국형 리더십 특성

한국형 리더십은 다음과 같은 8가지 특성으로 이루어져 있다.

- '하면 된다' '할 수 있다'는 내면의 믿음을 뜻하는 '자기긍정'
- 자신의 일에 대해 어떤 희생을 치르더라도 반드시 해내려는 '성취열정'
- '모범을 보임, 윤리의식 그리고 사심 없음'을 의미하는 '솔선수범'
- 윗사람을 잘 모시고 그의 성향에 맞춰 적응하는 '상향적응'
- 동료들과 원만한 인간관계를 형성하고 협력을 이끌어 내는 '수평적응'
- 하급자를 보호해 주고 도와주며 애로사항을 해결해주는 '하향온정'
- 산업에 대한 이해, 환경변화 민감성, 변화적응 등을 뜻하는 '환경변화'
- 도전적 목표, 핵심가치, 경영철학, 미래지향 등을 뜻하는 '미래비전'

한편, 이 8가지 특성들은 다음과 같이 3가지로 대분류할 수 있다.

- 리더 내적 요소(자기긍정 · 솔선수범 · 성취열정)
- 대인관계에 관한 요소(상향적응 · 수평조화 · 하향온정)
- 전략적 요소(환경변화, 미래비전)

(2) 한국형 리더의 성향 분석결과

8가지 특성들 평균점수를 비교해본 결과 한국 리더들이 가장 잘 보여준 성향으로 성취열정이 뽑혔으며 이어 상향적응, 환경변화, 자기긍정 등의 순으로 집계되었고 하향온정과 미래비전은 비교적 낮은 점수를 얻었다[그림 2-1].

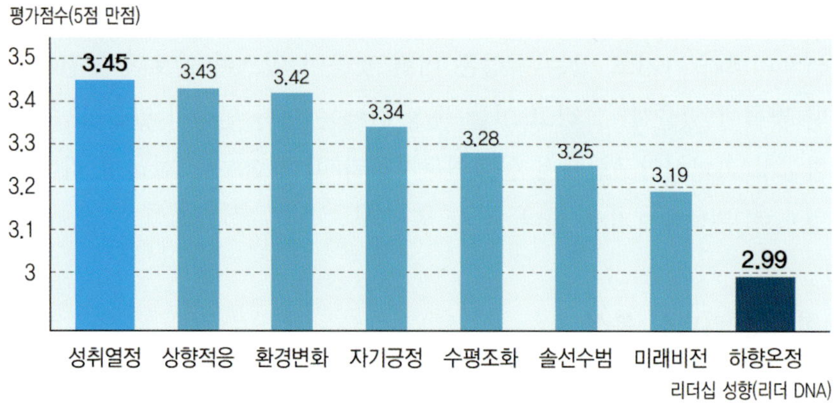

[그림 2-1] 한국형 리더들이 보유한 리더십 성향 분포

출처 : 한국형리더십연구회

분석결과, 우리나라 리더들의 성향은 팔로워들이 원하는 성향과는 다른 역설적인 결과를 나타냈다. 한국의 리더가 자주 보여 주는 리더십 행동은 성취열정, 상향적응, 환경변화, 자기긍정 등이었다. 하지만 하급자들이 리더에게 기대하는 행동은 솔선수범, 하향온정, 수평조화 그리고 미래비전이었다. 이는 한국형 리더들이 보편적으로 가지고 있는 특성은 부하들이 원하는 특성과 다소 어긋나므로 보다 효과적인 리더십을 발휘하기 위해서는 솔선수범과 하향온정 등 부하가 원하는 특성에도 주의를 기울여야 함을 의미한다.

한편, 3가지로 그룹핑한 결과, 즉 내적 요인(평균 3.35), 대인요인(평균 3.23), 전략요인(평균 3.31) 간에는 큰 차이가 없는 것으로 드러났다.

2) '성공기업 리더의 대표적 특성' 대 '실패기업 리더의 대표적 특성'

성공한 한국기업과 실패한 한국기업의 최고 경영자는 어떠한 행동특성을 가지고 있을까? 신유근 교수가 한국의 성공기업 최고경영자 161명과 실패기업 최고경영자 88명을 대상으로 분석한 결과를 소개한다.

(1) 성공기업 리더의 대표적 특성

성공한 한국기업 최고경영자들의 대표적인 특성과 그 비중을 살펴보면, '인간중시의 경영' 비중이 가장 높았으며 '솔선수범의 자세', '집념과 소명의식', '대인관계능력', '실력주의 강조'의 순으로 나타났다[그림 2-2].

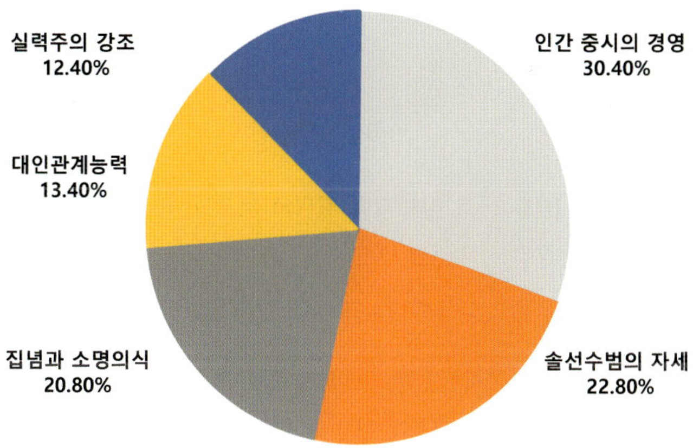

[그림 2-2] 성공기업 리더의 대표적 특성

이를 '인간에 대한 관심'과 '과업에 대한 관심'으로 분류하면 인간에 대한 관심이 66.8%(인간 중시 경영 30.4%, 솔선수범의 자세 22.8%, 대인관계능력 13.6%), 과업에 대한 관심이 33.2%(집념과 소명의식 20.8%, 실력주의 강조 12.4%)로 성공한 기업의 리더들은 일보다는 사람을 상대적으로 더 중시하는 것으로 나타났다.

(2) 실패기업의 대표적 특성

실패한 한국기업 최고경영자들의 대표적인 특성과 그 비중을 살펴보면, '비인간적 대우'의 비중이 가장 높았으며 '우유부단한 결단력', '대인관계능력 부족', '상황대응능력 부족', '실력주의 경시'의 순으로 나타났다[그림 2-3].

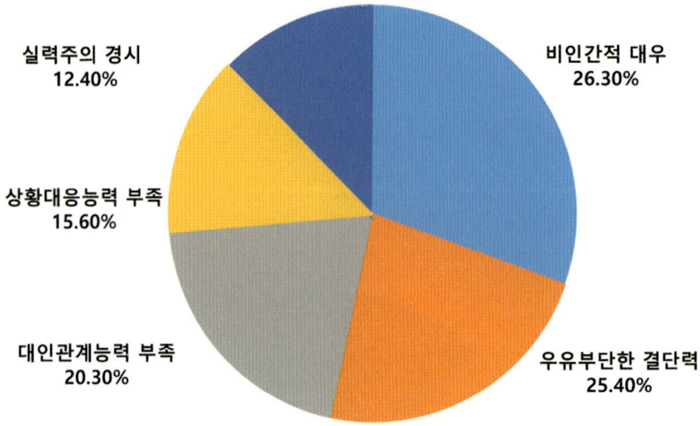

[그림 2-3] 실패기업 리더의 대표적 특성

이를 '인간에 대한 과실'과 '과업에 대한 과실'로 분류해보면 인간에 대한 과실이 46.6%(비인간적 대우 26.3%, 대인관계능력 부족 20.3%), 과업에 대한 과실이 53.4%(우유부단한 결단력 25.4%, 상황대응능력 부족 15.6%, 실력주의 경시 12.4%)로, 실패한 기업의 리더들은 일에 대한 과실과 사람에 대한 과실이 비슷한 비율로 나타나는 것으로 드러났다.

종합적으로 분석해본 결과, 성공기업의 경우 가장 큰 비중을 차지한 것이 최고경영자의 '인간 중심의 경영', 실패기업의 경우 가장 큰 비중을 차지하는 것이 최고경영자의 '비인간적 대우'로 조사되어 기업 성공 여부의 가장 큰 요소가 '부하에 대한 배려와 관심'인 것으로 나타났다.

사례 고 정주영 현대회장(1915. 11. 25 ~ 2001. 3. 21)

1. 주요 이력

고 정주영 현대회장은 기업의 성공을 통해 사회에 기여해야 한다는 기업가 정신을 바탕으로 한국경제가 경이로운 성장을 이룰 수 있는 기반을 마련하였다. 그는 어려운 경영 여건에도 불구하고, 생전에 현대그룹을 세계적인 대기업으로 성장시켜 한국경제의 성공신화를 만들어 냈으며 현대그룹을 수출주도형 기업으로 성장시켜 '현대'라는 브랜드를 전 세계에 각인시켰다. 그의 생전에 국내 재계 순위 1위로 성장한 현대그룹은 지금 비록 범 현대그룹으로 분리되었지만, 여전히 한국경제를 선도하는 기업집단이다. 우리 사회에서 그처럼 활력이 넘치는 기업인을 찾아보기란 결코 쉽지 않다.

2. 정주영 리더십

그는 본문에서 거론된 한국형 리더십 중 내적 요인(자기긍정, 성취열정)과 전략요인(환경변화, 미래비전)의 성향을 크게 가진 인물이다.

1) '자기긍정'을 통한 '성취열정'

고 정주영 회장은 평소 난관에 부딪혀 자신감을 잃어버린 부하들에게 "이봐. 해봤어?"라는 말을 즐겨 사용하였으며, 공·사석에서 지인들에게 "시련은 있어도 실패는 없다."고 늘 강조하였다. '할 수 있다.'는 자신감(자기긍정)과 목표를 달성하고자 하는 불굴의 의지(성취열정)를 얼마나 강하게 보유하고 있었는지를 단적으로 보여주는 사례라 할 수 있다. 현재 대한민국의 조선사업은 세계 최고 수준이다. 그러나 현대그룹이 1960년대 말 조선사업을 구상할 당시 우리의 조선능력은 밑바닥 수준이었다. 현대그룹의 TV광고로도 널리 알려진 정주영 회장의 조선소 착공 신화는 말 그대로 한국경제의 가장 드라마틱한 장면이었다. 당시 우리에게는 자본도, 조선소도, 기술도 없었다. 고 정주영 회장은 배짱 하나로 필요한 차관을 구하는 놀라운 역사를 만들었다. 그는 1971년 영국 런던으로 건너갔다. 영국에서 애플도어사의 롬바톰 회장을 어렵사리 만났지만 원하는 답을 얻기는 쉽지 않았다. 이때 정주영 회장은 오백원짜리 지폐를 롬바톰 회장에게 내밀었다. 오백 원짜리 지폐에서는 이순신 장군과 거북선이 그려져 있었다. 정주영 회장은 "16세기 세계 최초의 철갑선을 만든 나라가 우리나라입니다. 이 사람이 당신들이 가장 자랑하는 넬슨 제독도 엎드린다는 이순신 장군입니다. 우리의 잠재력을 믿고 도와주십시오."라고 말했다. (영국은 19세기에 이르러서야 철선을 만들었으며 해양대국이라 불렸던 영국인들은 배 만드는 일에 자부심이 남달랐다) 이 열정에 감동받은 롬바톰 회장은 버클리 은행에 긍정적인 보고서를 제출해 주게 된다.

2) '환경변화'에 대응한 '미래비전' 구현

현대건설과 현대자동차, 현대조선중공업, 현대증권 등 업계를 선도하는 사업을 창업한 것은 신성장 동력의 필요성을 인식, 즉 '환경변화를 통찰'하고 이에 대한 '적절한 전략'으로 대응한 정주영의 리더십에 기인한다. 고 정회장은 미래지향적인 측면에서 전망이 보이고, 부가가치가 높다고 판단된 사업에는 도전정신으로 적극 진출하는 전략을 지향하였다. 해방 직후, 한국경제의 재건을 위해서는 건설업이 필수적이라는 인식하에 현대건설을 창업했다. 경제성장이 가속화되던 1960~70년대에는 국가 기간산업의 육성정책과 국민 소득 증대에 발맞춰 중화학공업에 진출하여 기업성장의 발판을 확립했다. 1980년대 이후에는, 다양한 고객수요에 대응하고 미래성장을 견인할 첨단산업 진출을 위해 현대증권과 현대전자 등을 창업하여 사업다각화를 추진했다. 이는 경제 불확실성이 증대되는 현 시점에서도, 미래 환경변화에 대한 예지력을 바탕으로 과감하게 신사업에 투자해야 함을 시사한다. 그는 해외시장 진출을 통해 수출증대와 고용창출 등 국가 경제발전에 이바지하는 한편, 글로벌 기업으로서의 성장을 가속화시키기도 했다. 1960년대 해외진출의 태동기에는 건설업을 중심으로, 태국 등 동남아 시장에 진출하였고, 1970년대 확대기에는 건설과 조선, 중공업, 자동차사업 등이 해외진출을 견인하여, 기업규모 확대와 기술 축적, 사업구조의 고도화를 달성했다. 1980년대 이후에는 전 사업영역에 걸쳐서 해외에 진출되었고, 진출 유형도 수출뿐만 아니라 합작투자와 직접투자 등으로 확대되었다.

출처 : 시사뉴스피플, 정주영 현대회장의 돌파경영

> "글로벌 리더십은 단일문화 해석이나 다문화 국가비교에
> 초점을 맞추지 않고 문화들 간의 상호작용에 초점을 두고 있다."
>
> – 낸시 애들러

2절 글로벌 리더십

1. 글로벌 리더십의 정의

1) 국제화와 글로벌화

'국제화(Internationalization)'란 한 나라가 경제·환경·정치·문화적으로 다른 두 개국 이상의 나라와 교류하는 것을 말하며, '글로벌화(globalization) 또는 세계화'란 국제화가 전 세계적으로 확대된 개념으로 '사람들의 의식이나 행동이 한 나라의 국경을 초월하여 전 세계 무대로 나타나는 것'을 말한다. 글로벌화가 된다는 것은 세계의 여러 국가들의 힘이나 문화를 이해하고 포용해야 함을 의미한다. 글로벌화는 '지구촌화'와 같은 의미로도 사용되고 있다. 지구촌이란 말은, 작은 마을에서 모두가 서로 잘 알고 가족같이 지내는 것처럼, 넓은 세계가 이제 한 촌락과 같이 가깝게 여겨지게 되었다는 것을 보여 준다.

2) 글로벌 리더

'글로벌 리더'는 '세계의', '지구촌의'라는 뜻을 가진 글로벌(global)과 리더(leader)가 합성된 말로 '글로벌 환경에서 리더십을 효과적으로 발휘할 수 있는 사람'을 말한

다. 즉, 글로벌 리더는 '문화적 배경이 다른 외국인들과 함께 일하면서 자신의 조직을 위해 - 강제로 하게 하는 것이 아니라 - 스스로 동기를 부여하여 자발적으로 공헌하는 능력을 발휘하는 사람'을 말한다.

3) 글로벌 리더십

오늘날에 있어서 대부분의 기업들은 국경과 인종, 문화의 벽을 뛰어넘는 글로벌 비지니스를 수행하고 있으며 이러한 환경하에서 전통적으로 일하는 방법 역시 글로벌하게 통용되는 방법으로 변하게 되었다. 글로벌 리더십의 개념에 대해 바라보는 시각은 크게 두 가지로 나누어져 있다. 하나는 글로벌 환경의 특징은 국내적 환경보다 훨씬 더 큰 영향을 끼친다는 전제하에 글로벌 리더십은 국내의 리더십과는 완전히 구별된다는 시각이다. 또 다른 하나의 시각은 리더십 역량의 보편적 관점을 유지하는 시각으로서 글로벌 리더십은 전통적 리더십에서 이문화(異文化)의 인식 및 적응에 관한 몇 가지 역량을 첨가하면 되는 것이라 주장한다. 일반적인 시각에서 글로벌 리더십을 바라보면 후자의 입장, 즉 전통적(일반적) 리더십을 바탕으로 하되 각국의 문화나 기타 다른 특성에 맞도록 해당 지역에 맞게 리더십을 발휘해야 한다고 할 수 있다. 글로벌 리더십이란 '초국가화(transnationalize)되어 가는 미래사회에서 인종이나 문화를 초월하여 정부, 비정부, 국제기구, 영리법인 등을 포함한 조직을 이끌어 나가고 구성원들에게 만족을 줄 수 있는 능력'을 뜻한다. 즉, '문화적 다양성이 존재하는 글로벌 환경에서 효과적으로 조직을 운영할 수 있는 능력'을 의미하며, 이를 기업조직으로 국한시키면 '글로벌 기업에 근무하는 경영자와 관리자 또는 해외에 파견된 관리자가 갖춰야 할 리더십'이라 할 수 있다.

2. 글로벌 리더십의 필요성

21세기는 글로벌 리더십의 시대라고 할 수 있다. 기업들은 국경 없이 상호 연결된 글로벌 경제의 출현으로 인해, 엄청난 경쟁과 불확실성에 직면하고 있다. 이러한 상황 속에서 기업이 지속적으로 생존하고 발전하기 위해서는 글로벌 차원의 역량을 갖춘 리더들을 육성하는 것이 절실히 요구된다. 기업의 글로벌 경영전략의 변화에 맞추어 국제 인사관리의 체제가 제대로 갖추어 있더라도, 이를 운영할 수 있는 글로벌 마인드를 가진 핵심리더가 없으면 그 성과를 창출할 수 없다. 즉, 급변하는 세계 환경의 흐름을 이해하고 사전 준비할 수 있는 경험과 직관력을 가진 리더를 확보하지 못한다면 세계화 기업으로서 성장에는 한계가 있을 수밖에 없다는 얘기다. 그러나 이러한 리더십을 갖춘 인재를 찾기란 쉽지 않은 실정이다. 미국의 500대 기업들을 대상으로 설문조사한 결과에 따르면, 유능한 글로벌 리더들은 기업의 글로벌화를 가장 중요한 성공요인으로 꼽았으나, 설문 대상 기업의 85%가 글로벌 리더를 충분히 보유하고 있지 않다고 생각했고, 67%는 글로벌 리더들의 현재 능력이 불충분하다고 인식했다. 전 세계의 글로벌 기업 인사 전문가들을 대상으로 한 설문조사에 의하면 응답자의 75%가 인재를 확보하는 것이 가장 시급한 현안이며, 65%가 글로벌 인재 부족을 걱정하고 있는 것으로 나타났다. 이러한 글로벌 인재 및 리더의 부족현상은 국내기업에서도 마찬가지인 실정이다.

3. 문화와 글로벌 리더십

1) 문화와 문화권

문화란 '한 인간집단의 생활양식의 총체'로 정의할 수 있다. 전 지구상에 동일한 자연환경이나 인간의 행동양식이 동일하게 나타나는 곳은 거의 없다. 그러나 비슷한 자연환경 지역 내에서 문화적 동질성과 민족적 의식에 의해 비슷한 문화적 성격으로 나타나는 공간이 존재하는데, 이를 문화권이라 한다. 문화권에 대한 구분은 학자들마다 조금씩 다르나 크게 동양문화권, 건조문화권, 아프리카문화권, 유럽문화권, 아메리카문화권, 오세아니아문화권, 북극문화권 등 약 7개 문화권으로 분류할 수 있는데, 같은 문화권은 언어와 종교 그리고 생활양식이 유사하게 나타난다.

2) 문화와 글로벌 리더십

글로벌 리더가 되기 위해서는 다문화적 안목, 국제적 지식기반, 글로벌 상상력 등 국가 간 문화적 차이를 알고, 활용할 수 있어야 한다. 문화는 사람들이 생각하고 개념화하는 방식에 영향을 끼치기 때문이다. 국제사회에서는 외국어만 잘 한다고 해서 모든 것이 해결되지 않는다. 그 나라의 문화나 사람들의 관습, 생각하는 방식을 이해해야만 그들과 쉽게 통할 수 있다. 글로벌 리더가 될 사람들에게 이러한 태도는 필수적이다. 아랍권 국가에 파견된 종합상사 직원들이 수염을 기르고 터번을 썼다는 기사를 본 적이 있는데, 그들의 문화를 이해하는 데 큰 도움이 될 수 있었을 것이다. 국내 S그룹은 '지역 전문가 과정'을 운영하고 있다. 1년 이상 특정 국가에 고유업무를 하지 않고 거주하면서 해당 국가에 대한 문화만 체득하면 된다. 물론 그들이 교육을 마치면 해당국가의 전문가가 될 수 있다.

4. 글로벌 리더에 요구되는 능력

글로벌 리더에 요구되는 능력들로는 세계적 표준(global standard)을 체득하고 세계 비전(world vision)을 가지는 능력, 국내외를 막론하고 모든 사람들과의 관계에서 건전하고 능동적인 영향력을 끼칠 수 있는 능력, 국가와 민족은 물론 전 세계의 평화와 번영을 위해 이바지할 수 있는 능력, 다원주의적 문화를 이해하고 이를 수용할 수 있는 능력 등을 들 수 있다. 이러한 보편적인 능력에서 한 발 더 나아가 좀 더 구체적으로 필요한 능력은 무엇일까? 다양한 이론이 존재하나 기본 개념은 대동소이하다. 글로벌 핵심 역량을 연구한 많은 학자 중 맥신 돌턴(Maxin Dalton)이 그의 저서 《글로벌 비즈니스 리더와 매니저의 성공을 위한 글로벌 리더십》에서 주장한 내용을 분석해 보기로 한다.

1) 리더에 요구되는 5가지 필수경영능력

글로벌 리더를 떠나 모든 리더에 공통적으로 필요한 능력은 무엇일까? 모든 조직에서 통용될 유능한 리더가 되기 위해서는 사람관리능력과 실행관리능력, 정보관리능력, 문제대처능력, 핵심 비즈니스 지식 등 다섯 가지 필수경영능력을 지니고 있어야 한다[그림 2-4].

(1) 사람관리능력

직원들에게 동기를 부여해서 조직의 목표를 이룰 수 있도록 이끄는 능력을 말한다.

(2) 실행관리능력

의사결정, 협상, 갈등관리를 능숙하게 함으로써 추구하는 목표를 달성해나가는 능력을 말한다.

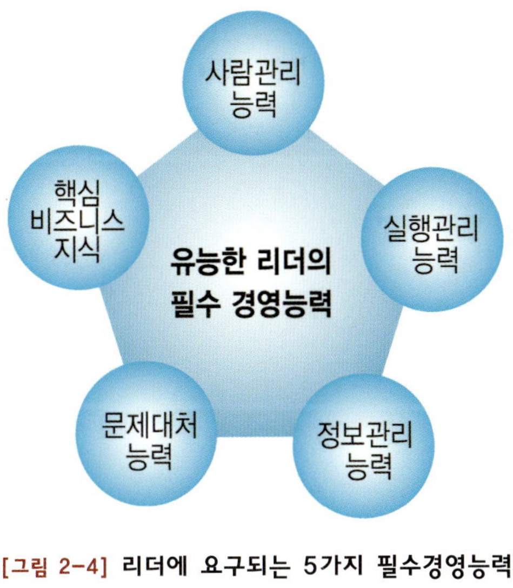

[그림 2-4] 리더에 요구되는 5가지 필수경영능력

(3) 정보관리능력

정보를 모니터링하고 추적하며, 외부에 대해 조직의 대변인 역할을 수행하고 조직 내부에 정보를 전달하는 능력을 말한다.

(4) 문제대처능력

과업수행 시 필연적으로 나타나는 문제들을 신속하고 적절하게 해결할 수 있는 능력을 말한다.

(5) 핵심 비즈니스 지식

비즈니스 전반을 확실하게 이해하고 사업에 대한 전문지식을 지니는 것을 말한다.

2) 글로벌 리더에 요구되는 4가지 글로벌 리더십 핵심역량

맥신 돌턴은 모든 리더에게 공통적으로 요구되는 5가지 필수경영능력과 함께, 특히 글로벌 리더에 요구되는 4가지 글로벌 리더십 핵심역량을 제시했다[그림 2-5].

(1) 국제 비즈니스 지식

해당 국가의 역사, 법규, 관습에 대한 지식을 포함, 관련된 국제 비즈니스를 수행하는 데 필요한 제반 지식을 말한다.

(2) 문화적응능력

해당 지역의 문화를 이해하고 자신의 행동양식을 이에 맞게 바꾸는 능력을 말한다.

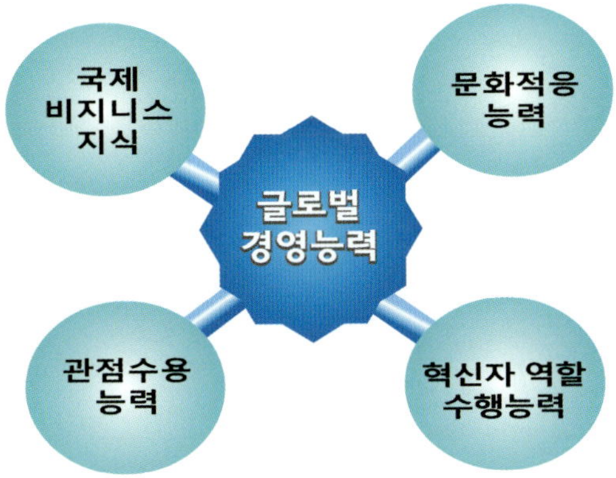

[그림 2-5] 글로벌 리더에 요구되는 4가지 필수경영능력

(3) 관점수용능력

타인의 의견을 경청하고 각종 의사결정시 타인의 관점에서 판단하는 능력을 말한다.

(4) 혁신자 역할수행능력

참신한 생각, 아이디어를 통해서 자신이 맡은 업무를 끊임없이 혁신적으로 변화시키는 능력을 말한다.

한편 상기 4가지 핵심역량에 대한 개발방법을 제시하면 〈표 2-1〉과 같다.

〈표 2-1〉 글로벌 리더의 핵심역량 개발

핵심역량 개발방법	국제 비즈니스 지식	문화적응 능력	관점 수용능력	혁신자 역할 수행능력
몇 개 외국어를 할 수 있는가?	○	○		○
몇 개국에서 살아봤는가?	○	○	○	
유학, 교환학생 경험이 있는가?		○	○	
몇 개국을 여행해 봤는가?		○	○	
해외 주재원 경험이 있는가?	○	○	○	○
다른 문화권 사람들과 일해 본 경험이 있는가?	○	○	○	○
국제업무팀에서 일해 본 경험이 있는가?	○	○	○	○
해외 출장이나 국제 세미나에 참여한 적이 있는가?	○	○	○	
타국 사람들과 교류한 경험이 있는가?		○	○	
다른 나라 종교, 역사, 문학, 예술을 공부해 봤는가?		○	○	
기타 이문화 경험이 있는가?		○		

출처 : 이재희(2016). 리더십 프레임. 한울.

사례 리콴유, 전 싱가포르 총리(1923. 9. 16 ~ 2015. 3. 23)

1. 주요 이력

1923년 출생한 리콴유는 19세기 싱가포르로 이주한 부유한 중국계 가문 출신으로, 영국 케임브리지 대학에서 법학을 공부했다. 이후 싱가포르에서 변호사가 되어 노동운동에 가담했고, 우편집배원・전화교환원 노조 파업과 해군기지 노조 파업을 성공적으로 이끌면서 싱가포르 정치계에 두각을 나타내기 시작했다. 1954년 인민행동당을 창당, 사무총장이 되었고 1959년 인민행동당이 의회 다수당이 되면서 싱가포르 초대 총리에 오른 이후 30여 년간 싱가포르 총리로 있다가, 1990년 11월 퇴임했다.

2. 리콴유의 리더십

리콴유의 글로벌 리더십을 구체적으로 살펴보자.

1) 현실에 대한 정확한 통찰력을 바탕으로 국가를 글로벌화

리콴유는 개발독재를 펼쳐 '독재자'와 '싱가포르를 눈부시게 발전시킨 공로자'라는 평가를 동시에 받았다. 연평균 경제성장률 10%를 달성하는 등 고도성장을 이루어내, 싱가포르를 '아시아의 네 마리 용' 중 하나로 만들었다. 싱가포르는 도시국가에 불과하지만 매우 글로벌한 나라이다. 그는 싱가포르의 주권독립을 위하여 경제발전의 필요성을 절감하고, 산업발전계획을 세우면서 세계적인 다국적 기업들의 공장을 유치하고 투자를 받아들이면서 개방적이고 글로벌한 산업국가로 전환시켰다. 오늘날 동남아의 도시국가 싱가포르가 세계금융과 물류의 중심국가로 발전한 것은 시대에 대한 통찰력을 가진 리콴유의 결단과 지도력이라고 할 수 있다.

2) 반부패의 청렴한 독재자

글로벌한 조직의 첫 번째 요소는 부정부패가 없는 깨끗한 조직이다. 공무원이 깨끗한 나라! 싱가포르의 상징이다. 공무원이 법대로, 원칙대로 일하는 나라가 처음부터 만들어진 것은 아니다. 오히려 독립 초기 싱가포르는 화교사회의 전통(?)에 영향을 받아 부패문제가 아주 심각했다. 그가 1959년 초대총리에 취임할 때, 반부패의 상징으로 각료 모두가 흰색정장을 입었다. 거리에 나가 직접 청소를 할 때도 흰색 옷을 입었고, 선거유세 때도 가능한 흰색 옷을 입었다. 전임자들을 보면서 가장 먼저 부패를 추방해야겠다고 결심했다. 특히, 부패행위조사국(CPIB)에 막강한 권력을 부여해 공직자 부정을 엄단하는 한편, 공직자 급여를 세계 최고수준으로 인상해 싱가포르를 아시아에서 가장 부정부패가 적은 나라로 만들었다.

3) 전략적 돌파형의 리더십

그는 어려움에 직면할 때마다 전략적으로 돌파하여 문제를 해결하는 탁월한 능력을 가졌다. 초기 정치적 기반을 확보하는 과정에서 치밀하면서도 유연하게 전략을 구사함으로써 정치적 위기를 극복했다. 각계에서 유능한 능력을 발휘한 사람들을 적극적으로 공직에 유인해 냈고, 역할에 집중할 수 있도록 여건을 마련해 주었다. 엘리트 정치인의 신분에서 출발했지만, 대중의 지지와 동원을 이끌어 낼 줄 알았고, 정치적 반대자에 대한 과감한 승부수를 구사할 줄 알았다. 강력한 카리스마와 함께 서민적 행보도 함께 할 줄 알았는데, 급격한 인구증가에 따른 사회문제로 부각된 주택문제를 '싱가포르 주택청'을 설립, 적극적으로 해결한 바 있다.

4) 인재 양성의 리더십

리콴유는 부존자원이 없는 싱가포르의 어려움을 글로벌 인재 양성으로 해결했다. 그 결과가 바로 정부 경쟁력 세계 1위라는 사실로 증명되었다. 그는 한결같이 인재 구하기에 모든 역량을 집중해 왔다. 또한 국내에서 구할 수 없다면 다른 나라에서 구하겠다는 신념으로 임했다. 리콴유는 스스로 '아시아적 가치'를 주창하기도 했지만, 인재 등용에 관한 서구의 경영이론을 뛰어넘는 파격으로 일관했다. 정부의 중앙부처 국장에 20~30대가 즐비한 것이 능력 중심의 조직임을 입증한다. 심지어 연공서열이나 명령체계가 생명인 군부의 참모총장급 지도자 중에는 기존의 상식을 뛰어넘어 40대 전후의 지휘관이 수두룩하다.

출처 : 정종권(2009). 싱가포르 지도자 리콴유. 사람과 책

PART 2

주요 리더십 이론

리더십에 대해서 많은 학자들이 다양한 이론을 펼치고 있다. 본 교재에서는 이 중 가장 대표적인 '5가지 대분류로 구성된 11가지 리더십'을 전개하고자 한다.

(1) 고전적 리더십

- 특성이론 : 리더의 특성에 의해 리더십이 결정
- 행동이론 : 겉으로 표출된 리더의 행동에 의해 리더십이 결정
- 상황이론 : 리더십이 전개되는 상황에 따라 리더십이 결정

(2) 카리스마적 리더십과 변혁적 리더십

- 카리스마적 리더십 : 리더의 카리스마로 부하를 움직임
- 변혁적 리더십 : 높은 수준의 동기유발을 통한 변화 유도

(3) 셀프 리더십과 수퍼 리더십

- 셀프 리더십 : 구성원들이 스스로 먼저 생각하고, 스스로 행동
- 수퍼 리더십 : 구성원들이 셀프 리더십을 발휘하도록 리더가 지원

(4) 서번트 리더십과 윤리적 리더십

- 서번트 리더십 : 리더가 구성원을 희생과 봉사적으로 대응
- 윤리적 리더십 : 고도의 도덕성을 통한 리더십

(5) 감성 리더십과 코칭 리더십

- 감성 리더십 : 이성이 아닌 감성으로 구성원들을 리딩
- 코칭 리더십 : 직접 지도가 아닌 도움을 통해 구성원들을 지도

Chapter

3 고전적 리더십

| 1절 | 리더십 특성이론

| 2절 | 리더십 행동이론

| 3절 | 리더십 상황이론

다양한 리더십 이론의 발전과정을 정리해보면 크게 전통적 리더십 이론과 현대적 리더십 이론으로 분류할 수 있다. 전통적 리더십은 1940~1980년대까지 등장한 이론을 포괄하여 말하며, 1980년대 이후의 이론을 현대적 리더십으로 분류한다. [그림 3-1]은 전통적 리더십 이론의 발전과정을 나타낸다.

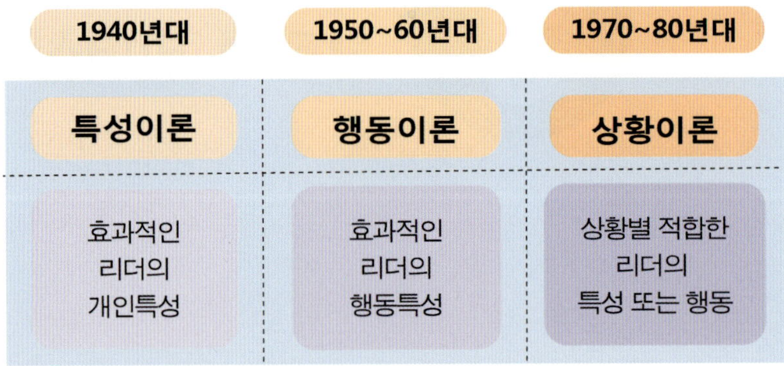

[그림 3-1] 고전적(전통적) **리더십 이론의 발전과정**

"사람을 움직이는 유일한 수단은
내가 먼저 모범을 보이는 것 뿐이다."

– 아인슈타인

1절 리더십 특성이론

1. 개요

특성이론(trait theory)은 1900년대 초반부터 1940년대까지 주로 연구되었는데, 이 이론의 전제는 성공적인 리더는 어떤 '공통된 특성'을 가지고 있다는 것이다. 즉, '리더와 보통 사람들을 구별하는 차별적 특성은 무엇인가?'를 규명하는 이론이다. 어떤 특성을 가진 사람이 리더가 되는가의 문제는 인간의 문명화와 더불어 오랜 과제였으므로 우리는 '리더십'이란 용어를 접할 때, 자연스레 리더의 특성이나 자질을 떠올리게 된다.

2. 리더십 특성의 분류

1) 일반적 특성분류

여러 연구결과를 정리해보면, 리더에게 요구되는 일반적인 특성은 [그림 3-2]와 같으며 이러한 특성을 많이 가지고 있는 리더가 효과적인 리더라고 할 수 있다. 그러나 훌륭한 리더라고 해도 이러한 특성을 모두 갖기는 쉽지 않다. 훌륭한 리더는 각각의 분야에 필요한 특성을 가지고 있는 것이 일반적이다. 예를 들어, 연구소장은 '지식과 창의성', 마케팅 담당 임원은 '언어와 대인관계' 등을 중요한 특성으로 분류할 수 있을 것이다. 리더의 일반적인 특성을 분석해본 결과, 독창성, 인기, 사교성, 판단력, 적극성, 유머감각, 활동성, 출세욕구, 협조성, 운동능력 등의 리더십 특성은 효과성과 높은 상관관계를 가졌으나, 나이, 키, 체중, 체격, 기력, 외모, 지배성, 분위기 통제력은 낮은 상관관계를 갖는 것으로 나타났다. 즉, 대체적으로 신체적 특성을 제외한 특성들은 리더십 효과성과 높은 상관관계를 보이는 것으로 드러났다.

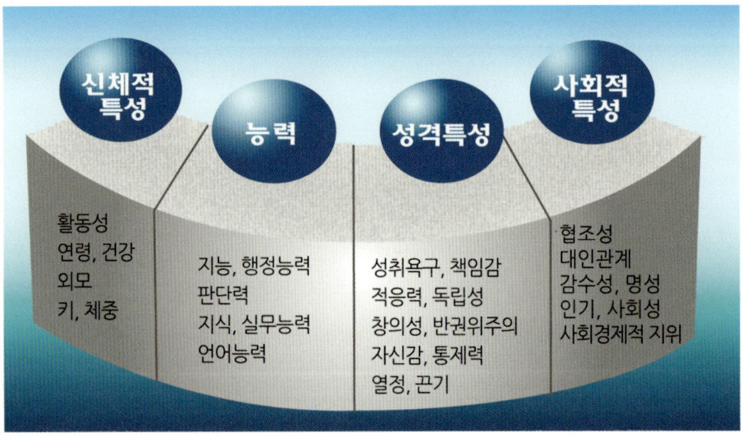

[그림 3-2] 리더에게 요구되는 일반적인 특성

2) 성격 빅 파이브(Big Five) 모형

성격 빅 파이브 모형이란 심리학자 골드버그(Goldberg, L. R, 1990) 등이 사람들의 다양한 특성을 간단하고 일관성 있는 분류체계로 정리한 모형을 말한다.

(1) 신경증 성향(Neuroticism)

정서적 안정성과 대조를 이루는데, 불안, 슬픔, 비합리성, 긴장감 등을 포함하는 광범위한 부정적 감정을 특징으로 하며, 심리적 고통, 비현실적 생각, 과도한 열망 및 충동을 포함하는 요소이다. 신경증 성향이 높은 경우 불안하고 감정적이며, 자신이 없고 건강에 대해 염려하기 쉽다. 반대로 신경증 성향이 낮은 경우, 차분하고 편안하며, 감정적이지 않고 강인하며, 상황에 적응적으로 대처한다.

(2) 외향성(Extraversion)

대인관계적인 특질을 나타내며, 타인과 만났을 때 무엇을 하는지 그리고 어떻게 하는지와 관련되는 요소이다. 외향성이 높은 경우 사교적이며 활동적이고, 사람 중심적이며 낙관적이다. 반면, 외향성이 낮은 경우 과묵하고 냉철하며 활기가 없고, 과제 중심적이며 조용하다.

(3) 개방성(Openness)

능동적으로 새로운 경험을 추구하고 즐기는 성향 및 익숙하지 않은 것에 대한 관용을 나타낸다. 개방성이 높은 경우 호기심이 많고 창의적이며, 상상력이 풍부하다. 반면, 개방성이 낮을 경우 관습적이고, 실제적이며, 분석적이지 않은 특징을 보인다.

(4) 우호성(Agreeableness)

생각, 감정 및 행동에서 나타나는 대인관계 지향적 특성을 나타낸다. 우호성이 높은 경우 상냥하고 온화하며 타인을 신뢰하고, 타인에게 친절하며 솔직하다. 반면, 우호성이 낮은 경우 냉소적이고 무례하며 비협조적이고, 무자비하며 짜증을 잘 낸다.

(5) 성실성(Conscientiousness)

개인의 체계성, 끈기, 목표에 대한 행동의 동기수준을 나타낸다. 성실성이 높은 경우 열심히 노력하고 시간을 잘 지키며 신뢰할 수 있고, 꼼꼼하며 인내심이 강하다. 반면, 성실성이 낮을 경우 목적이 없고 해이하며 신뢰할 수 없고, 의지가 박약하다.

기업에서 요구하는 인재의 특성

잡코리아에서 공기업과 사기업을 대상으로 분석한 조직 구성원에 대한 기업군별 요구특성은 [그림 3-3]과 같다.

공기업	성실성(72%), 창의성(40%), 고객지향성(36%) 글로벌인재(33%), 책임감/적극성(30%)
대기업	성실성(54%), 열정(49%), 도전정신(46%) 고객지향성(46%), 책임감/적극성(30%)
중소기업	성실성(77%), 책임감(47%), 열정(37%) 적극성(35%), 목표의식(34%)

1. 성실성 2. 책임감 3. 열정 4. 목표의식 5. 적극성
6. 도전정신 7. 도덕성 8. 팀워크 9. 고객지향성 10. 주인의식

[그림 3-3] 조직 구성원에 대한 기업군별 요구특성

사기업에서 선호하는 구성원의 특성은 성실성, 책임감, 열정 순이었으며, 특히 성실성은 기업 모두에서 가장 중요시하는 특성이었다. 사기업의 경우 열정, 도전정신, 책임감과 같이 목표를 향해 강하게 치고 나가는 동적인 특성을 선호하는 반면, 공기업은 창의성, 고객 지향성 등 안정적이고 정적인 특성을 선호하고 있음을 보여주고 있다.

3. 리더십 특성이론의 발전

초기 특성이론의 초점은 리더는 만들어지는 것이 아니고 태어나는 것이라고 보는 소위 위인론(great man approach)이다. 이 이론에 의하면 위인(리더)은 리더십에 필요한 특성을 가지고 태어난다고 가정한다. 그리하여 리더가 고유한 개인적인 특성

만 가지고 있으면 그가 처해 있는 상황이나 환경이 바뀌더라도 항상 훌륭한 리더가 될 수 있다고 주장하고 있다. 이러한 위인론은 과학적 실증주의의 등장과 심리학의 형태주의 학파의 영향을 받아 '리더십 특성은 타고나는 면도 있지만, 경험과 학습을 통해 습득할 수도 있다'는 사실이 받아들여져 보다 성숙한 특성이론으로 전개되게 되었다.

4. 특성이론의 기여와 한계점

1) 기여

효과적인 리더가 되기 위해 갖추어야 할 특성의 기준과 어떠한 특성이 상대적으로 다른 특성보다 좋은지를 알 수 있어 리더십 개발에 기여했다고 할 수 있다.

2) 한계

연구되는 리더의 특성만도 100여 개로 너무 많아 관리가 어려우며, 리더의 행동까지 연결시키지 못하고 특성에만 머물러 리더십 훈련을 육성시키는 데도 한계를 보였다. 또한, 리더십의 효과성은 리더의 특성뿐만 아니라 상황적 요소에 의하여 결정되는데, 이를 간과하였다.

2절 리더십 행동이론

1. 개요

1940년대에 이르러 "관찰 가능한 대상만 연구해야 한다."는 입장인 행동주의가 학문 전반에 큰 영향을 미치게 되었다. 그들의 이론에 의하면 리더의 심리적 특성은 직접 관찰이 불가하며, 심리검사를 통해 간접적으로 측정했다 하더라도 측정결과의 타당성을 확신할 수 없다. 이러한 이유로 밖으로 드러나는 리더의 행동을 관찰하는 쪽으로 전환하게 되었는데, 이러한 연구의 흐름을 리더십의 행동이론(Behavior theory)이라 한다. 행동적 접근은 '리더가 어떠한 사람이냐가 아니라 어떠한 행동을 하느냐'를 분석하는 것이다. 리더가 아무리 좋은 특성을 가지고 있다 해도 이를 행동으로 나타내지 않으면 의미가 없는 반면, 설사 지니고 있는 특성은 별로라도 행동으로 잘 표현한다면 훌륭한 리더가 될 수 있다. 연구된 많은 리더십 행동이론 중 대표적인 세 가지 이론을 소개한다.

2. 미시간대학의 연구이론

미시간대학 조사 연구소의 리커트(R. Likert) 교수팀은 '리더가 어디에 관심을 집중하고 있느냐'에 따라 크게 두 가지 기준을 두고 리더의 형태를 구분하였는데, '직무 중심적 리더'와 '종업원 중심적 리더'가 그것이다.

1) 리더십 행동 유형 분류

(1) 직무 중심(job-centered)의 리더

직무(생산) 중심의 리더는 종업원들을 조직 목표달성을 위한 도구로 여기기 때문에 부하들이 능동적으로 업무를 추진하지 않는다고 생각, 업무를 지정하고 간섭하며 지시한다. 따라서 그들은 XY이론에서 X이론적 인간관의 입장에서 조직을 관리하게 된다.

(2) 인간 중심(person-centered)의 리더

인간(종업원) 중심의 리더는 지시, 감독보다는 인간적이고 개인적인 배려를 통하여 직원 스스로 자발적인 직무자세를 취하도록 유인한다. 따라서 그들은 XY이론에서 Y이론적 인간관의 입장에서 조직을 관리하게 된다.

토론

맥그리거의 XY이론에 대해 토론해 보자.

2) 연구결과 종합

미시간대학교 연구팀은 직무 중심적(과업지향적)보다는 인간 중심적(관계지향적) 행동이 집단의 성과와 사기를 높이고 이직률 감소에 효과적이라고 발표하였다.

성공적인 리더는 대인관계를 손상시켜가면서까지 과업지향적 행동을 하지는 않았으며 달성해야 할 목표와 일반지침만 제공하고 방법과 시간은 부하의 자율에 맡겼다. 또한, 리더는 부하가 자신이 지지받고 있고, 자신이 가치 있고 중요하다는 생각을 갖도록 만들어야 효과적임을 알 수 있었다. 직무 중심적 리더십은 단기성과, 인간 중심적 리더십은 장기성과와 관련성이 있었으며, 구성원의 만족도는 종업원중심 리더십이 훨씬 높게 나타났다. 직무 중심적 리더십은 조직의 구조화가 잘 안되어 있거나 불명확한 과업상황에서 높은 성과를 내는 경향이 있었다. 직무 중심적 행동을 해야 할 경우 그 행동 속에 배려적인 요소를 가미한다면 더욱 높은 리더십 성과를 거둘 수 있을 것으로 예상한다.

3. 오하이오대학의 연구이론

1945년 오하이오 주립대학의 경영연구소에서는 여러 형태의 집단과 상황에서의 리더십을 분석하였다. 그 결과 뚜렷하게 다른 두 가지의 리더십 유형을 발견했는데, 구조주도형(또는 과업 중심형) 리더와 배려형(또는 인화 중심형)의 리더가 바로 그것이다.

1) 리더십 행동 유형 분류

(1) 구조주도(initiating structure) 행동

구성원들을 모아 조직화하고 역할을 분담하고 목표를 명확히 하며, 엄격한 감독을 하는 등의 과업지향적인 리더십 행동을 말한다.

(2) 배려(consideration) 행동

구성원과의 관계를 중시하고, 구성원과 리더 사이의 신뢰성, 온정, 친밀감, 상호존중, 그리고 상호협조를 조성하는 데 주력하는 관계지향적인 리더십 행동을 말한다.

2) 연구결과 종합

미시간대학과 오하이오대학의 모형은 서로 유사한 체계를 가지지만 차이점이 존재한다. 미시간대학 모형은 2개의 리더십 유형을 동일한 비중을 가지는 양극단으로 보았고, 오하이오대학 모형은 2개의 리더십 유형을 병립 가능한 개념으로 보았다. 즉, [그림 3-4]와 같이 한 리더가 구조 주도적이면서 배려적인 행동을 동시에 보일 수 있다. 또한 과학적 관리론의 과업지향성과 인간관계론의 인화지향성을 배합시키면서 리더의 행동특성을 매우 상세하고 체계적으로 설명하여 리더십 연구의 이론적 기초를 제공했다는 점에서 인정을 받고 있다.

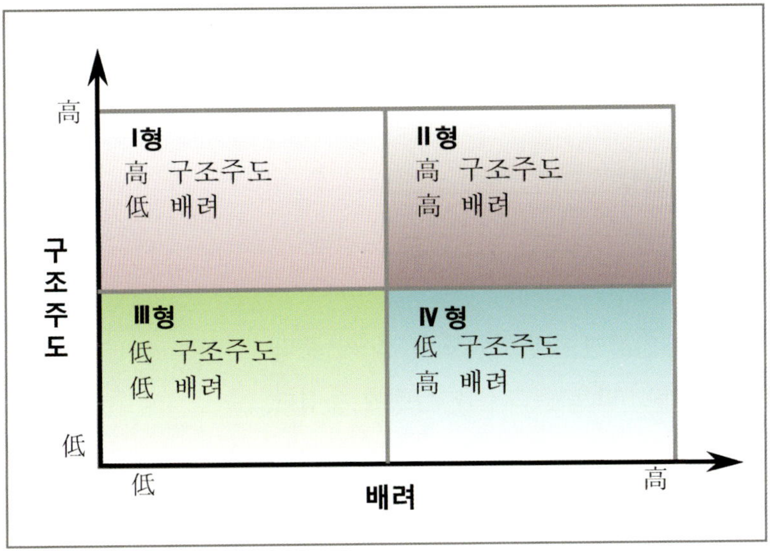

[그림 3-4] 오하이오 주립대학의 리더십 연구

가장 바람직한 리더는 두 가지 차원(배려성과 구조주도) 모두 높은 성취도를 가지고 있었다. 그러나 어떤 경우에는 고 구조주도 리더가 효과적이고 어떤 경우에는 고 배려 리더가 효과적이다. 예를 들어, 구조주도 성향이 높은 리더는 생산성과 성과 증진을 유도하는 영향력이 크고, 배려가 높은 리더는 결근이나 이직을 막아 조직의 안정과 지속적인 생산성 유지에 기여한다.

조직의 관리자는 구조주도를 강조하고 추종자들은 대체로 배려성을 강조하는 경향이 있는데, 리더는 이러한 두 가지 측면을 잘 조화시켜야 한다.

4. 관리격자(managerial grid theory)이론

관리격자이론은 블레이크와 모우톤(R. R. Blake & J. S. Mouton)이 1978년에 리더십 훈련 세미나를 진행하던 중 개발한 이론이다. 리더의 행동 유형에 대해 수평축을 과업(생산)에 대한 관심으로, 수직축을 인간에 대한 관심으로 나누고 이들 두 행동 측면을 각각 9개의 격자로 계량화하여 9×9=81개 리더의 행동경향으로 자세히 분류한 후, 이 중에서 가장 기본적인 다섯 가지 유형을 선정, 집중 분석하였다.

1) 리더십 행동 유형 분류(1단계) : 2가지 기본 축

(1) 인간지향 행동

- 그와 이야기를 하다보면 편안함을 느낀다.
- 친구처럼 대해주며 언제든 만날 수 있다.
- 부하들의 개인적인 형편까지도 신경 써 준다.
- 부하의 제안을 받으면 그것을 실행에 옮긴다.

(2) 직무지향 행동

- 그는 하급자에게 할 일을 분명히 전해준다.
- 수행할 일에 대한 스케줄을 짜준다.
- 구성원들이 정해진 규칙, 규정을 따르도록 요구한다.
- 과업능력이 우수하다.

2) 리더십 행동 유형 분류(2단계) : 2가지 행동의 조합[그림 3-5]

(1) 무관심형(1, 1형)

과업이나 사람에 대해 거의 관심을 갖지 않고 오직 되어가는 대로 내버려 두는 리더를 말하며 가장 경계해야 할 유형으로 분류된다.

(2) 과업형(9, 1형)

과업지향형 리더들은 인간관계를 무시하고 과업만을 추구하는 리더이다. 이런 리더들은 과업이 계획대로 이행되고, 부하들은 명령받은 대로 이행할 것을 기대한다. 사람들은 근본적으로 나태하고 일하기도 싫어하기 때문에 강압을 통해서만 해결할 수 있다고 생각한다.

(3) 중도형(5, 5형)

과업과 사람에 대한 관심에 균형을 유지하려고 노력하는 중도적인 리더이다. 중도형 리더들은 야단맞지 않을 정도의 성과만 달성하면 된다고 생각하며 최선의 해결책보다는 균형 잡힌 해결책을 시도하게 된다.

(4) 컨트리클럽형(country club : 1, 9형)

인기형 또는 컨트리클럽형 리더들은 사람에 대해서 관심이 있지만 과업에 대해서는 거의 관심이 없는 온정적인 리더이다.

(5) 팀형(team style : 9, 9형)

이상형 또는 통합형 리더로도 불리는 팀형 리더들은 과업과 사람을 통합하여 높은 성과를 가져오는 이상적인 리더이다. 이런 리더들은 과업을 중심으로 인간을 통합시키므로 가장 효과적인 해결책을 발견하려고 노력하며, 모두가 기여하고 모두가 성취감을 느낄 수 있도록 한다. 갈등이 발생할 경우 즉각 공개적으로 처리하며 사람의 창의성을 존중하고 격려하며 힘을 내도록 고무시킨다.

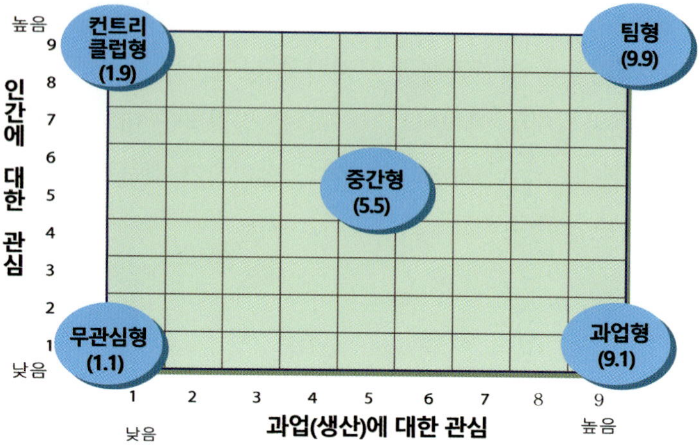

[그림 3-5] 관리격자에서의 5가지 리더십 유형

3) 연구결과 종합

블레이크와 모우톤은 생산과 사람 모두에게 높은 관심을 갖는 통합형(9, 9형) 리더십 유형이 가장 이상적이며, 리더십 효과성을 높이기 위해 필요하다면 다섯 가지 유형을 적절히 조합하여 사용하는 융통성을 발휘할 수 있다고도 하였다. 산업조직에서의 연구결과에 의하면, 가장 전형적인 관리자 유형이 균형형(5, 5형)이고, 그 다음에 팀형(9, 9형), 과업형(9, 1형), 무관심형(1, 1형)의 순이며 관리직에서 성공적인 사람의 관리유형은 팀형(9, 9형)이었고, 컨트리클럽형(1, 9형)은 적었다고 결론을 내리고 있다. 또한 군대조직에서는 유능한 지도자는 높은 사기를 위해서 인간에 대한 관심을 강조하면서도 과업도 비교적 높게 중시하는(5, 9형) 것이 적합하다고 하였다. 관리격자 모형은 현실의 리더가 어느 좌표에 해당하는지 부하나 동료, 본인이 평가를 해봄으로써 이상형에 이르기까지 부족한 부분을 보충하고자 노력하는 리더십 개발 프로그램 목적으로 활용할 수 있다.

5. 행동이론의 기여점과 한계점

1) 기여점

① 추상적인 리더의 특성에서 탈피, 관찰 가능한 행동으로 연구범위를 확대하였다.

② 리더의 행동을 파악하고 변화방향을 제시함으로써 특성이론에서 제시하지 못한 리더십 훈련에 대한 실무적 지침을 제공했다.

2) 한계점

① 연구팀마다 다른 견해와 관점을 보여 모든 상황에 적합한 일관성 있는 리더십 행동 유형을 찾지 못하였다.

② 특성이론과 마찬가지로 리더가 처한 상황을 고려하지 않고 리더의 행동에만 초점을 맞춘 한계를 가지고 있다.

3절 리더십 상황이론

1. 상황이론(Situational theory) 개요

1960년대까지 이루어진 대다수의 리더십 특성이론과 행동이론들은 보편타당한 리더의 특성과 행동을 파악하려 하였으나 어떠한 상황에도 모두 맞는 이론을 찾아내지 못하였다. 리더의 특성과 행동이 리더십 효과를 발휘하는 것은 여러 상황적 요인에 따라 달라지기 때문이다. 리더십 상황이론은 리더와 상황이 잘 맞아 떨어져야 성과를 높일 수 있다는 관점에서 리더와 상황 상호 간의 관계를 연구함으로써 리더십에 관한 총괄적인 분석을 가능하게 해주는 이론이다.

우선 앞에서 설명된 리더십 특성이론과 행동이론을 요약해보자.

[그림 3-6] 리더십 특성이론체계

리더십 특성이론은 [그림 3-6]과 같이 '리더가 이러이러한 특성을 가지면 훌륭한 리더가 되고 그럼으로써 조직의 효과는 좋아지는데, 그러한 특성을 갖지 못하면 훌륭한 리더가 될 수 없고 이로 인해 조직은 리더십 효과를 거둘 수 없다'는 논리이다.

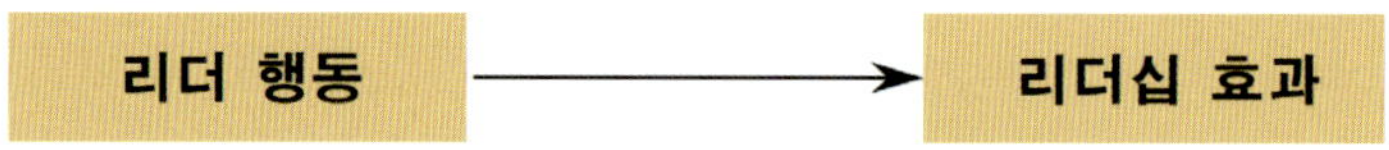

[그림 3-7] 리더십 행동이론체계

리더십 행동이론은 [그림 3-7]과 같이 '리더가 이러이러한 행동을 하면 훌륭한 리더가 되고 그럼으로써 조직의 효과는 좋아지는데, 그러한 행동을 하지 못하면 훌륭한 리더가 될 수 없고 이로 인해 조직은 리더십 효과를 거둘 수 없다'는 논리이다.

상기 두 가지 이론 모두 훌륭한 리더는 어떤 상황에서든 요구되는 특성을 모두 가지고 있거나, 요구되는 행동을 모두 하면 조직이 리더십 효과를 거둘 수 있다는 보편타당성에 뿌리를 두고 있다. 리더십 상황이론은 한마디로 특성이론이나 행동이론에 상황이라는 개념을 추가하여 이들 간의 적합성에 초점을 맞춘 이론이라고 할 수 있다.

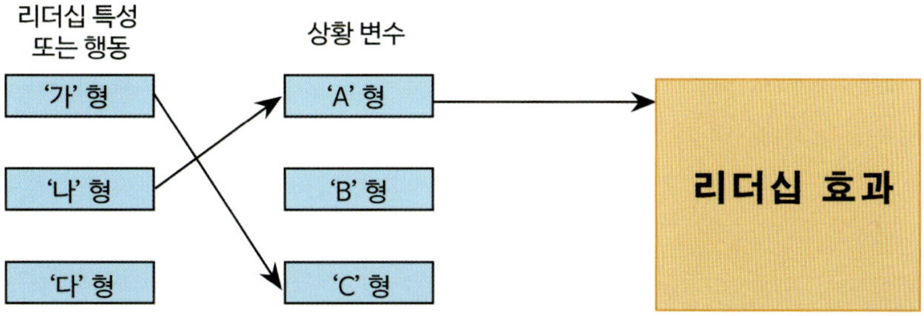

[그림 3-8] 리더십 상황이론체계 1

[그림 3-8]에서 보는 바와 같이 '가, 나, 다'라는 특성 또는 행동을 가진 리더가 있고 'A, B, C'라는 상황이 있을 경우 '가'형 특성을 가지거나 행동을 하는 리더는 상황 'C'에, '나형 리더'는 '상황A'에 적합한 리더가 될 수 있다.

즉, 리더십 상황은 물론 리더십 특성(또는 행동)도 한 개가 아닌 복수가 존재하며 서로 효과적인 것들끼리 연계되었을 때 효과를 발휘한다는 이론이다. 한복의 멋을 극대화하는 것을 목표(리더십 효과)로 하였을 때 복수 종의 한복(리더십 유형)을 복수의 사람(리더십 상황)에 입히는 사례를 들어보자. 이때 각각의 사람들 특성에 맞는 옷을 입혀야 궁극적인 목표를 달성할 수 있는 것이다. 즉, 멋이 있는가 없는가(리더십 효과)는 누가(리더십 유형) 어떤 옷(상황변수)을 입는가에 따라 달라지게 된다. [그림 3-8]을 단순하게 도식화하면 [그림 3-9]와 같다.

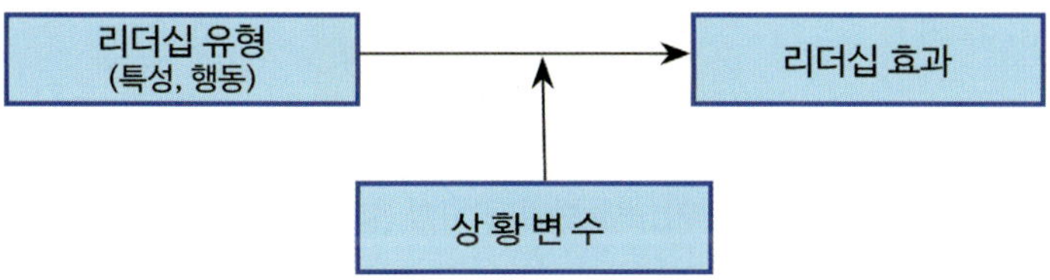

[그림 3-9] 리더십 상황이론체계 2

리더가 가지고 있는 특성 또는 행동 스타일이 바람직한 성과를 낼 수 있는가의 여부는 상황변수들의 조건에 따라 달라짐을 보여 주고 있는데, 리더의 유형과 상황변수들 간의 관계, 이것이 본 이론의 핵심이다. 우리는 대표적인 2가지의 상황이론을 살펴보게 될 것이다. 여기에서 피들러의 상황이론의 리더십 유형은 특성이론에, 성숙도이론의 리더십 유형은 행동이론에 상황을 도입한 이론이다.

2. 피들러의 상황적합성 이론

1) 개요

상황이론의 창시자로 알려져 있는 피들러(Fiedler)는 특성이론에 근거하여, 각각의 리더십 유형(스타일)에 부합되는 상황에 리더가 배치되었을 때, 즉 리더 특성과 리더십의 상황이 적합하게 짝을 이룰 때 효과적인 리더십 발휘가 가능하므로, 조직은 상황 여건을 유리하게 조성하거나 리더십 유형을 상황에 맞게 변화시킴으로써 조직성과를 높일 수 있다고 주장했다. 리더십 효과는 [그림 3-10]과 같이 리더십 특성이론에 의해 분류된 2가지의 리더십 유형과 3가지의 상황변수의 적절한 조합에 의해 결정된다.

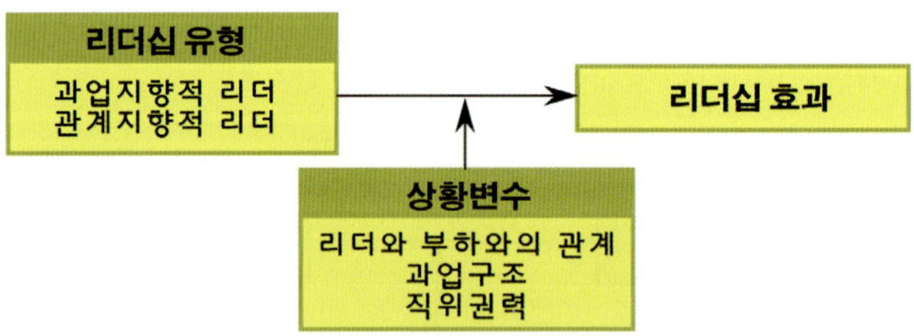

[그림 3-10] 피들러의 리더십 상황이론체계

2) 리더십 유형

피들러는 리더의 특성을 과업지향 리더와 관계지향 리더로 분류하였다.

(1) 과업지향적 리더(task-oriented style)

직무를 제대로 수행하는 것에 1차적인 관심을 가지고, 부하를 다룰 때에도 과업지향적 행동을 강조한다. 부하들과 좋은 관계를 맺는다는 2차적 목적은 집단이 과업을 잘 수행할 때나 중대한 과업문제가 없을 때에만 추구한다.

(2) 관계지향적 리더(relationship-oriented style)

부하들과 잘 어울리는 것을 중요시하고, 부하들을 잘 배려하고 지원해줌으로써 과업목표를 달성한다. 먼저 부하 및 동료들과 긴밀한 인간관계를 맺은 다음 과업목표달성에 관심을 가진다.

3) 리더십 상황변수

리더가 영향력을 행사할 수 있는 상황요인으로, 리더-부하직원 간의 관계, 과업구조, 직위권력 등의 세 가지 변수가 있다.

(1) 리더와 부하의 관계

집단의 구성원들이 리더를 신뢰하고 좋아하며 그의 말을 기꺼이 따르려는 정도를 뜻하며, 가장 중요한 변수이다.

(2) 과업구조

과업이 어느 정도 명확하게 규정되어 있는가, 즉 어느 정도 표준화되어 있는가를 나타내며 다음과 같은 내용에 의하여 리더십 상황이 결정된다.

- 목표 명료성 : 과업에 요구되는 조건들이 얼마나 명백히 정해져 있는가?
- 검증 가능성 : 과업을 수행하고 나서 그 결과가 얼마나 좋은지를 확인할 수 있는가?

- 의사결정의 구체성 : 해당 업무에 대해 어느 정도 구체적으로 의사결정을 할 수 있는가?

(3) 지위권력

리더의 직위가 집단 구성원들로 하여금 명령을 받아들이도록 할 수 있는 능력의 정도를 말하며 직위권한이 강할수록 리더의 영향력이 높아진다.

4) 상황에 따른 리더십 유효성

피들러는 [그림 3-10]과 같이 8가지 리더십 상황요인을 도출하고 이에 적합한 리더십 유형을 제시했다.

(1) 상황요인

리더-부하 간의 관계(신뢰), 과업구조(일의 짜임), 지위권력 등 세 가지 상황변수의 조합으로 이루어진 경우의 수는 [그림 3-11]의 아래 부분과 같이 총 8가지이다.

(2) 리더십 상황

대체적으로 상황 Ⅰ쪽으로 갈수록 리더에게 유리하고, 상황 Ⅷ 쪽으로 갈수록 리더에게 불리하다.

(3) 적합한 리더십 특성

다양한 분석을 해본 결과, 리더십 상황요인별 적합한 리더십 특성은 리더에게 유리한 환경일수록(상황 Ⅰ쪽으로 갈수록) 그리고 불리한 환경일수록(상황 Ⅷ쪽으로 갈수록) 과업 지향적 리더가 관계 지향적 리더보다 더 좋은 성과를 나타내며, 유리함의 정도가 중간 정도인 상황에서는 관계 지향적 리더가 과업 지향적 리더보다 더 좋은 성과를 나타내는 것으로 나타났다.

적합한 리더십 특성	관계지향적 특성 ↕ 과업지향적 특성	과업 지향적				관계 지향적			과업 지향적
리더십 상황		Ⅰ	Ⅱ	Ⅲ	Ⅳ	Ⅴ	Ⅵ	Ⅶ	Ⅷ
		유리한 상황 ←						→ 불리한 상황	
상황요인	리더 - 부하 신뢰	좋은 관계				나쁜 관계			
	일의 짜임	구조		비구조		구조		비구조	
	리더 지위의 권력 정도	강	약	강	약	강	약	강	약

[그림 3-11] 각 상황별 적합한 리더십

> **예제** 리더와 부하와의 사이가 좋고, 부하가 하는 일은 잘 바뀌지 않는 정형화된 일이며, 리더가 부하의 바람막이를 제대로 못해줄 때 어떤 리더십이 요구되는가?

3. 허시와 블랜차드의 성숙도이론

1) 개요

피들러가 리더 유형으로 '리더의 특성'을 채택한 반면, 허시와 블랜차드(Hersey, P. & Blanchard, K. H.)는 '리더의 행동'을 채택했다. 그들은 '리더십 수준은 부하의 성숙도(발달수준)에 맞추어야, 즉 악기를 처음 배우는 사람에게 연주 방법을 가르칠 때 숙달수준에 따라 가르치는 방법을 달리하는 것처럼 팔로워의 경우도 그들의 발달수준에 맞추어야 한다.'고 주장한다. 리더의 유형을 리더의 행동(과업지향적 행동, 관계지향적 행동)의 조합에 의해 4가지로 분류하고 상황변수로 부하의 성숙도(maturity)를 설정하였으며, 부하의 성숙도에 따라 각기 상이한 리더십을 적용해야 함을 강조했다. 다른 이론이 특정시점의 상황을 중심으로 정적인 관점으로 전개되는 데 비해 성숙도이론은 상황이 점차 성숙할 때마다 다른 리더십 유형이 필요하다는 동적인 관점으로 전개된다[그림 3-12].

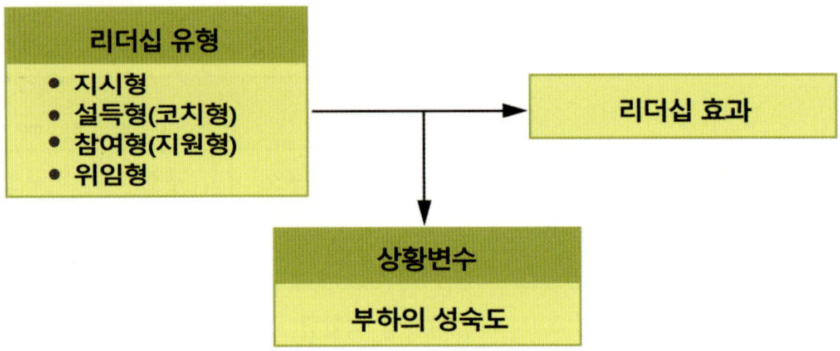

[그림 3-12] 성숙도이론의 체계

2) 리더십 유형

리더십 유형은 지시를 하고 목표를 설정하고, 역할을 지정하며 일하는 방법을 가르쳐주는 '지시적(과업적) 행동'과 구성원들이 스스로 과업을 수행할 수 있도록 도와주는 '지원적(관계적) 행동'으로 구분되며, 이 두 행동을 조합하여 다시 다음과 같이 4가지 유형으로 나뉜다.

(1) 지시형 리더십 : 지시적 행동이 높고 지원적 행동이 낮은 영역

리더는 구체적인 지시와 명령을 내리고 업무수행을 면밀하게 감독하는 지시적 행동을 주로 하고 지원적 행동을 부수적으로 한다. 부하직원에게 업무의 목표가 무엇이고 업무처리에 관한 좋은 방법을 이야기하며, 어떤 방법으로 업무를 완수할 수 있는지에 대한 계획도 세워준다. 리더가 혼자서 모든 문제를 해결하고 결정하며 부하직원은 리더의 결정에 따르기만 하면 된다.

(2) 설득형 리더십 : 지시적 행동과 지원적 행동 모두 높은 영역

리더가 계속 지시와 명령을 내리고 업무수행을 면밀하게 감독을 하지만, 결정사항에 대해서는 설명하고 부하직원의 제안을 받아들여 전진할 수 있도록 지원하는 리더십이다. 설득형은 지시와 지원 모두를 포함하므로 일방통행이 아닌 쌍방향의 커뮤니케이션 방법을 사용한다.

(3) 참여형 리더십 : 지시적 행동이 낮고 지원적 행동이 높은 영역

리더가 업무달성을 향해 부하직원의 노력을 촉구하고 지원하며 의사결정에 관한 책임을 부하와 나누는 리더십이다. 지원적인 행동을 주로 하고, 지시적인 행동을 부수적으로 하되 부하직원의 업무수행을 지원하고, 그들의 제안을 경청하는 것이다. 리더는 부하직원들의 자신감을 북돋기 위해 격려하고 칭찬할 필요가 있다.

(4) 위임형 리더십 : 지시적 행동과 지원적 행동이 낮은 영역

리더가 의사결정과 문제해결의 책임을 부하직원에게 위임(믿고 맡기는)하는 리더십이다. 이런 경우에는 리더가 일일이 지시하고 감독할 필요가 없고 스스로 알아서 할 수 있는 분위기를 만들어 주면 된다. 의사결정과 문제해결에 대한 책임을 직원들에게 전적으로 위임하는 것이다. 이런 경우에 가장 필요한 것은 따르는 사람에 대한 신뢰와 인정이다.

3) 리더십 상황변수 : 부하의 발달수준(성숙도)

부하의 성숙도란 부하들이 조직에 처음 들어와서 점차 조직과 직무에 적응해 나가는 과정이라 할 수 있으며 과업수행능력을 나타내는 '직무관련 성숙도'와 부하가 기꺼이 직무를 수행하고자 하는 '심리적 성숙도'로 구성된다.

(1) 직무상 성숙도(능력 : ability)

조직의 목표달성을 위한 업무에 익숙한 정도를 말한다. 직무와 관련된 지식, 기술, 실무경험, 보다 높은 목표설정능력, 문제해결능력, 책임감, 마감시간을 지키는 능력이 해당된다.

(2) **심리적 성숙도**(의지 : willingness)

업무수행에 긍정적인 자세로 근무에 임하는 정도를 말한다. 직업적 요구에 대한 수용의지, 즉 독립심, 열정, 성공 동기, 자기 존경심이 해당된다.

상기 두 가지 성숙도는 〈표 3-1〉과 같이 네 가지 성숙단계로 조합될 수 있다.

- M1 : 직무를 수행할 능력도 의지도 없는 사람
- M2 : 직무를 수행할 능력은 없으나 의지는 있는 사람
- M3 : 직무를 수행할 능력은 있으나 의지는 없는 사람
- M4 : 직무를 수행할 능력도 의지도 있는 사람

〈표 3-1〉 부하의 성숙도에 의한 상황분류

상황분류								
구분	능력	의지	능력	의지	능력	의지	능력	의지
수준	높음	높음	높음	낮음	낮음	높음	낮음	낮음
성숙도 (maturity)	M4		M3		M2		M1	

4) 상황에 따른 리더십 유효성

성숙도이론을 요약해 보도록 하자. 성숙도에 따른 리더십 적용을 살펴보면 [그림 3-13]과 같이 마치 부모가 자식을 양육하는 과정과 같다.

- M1 : 조직 구성원들이 업무(task)에 아주 미숙한 단계(능력과 의지가 낮은 사람)에서는 지도자가 일일이 지시하고 간섭하는 '지시형' 리더십을 행사한다.

- M2 : 점차 성숙해져 가는 단계(능력은 없으나 의지가 있는 사람)에서는 이에 따라 높은 관계성과 높은 과업지향성을 가진 '설득형' 리더십으로 수정한다.
- M3 : 성숙해져 특별한 지도 없이도 해낼 수 있을 단계(능력은 있으나 의지가 낮은 사람)에서는 높은 관계성과 낮은 과업지향성을 가진 '참여형' 리더십으로 수정한다.
- M4 : 스스로 혼자서 모든 일을 해낼 수 있을 만큼 완전히 성숙한 단계(능력과 의지가 높은 사람)에서는 낮은 관계성과 낮은 과업지향성을 가진 '위임형' 리더십으로 수정한다.

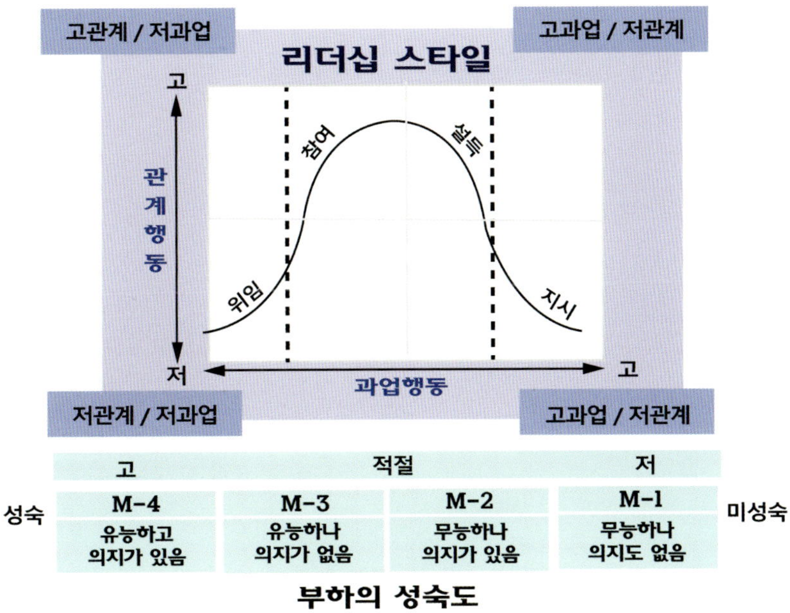

[그림 3-13] 허시와 블랜차드의 성숙도이론

본 이론은 특성이 서로 다른 부하는 상이한 방법으로 다루어야 하며, 같은 부하라 할지라도 상황의 변화에 따라 서로 다르게 다루어야 한다는 점을 강조한다. 상식적으로 의미를 잘 전달하므로 직관적인 설득력을 가지고 있어 리더십 훈련의 기초로 많이 활용되는 장점을 가지고 있다.

4. 상황이론의 기여점과 한계점

1) 기여점

상황이론들은 리더십 특성이론과 행동이론에서 고려하지 못했던 '상황'을 적용했다는 점에서 높은 평가를 받을 만하다.

2) 한계점

이론이 너무 어려운 데다 다양한 상황을 모두 고려하지 못하는 단점이 있다. 또한, 이론적 설명은 충실했을지 몰라도 실무자가 그것을 어떻게 적용해야 할 것인가에 대해서는 명쾌한 답을 제시해주지 못하고 있다.

Chapter 4

카리스마 리더십과 변혁적 리더십

카리스마 리더십과 변혁적 리더십은 구성원을 변화시켜 조직의 목표를 달성하는 공통점을 가지고 있으나, 카리스마 리더십은 리더가 자신의 비범함을 보여 구성원이 스스로 변하게 하는 반면, 변혁적 리더십은 구성원 자체를 직접 변화시킨다.

"진정한 카리스마란 실력과 내공을 갖춘 사람이 겉으로 강하게 말하고 힘(위치, 직위, 돈)으로 제압하는 것이 아니라 아주 부드러우면서도 멋진 이념을 가지고 사람을 이롭게 하고, 덕을 세우며 겸손한 품성으로 리드하는 것을 말한다."

– 정법정도

1절 카리스마 리더십

1. 개요

1) 정의

카리스마(Charisma)는 신이 주신 재능(endowed gift)이란 뜻의 그리스어 Kharisma에서 유래했다. 기독교 교리에서는 성령의 특별한 은혜로 주신 능력(예언능력, 치유의 능력, 다스림과 섬김의 능력 등)으로 정의하며 미래의 사건을 예측하거나 기적을 행하는 능력과 같이 신이 부여한 영적 능력을 의미한다. 대중적 의미의 카리스마는 '특별히 끌리는 힘', '남을 압도하는 힘', '특출한 지도력' 등으로 요약할 수 있다. 즉, 카리스마 리더십은 탁월한 비전, 가능성 높은 해결책, 압도적인 인간적 매력을 소유한 지도자가 구성원들의 헌신적인 복종과 충성을 바탕으로 나타내는 강력한 영향력을 의미한다.

독일 사회학자 막스 베버(Max Weber)는 카리스마 리더십을 권력의 정당화 측면에서 정의하였다. 그는 리더가 가질 수 있는 정당성 있는 권력(authority)의 원천에 대해 우리가 알고 있는 '합법적 권한(공식적 규범이나 법에 근거한 권력)'이나 '전통적 권한(과

거부터 행해온 관습에 근거한 권력)' 외에 '카리스마적 권한(예외적이고 탁월한 개인의 능력에서 비롯된 권력)'을 추가시키고 카리스마적 성향의 인물은 자연스레 정당한 권한을 갖게 되는 것으로 보았다. 그는 카리스마에 대해 "사람에게 초인(超人)적이거나 비범(非範)한 능력이 부여된 특별한 성격적 특성"이라고 정의하고, 카리스마는 극소수의 사람만이 가지고 있는 천부적인 것이며 이 같은 카리스마를 가진 사람은 결국 리더로서 대우받게 된다고 하였다.

2) 이론의 발전

1947년 막스 베버가 카리스마의 개념을 처음 소개한 이래, 많은 사회학자, 정치학자들이 카리스마 리더십에 대해 많은 관심을 가지고 연구하기 시작했다. 1970년대 중반부터 베버의 이론을 조직 내의 리더십 현장에 적용시키고자 하는 시도를 하게 되었으며, 1980년 이후 미국기업들이 외국기업들과의 경쟁에서 생존하기 위해 카리스마적 리더의 필요성을 인식, 본격적으로 연구가 시작되었다.

2. 카리스마 리더십 효과 발생 요건

카리스마 리더십 효과가 발생하기 위해서는 리더십 3대 구성요인인 리더, 팔로워 그리고 상황 각각에 대해 다음과 같은 요건이 갖추어져야 한다.

1) 리더의 요건

다음과 같이 남과 차별화되는 특별한 개인적 특성을 가지고 있어야 한다.

① 추종자에게 비전을 제시할 수 있어야 한다.

② 특출한 능력을 보유하고 있어야 하며 지속적인 성공을 통하여 자신의 능력을 입증할 수 있어야 한다.

③ 리더가 초월적인 능력을 지니고 있다고 구성원이 믿게 해야 한다. 하우스(House)에 따르면, 카리스마 리더는 자신의 능력 유무와는 별도로 자신이 완벽하다는 인상을 심어주려고 계산된 행동을 하면 추종자들이 믿게 되는 피그말리온 효과[1)]에 의해 카리스마 리더십이 형성되는 것으로 보았다.

④ 개인적인 매력을 가지고 있어야 한다.

2) 구성원 요건

① 리더의 권위에 순종해야 한다.

② 리더에 대한 강한 애정을 가지고 있어야 하고, 리더의 신념을 자신의 것으로 받아들여야 한다.

③ 리더를 따르면 자신들이 원하는 것을 얻을 수 있다는 높은 기대감을 가지고 있어야 한다.

④ 리더의 개인적인 매력에 정신적으로 몰입되어야 한다.

3) 상황 요건

① 사회적 위기 또는 절망적 상황이 존재해야 한다. 이러한 상황에서 사람들은 자신들을 구해낼 수 있는 리더를 찾게 되며, 카리스마적 리더십 효과는 배가 된다. 심각한 위기가 존재하지 않더라도, 카리스마 리더는 현 상황에 대한 불만을 증폭시키고 강력한 미래를 제시함으로써 구성원을 현혹시킬 수 있다.

---

1) **피그말리온 효과〈Pygmalion effect〉** : 무언가에 대한 사람의 믿음, 기대, 예측이 실제적으로 일어나는 경향을 말한다. 일이 잘 풀릴 것으로 기대하면 잘 풀리고, 안 풀릴 것으로 기대하면 안 풀리는 경우를 모두 포괄하는 자기충족적 예언이다. 피그말리온이란 명칭은 그리스 신화 속의 피그말리온 왕에서 유래되었다. 피그말리온 왕은 자신이 조각한 여성상을 진심으로 사랑하게 되었고, 이를 지켜본 미의 여신 아프로디테가 그의 소원을 들어주어 조각상을 인간으로 만들어 주었다.

② 업무처리를 하는 데 있어서 소속집단 구성원 간의 상호의존도가 높을 경우, 서로 의지하는 성향이 강하므로 그 집단의 리더는 카리스마적 리더가 될 가능성이 높아진다.

3. 카리스마 리더십 전개 단계

콩거(Conger)는 단독으로 보고한 연구에서 비전에 초점을 맞춰 카리스마 리더십을 전개하는 행동과정을 구체화하였다.

(1) 1단계 : 비전 창출

비전은 직원 개개인의 힘을 한 방향으로 모으는 마력을 가지고 있으며 직원들의 각기 다른 행동을 리더가 원하는 방향으로 모아준다. 1단계에서는 조직의 개선해야 할 취약점을 찾아낸 후 이를 획기적으로 해결할 수 있는 전략적인 비전을 개발한다.

(2) 2단계 : 비전의 전달

분명하고 명확하며 충분하게 동기부여가 될 수 있는 비전이 제시되었다 할지라도 그것이 조직과 팔로워에게 어떤 의미가 있는지에 대해서 충분한 소통과 공감을 이끌어 내는 데 실패한다면 아무 의미가 없다. 조직 구성원들에게 현 상태의 문제점과 새로운 비전의 매력을 확실하게 주지시키고 잘 해보자는 결의를 명확히 한다.

(3) 3단계 : 신뢰감 구축

신뢰(信賴 : Confidence)란 '조직 구성원들이 잘 해낼 것이라는 믿음'을 의미한다. 리더에 대한 강한 믿음이 없으면 카리스마 리더십은 성공을 거둘 수 없다. 리더 자신이 가지고 있는 통찰력, 강한 신념, 능력, 자신감 등을 내세워 구성원들이 비전의 성공을 강력히 믿게 만든다.

(4) 4단계 : 비전 달성방법 제시 및 실행

구성원들의 업무역량 강화와 리더 자신의 강력한 지원 등을 통해 비전을 달성할 수 있는 구체적인 방법을 제시하고, 강력하고 효율적인 추진을 통해 성과를 극대화한다.

4. 카리스마 리더십의 문제점과 이에 대한 대응

1) 카리스마 리더의 양면성

카리스마 리더십은 양날의 칼과 같다. 간디, 히딩크 등의 긍정적인 카리스마도 존재하지만 스탈린, 히틀러와 같이 부정적인 효과의 카리스마도 존재하기 때문이다. 긍정적 결과를 가져오는 카리스마인가 부정적인 결과를 가져오는 카리스마인가를 구별하기 위해서는 리더가 사리사욕을 추구하는가, 공공의 선을 추구하는가를 따져 보아야 한다. 사리사욕을 추구하는 리더는 자신의 권력을 강화하기 위해 구성원들을 교묘하게 이용한다. 반면에 공동체 이익을 도모하는 리더는 구성원들에게 권한을 위임하고 평등주의적이며 지원적이다.

2) 부정적 측면의 카리스마 리더십과 이에 대한 대응

카리스마 리더의 경우 개인의 특성에 의해 조직이 좌지우지되기 때문에 바람직하지 않은 특성을 가진 리더일 경우 많은 문제점이 나타나기 마련이며, 설사 바람직한 리더가 조직을 장악하고 있다 할지라도 구조적인 한계 때문에 역시 문제가 뒤따를 수 있다. 카리스마 리더십에서 가장 보편적으로 나타나는 문제점과 이에 대한 대책을 살펴본다.

(1) 구성원들의 주인의식 약화 및 창조성 결여

카리스마 리더는 구성원을 수동적 인간으로 전락시키고 구성원들의 창의적인 아이디어를 무시할 수 있다. 따라서 리더는 구성원들에게 적절히 권한을 위임시킴으로써 책임의식과 주인의식을 느끼고 창의적인 활동을 적극적으로 할 수 있도록 지원해야 한다.

(2) 자만감에 빠져 잘못된 판단을 내릴 우려

자기도취에 빠진 독재자 스타일일 경우 잘못된 의사결정으로 조직을 위험에 빠뜨릴 수 있다. 따라서 무조건적인 예스맨 대신 리더의 잘못에 대해 직언할 수 있는 분위기를 조성해야 한다. 또한, 의사결정 시 충분한 검토시간을 갖고 구성원들과 기타 이해관계자들의 의견을 수렴함으로써 리스크를 최소화해야 한다.

(3) 후계자 불인정 및 장기집권 우려

장기집권을 위해 유능한 후계자를 양성하지 않거나 심지어는 제거하는 등 자신의 존재를 유일시하고 독단적으로 권력을 쥔 채 장기집권할 수 있다. 이를 방지하기 위해서는 리더의 선출 단계에서 민주주의의 요소를 도입하고 선출 후 과실에 대한 탄핵제도가 마련되어야 한다.

(4) 리더의 인격, 도덕적 의식 결여

바람직하지 못한 리더는 자신의 권력을 이용해 부도덕적인 행위를 할 수 있다. 이를 방지하기 위해서는 리더 자신이 '도덕적 리더십'을 결부시켜 도덕과 규범에 맞는 행위를 함으로써 '노블리스 오블리주'의 정신을 구현하도록 해야 한다. 또한 구성원들이 리더의 잘못을 지적해줄 수 있는 조직문화도 미리 구축되어야 한다.

사례 거스 히딩크(1946. 11. 8~)

1. 주요 경력

히딩크는 네덜란드 출신 축구감독이다. 1998년 FIFA 월드컵에서 네덜란드를 4위, 2002년 FIFA 월드컵에서 대한민국을 4위, UEFA 유로 2008에서 러시아를 4강에 진출시켰으며 한때 첼시 FC의 임시 감독직을 하기도 하였다. 그의 위대한 업적 중에서 단연 돋보이는 것은 축구 약체 한국을 세계 4강 반열에 올린 것이다.

2. 히딩크의 카리스마 리더십

2002 한·일 월드컵에서 거스 히딩크의 카리스마를 확인할 수 있다. 조직의 구성원이 절대 복종만 하고 리더를 우러러보지 않는 카리스마는 독선에 지나지 않는다. 그는 자신만의 카리스마를 통해 국가대표로 선발된 선수들로 하여금 자신을 철저히 따르게 했으며, 선수들 또한 그를 추종함에 있어 조금의 망설임도 없었다. 과연 히딩크는 어떤 카리스마로 국가대표팀의 조직을 장악했으며, 한국 축구 역사상 유례없는 월드컵 신화를 이루어 내었을까?

1) 배려 : 선수들의 고충을 들어주고 배려해주는 따뜻한 카리스마

히딩크는 감독과 선수가 수평적인 분위기에서 자유롭게 의사소통이 되게 하였다. 쉬는 시간에 축구선수들이 족구를 하고 힘 겨루기를 하는 등 예전에 볼수 없었던 모습을 보였고, 훈련 시에도 훈련이라기보다는 놀이에 가까웠다. 체력훈련을 병행했기 때문에 훈련은 고되었지만 훈련캠프에는 웃음이 끊이지 않았다. 히딩크가 오기 전에 선후배 관계가 매우 엄격하여 선배와 후배가 함께 동석해서 이야기를 나누는 일을 거의 찾아볼 수가 없었다. 히딩크가 국내 대표팀 사령탑을 맡고 나서 이 부분을 제일 먼저 개선했다고 한다. 그래서 의도적으로 선후배를 평가하는 자리를 만들어 선수들 간에 의사소통을 유도했다. 히딩크의 지론에 의하면 경기를 읽는 능력은 선수 상호 간에 커뮤니케이션과 따뜻한 배려를 통해 가능해진다. 진정한 리더십은 '따뜻한 카리스마'에서 나온다. 그는 선수선발과 육성에는 냉철하였으나 개인적으로 선수들을 대할 때는 아버지처럼, 형님처럼 행동했으며 선수들의 고충을 수시로 듣고 이를 원활하게 해결해주어 선수들을 감동시켰다. 그는 진정 차가운 두뇌와 따뜻한 가슴을 가진 전형적인 카리스마 리더였다.

2) 의욕고취 : 구성원들에게 자신감을 불러일으켜주는 카리스마

자신의 경력과 승리경험, 정확한 판단에 근거한 소신, 체계적인 체력강화 프로그램, 강팀과의 평가전 개최 등 여러 수단을 통해 한국선수들에게 할 수 있다는 자신감을 불어넣었다. 그는 항상 강조했다. "스스로에 대한 자신감이 중요하다. 자기 능력과 자기 믿음이 분명하고 강해야 한다. 주어진 목표를 향해 매진할 수 있는 추진력이 필수적이다. 실수해도 좋으니 소심하게 슈팅을 자꾸 미루지 말라. 겁내지 말고 너희들 생각나는 대로 마음껏 한번 해보라."

3) 꿋꿋한 소신 : 어떠한 어려움이 있어도 흔들리지 않고 소신 있게 목표를 향해 전진하는 카리스마

그는 월드컵 본선을 치르기 직전까지 여러 가지 구설수에 오르내렸다.

2001년 컨페더레이션스컵에서 프랑스에 5 대 0으로 참패하고, 이어 네덜란드 전지훈련 시 체코와의 평가전에서도 5 대 0의 참패를 함으로써 오대영이라는 별명을 갖게 되었다. 또한 대표팀의 전력강화 방안모색을 이유로 한 잦은 외유, 속 시원한 변화를 보여 주지 못한 나이지리아와의 평가전 등을 치르면서 히딩크는 급기야 국정감사의 도마에까지 올랐다. 그러나 그는 남들이 뭐라 하든 신경 쓰지 않았다. 여론을 수렴하다 보면 자신의 축구 철학이 흔들릴 수 있고 전술적인 완성도 방해받을 수 있다는 것이 이유였다.

4) 공정성 : 주위 압력에 굴하지 않고 실력 위주로 선수를 기용하는 카리스마

히딩크는 기존 축구계의 고질적인 병폐인 '학연과 지연 위주의 선수 선발'을 철저히 배제하였다. 기존의 대표팀은 특정학교 출신 선수들이 선발되었고 심지어 감독마저도 유소년팀, 청소년팀, 올림픽대표팀, 국가대표팀 등 특정학교 출신들이 나누어 먹기식으로 부임해오던 것이 사실이었다. 하지만 히딩크 감독은 철저히 실력 위주로 선수선발을 하였고 경쟁을 통한 훈련으로 선수들을 끊임없이 긴장시켰으며 기존 스타선수라도 계속적인 자기발전이 없으면 탈락시키는 한편, 이전에 거들떠보지도 않았던 고졸 출신 선수들도 실력만 있다면 주저 없이 끌어들였다.

이렇게 하여 발탁된 선수들은 그를 실망시키지 않았다. 이러한 히딩크 감독의 리더십은 다수의 기업에서도 벤치마킹하는 대표적 사례가 되었다.

출처 : 삼성경제연구소(2002). 히딩크식 기업환경 경영

사례 아돌프 히틀러(1989. 4. 20.~1945. 4. 30)

1. 주요 경력

히틀러는 오스트리아의 하급 세관원의 아들로 태어났다. 독일인들의 통일적 민족국가에의 염원이 어릴 때부터 타올랐고 이러한 민족에의 광적인 집념이 싹트기 시작한 히틀러는 제1차 세계대전이 발발하자 독일군에 지원병으로 입대하였다. 독일이 패전한 후 1919년에는 독일 노동자당에 가입하였다. 1920년에 당의 선동가로서 정치활동에 전념하는 한편 당내 독재자가 된 그는 1923년 뮌헨에서 봉기를 획책했으나 실패하고 란츠베르크 형무소에 투옥되었는데, 이때 《나의 투쟁》을 출판하였다. 1933년 수상으로 임명되고 일당독재체제를 확립하였으며 나치즘(반유대주의, 백색인종주의, 제국주의, 반사회주의, 민족주의사상)을 당의 공식 이념으로 채택하였다. 정권을 장악한 히틀러는 각종 긴급조치와 법률 개정을 통해 독일을 광란의 도가니로 몰고 갔다. 그를 견제하는 세력들은 총살당하거나 비참하게 일선에서 물러나야만 했다. 1937년부터 오스트리아, 체코슬로바키아, 폴란드 공격을 시작으로 약 5,000만 명의 희생자를 낸 제2차 세계대전을 일으켰다. 패색이 짙어지자 1944년 일부 장군들과 정치가들이 반란을 꾀했으나 히틀러 암살계획은 실패로 끝났다. 그러나 1945년 4월 30일 그는 베를린이 함락되기 직전에 자살하였다.

출처 : 네이버 지식백과

2. 히틀러의 카리스마 리더십

히틀러는 뛰어난 카리스마를 가진 리더였으나 바람직하지 못한 방향으로 리더십을 발휘하여 인류 역사에 크나큰 오점을 남긴 리더이다.

그는 뛰어난 웅변술과 인위적인 조작을 통해 강한 카리스마를 연출함으로써 국민들을 현혹시켜 전 독일 국민을 참혹한 전쟁의 구덩이로 몰아넣었다.

히틀러

1) 뛰어난 웅변과 선동을 통한 대중의 열광 유도

히틀러는 선동가이자 뛰어난 웅변가였다. 그는 자신에 앞서 전체주의 체제를 공고히 한 이탈리아의 무솔리니에게서 대중을 동원하는 방식을 배웠다. 유니폼을 착용하거나 팔을 쭉 편 인사법 등이 유럽 최초의 파시스트 지도자인 무솔리니의 작품이었다. 히틀러의 정치적 리더십은 전적으로 카리스마적 권위에 가까운 것이었다. 대중의 심리를 통찰하는 히틀러의 탁월한 선동술은 대중으로 하여금 자신의 개인적인 자질을 인정받는 동시에 대중으로부터의 충성을 유도했다. 그가 1920년, 당의 1인자의 지위를 확보하고 있던 드레크슬러를 제치고 점차 당내 입지를 굳히게 된 배경에는 그의 능숙한 선동 연설이 있었다.

2) 인위적인 조작에 의한 신격화 유도

히틀러의 카리스마는 동시에 인위적인 조작을 수반했다. 히틀러는 정기적인 전당대회 연설과 '국민 라디오'를 통해 미디어를 통제했다. 찰리 채플린이 〈위대한 독재자〉에서 풍자하고 있듯이, 어린아이를 품에 안고 카메라를 향해 포즈를 취하는 히틀러의 행동은 모든 독일 국민의 감성을 자극하는 일련의 계산된 행위였다. 마치 자신이 나라를 구하기 위한 구세주라는 이미지를 부각시켰고, 전국에 분포되어 있는 자신의 초상화 및 흉상과 관련하여 국민들의 묵시적인 합의를 이끌어 냈다. 그는 복장이나 표정을 통해서도 카리스마를 연출하였다. 그가 상대방을 뚫어져라 응시할 때 눈동자에서 신비함이 느껴졌으며 그의 툭 튀어나온 눈동자에 압도되어 오금을 펴지 못하는 사람이 많았다고 한다. 그는 위압감을 나타내기 위해 군복을 즐겨 입었으며, 자신을 신성시하기 위해 뒤쪽에서 빛을 비추게 함으로써 부처님의 후광효과도 만들어 냈다.

이처럼 히틀러의 카리스마적 권위는 천부적인 웅변술이 인위적인 조작 장치에 의해 증폭되어 형성되었다고 볼 수 있다. 더 나아가, 그 권위는 선거라는 합법적인 절차를 통하여 법적-합리적 권위를 획득할 수 있었고, 따라서 정당성을 확보할 수 있었다.

출처 : African voices : '위대한 독재자', 아돌프 히틀러

"나머지 인생을 이렇게 보내고 싶습니까,
아니면 세상을 바꿔놓을 기회를 갖고 싶습니까?"

– 스티브 잡스

2절 변혁적 리더십

1. 변혁적 리더십의 개요

1) 혁신(革新)과 변혁(變革)의 정의

혁신(革新)이라는 단어를 살펴보면 가죽 혁(革)과 새로울 신(新)으로 이루어져 있다. 그래서 혁신은 '가죽을 벗겨 내 새롭게 변신하는 것처럼 고통스럽고 어려운 것'이라고 직역될 수 있다. 혁신은 '고쳐서 착해진다는 뜻'을 가진 개선(改善 : 고칠 개, 착할 선)과는 질적으로 다르다. 집을 사례로 들어볼 때, 개선은 현재의 집을 보수하는 것이며 혁신은 완전히 집을 허문 뒤 새 집을 짓는 것을 의미한다. 변혁(變革)은 말 그대로 '어떤 것을 혁신(革新)적으로 바꾸게 하는 것'을 가리키는 말이다.

2) 변혁적 리더십의 정의

변혁적 리더십(Transformational Leadership)이란 조직변화의 필요성을 감지하고 그러한 변화를 이끌어 낼 수 있는 새로운 비전을 제시하며, 비전이 지향하는 목표를 달성하게 하는 리더십이라 할 수 있다. 변혁적 리더십은 단순히 현 상황을 받아들이고 그에 맞는 적절한 행동을 해나가는 것이 아니라, 자신의 특성과 행동 스타일에 맞도록 상황 자체를 변혁하는 것이 더 중요하다는 생각에서 발전하였다. 배스(Bass, 1985)는 변혁적 리더십을 통하여 부하를 변혁시키고 동기 부여하여 높은 성과를 달성할 수 있다고 하였다. 즉, 첫째, 구성원에게 예상되는 결과의 중요성을 인식시켜주고, 둘째, 집단의 목표를 위해 구성원들이 개인적 이익을 초월하도록 유도하며, 셋째, 구성원들의 욕구수준을 높게 변형시킬 수 있다고 주장하였다.

3) 등장 배경 및 이론의 발전

1980년대 후부터 경제 및 조직 환경, 산업구조의 급속한 변화와 국제화에 따른 무한경쟁에서 기업들은 생존을 위해 전면적인 경영혁신을 시행해야 했는데, 기존의 리더십이론은 이러한 환경변화에 대응하는 데 한계가 있어 보다 현실적인 변혁적 리더십이 탄생하게 되었다. 이로 인해 구성원이 사용하는 규칙이나 일하는 방법을 구체적으로 분석, 조정하기보다는 만질 수 없는 특질, 즉 비전, 공유되는 가치들 그리고 생각들을 개선하는 데 초점을 맞추게 되었다. 변혁적 리더십은 하우스(House, 1977), 콩거(Conger, 1987) 등을 통해 연구되어 오다 번즈(Burns, 1978)가 미국을 변화시킨 리더들을 분석한 저서 《역사를 바꾼 리더십(Transforming Leaders)》을 통해 체계화하였고 배스에 의해 조직에 활용가능하도록 발전되었다.

2. 거래적 리더십과 변혁적 리더십 비교

1) 거래적 리더십

변혁적 리더십은 이전의 모든 리더십 이론들을 거래적 리더십이라고 비판하면서 출발하였다. 거래적 리더십은 리더가 부하에게 명확한 목표와 그 목표를 달성했을 때의 보상내용을 명확히 알리고, 부하는 보상의 가치를 명확히 인식하여 성과를 달성하도록 노력하는 과정으로 이루어지게 된다. 따라서 이 리더십하의 구성원들은 업무성과에 대한 보상을 받고, 리더들은 일의 완성으로 이익을 얻는다. 즉, 상사와 부하 사이에 거래관계가 성사되는 것이다. 거래적 리더십은 규칙을 따르는 것에 초점이 맞추어져 있기 때문에 리더들은 변화를 촉진하기보다 조직의 안정유지를 중시하게 되며, 부하는 수동적으로 행동하는 한계를 가지고 있다. 이로 인해 거래적 리더십은 장기적으로 유지되기 어렵고, 일의 성과 역시 잘해봐야 목표를 달성하는 수준으로 획기적인 향상은 기대하기 어렵다. 거래적 리더십에서 구성원을 통제하기 위해 두 가지 방법이 사용된다. 부하들의 실수와 규칙위반을 빈틈없이 지켜보고 그때그때마다 수정조치를 취하는 '적극적인 통제' 형태와 제시된 기준에 미달하여 문제가 표면화되면 조치를 취하는 '소극적인 통제' 형태가 그것이다.

2) 변혁적 리더십

변혁적 리더십은 리더가 미래의 비전과 공동체적 사명을 강조함으로써 부하들을 리더가 원하는 방향으로 변화(의식과 능력 향상)시켜 궁극적으로 장기적 목표를 초과 달성해 나가는 데 초점을 맞춘다. 이는 단기적 성과를 강조하고 일한 만큼의 보상을 통해 부하들의 동기를 유발하려 하는 거래적 리더십과 큰 차이를 보인다. 즉, 부하의 현재 욕구에 맞추는 것이 아니라 욕구수준을 높여 동기를 부여하고 조직 성장발전을 위해 헌신하도록 변화를 추구함으로써 획기적인 성과를 창출할 수 있는 리더십이다. 이때 상사와 부하 사이는 거래관계가 아니라 코칭관계가 된다.

〈표 4-1〉은 거래적 리더십과 변혁적 리더십의 차이를 비교 설명해 준다.

〈표 4-1〉 거래적 리더십과 변혁적 리더십 비교

구분	거래적 리더십	변혁적 리더십
현상	현상을 유지하기 위해 노력함	현상을 변화시키고자 노력함
목표지향성	현상과 괴리되지 않은 목표지향	현상보다 매우 높은 이상적인 목표지향
효과시점	단기적	장기적
동기부여 전략	부하들에게 즉각적이고도 가시적인 보상으로 동기부여	부하들에게 자아실현과 같은 높은 수준의 개인적 목표를 동경하도록 유도
문제해결	부하들을 위해 문제를 해결하거나 해답을 찾을 수 있는 곳을 알려줌	질문을 하여 부하들이 스스로 해결책을 찾도록 격려하거나 함께 일함

토론

한국기업 CEO의 경우 거래적 리더십과 변혁적 리더십 중 어디에 가까운지 그리고 왜 그렇게 생각하는지 토론해보자.

3. 변혁적 리더십 4대 실천전략

배스에 따르면 변혁적 리더는 다음 4가지 형태의 행동으로 리더십을 실천한다.

1) 구성원들에게 이상적 영향력(idealized influence) 행사

이상적 또는 최적화된 영향력이란 리더가 구성원들의 역할 모델이 되어 최적화된(매우 효과적인) 영향력을 행사하는 것으로 이는 카리스마 리더의 핵심 특징과 일치한다. 리더가 높은 수준의 도덕성과 공정성을 보이며 구성원들로부터 존경과 신뢰를 받을 때 구성원들은 자신과 리더들을 동일시하고 그들의 행동을 본받으려고 하면서 영향력이 발휘되고 이는 변혁적 리더십으로 이어지게 된다. 이러한 영향력 없이 자신만을 따르도록 할 때 그 효과는 한계에 봉착하게 될 것이다.

2) 구성원들에게 영감적 동기부여(inspirational motivation)

영감(靈感 ; Inspiration)이란 '신의 계시를 받은 것 같은 느낌', ' 창의적인 일의 동기가 되는 생각이나 자극', '생각이 열리고 가슴이 뛰는 느낌' 의미로 해석할 수 있다. 영감적 동기부여란 주어진 비전을 실현하기 위해 구성원들로 하여금 신의 계시를 받는 듯한 느낌의 매우 높은 동기를 유발시키는 리더의 역할을 말한다. 현 상황에 대한 불만족의 표출만으로는 조직 구성원들을 변혁시킬 수 없다. 이보다는 구성원들의 동기를 자극할 만한 매력적인 미래의 모습을 보여 주고 고무적인 말과 격려를 통해 구성원들이 변화에 몰입하도록 열정을 북돋아야 한다.

3) 구성원들을 지적으로 자극(intellectual stimulation)

구성원들이 문제에 대한 인식을 확실하게 갖게 하고 이를 해결할 수 있도록 하기 위해 새로운 시각과 방법을 시도하도록 자극하는 것을 말한다. 이렇게 하기 위해 리더는 지적 소양(지식)이 풍부해야 하며 이러한 지식을 통해 추종자들에게 새로운 아이디어를 제공함으로써 일상적인 문제도 새로운 방식으로 생각하게 해야 한다. 또한, 지속적으로 학습하고 문제를 찾아낼 수 있는 분위기와 문화도 구축해야 한다.

4) 구성원들을 개별적으로 배려(individualized consideration)

구성원들에 대해 개인적으로 많은 시간을 할애하여 세심한 관심을 기울이는 리더의 특성을 말한다. 익숙치 않은 업무를 하는 직원들에게는 숙련될 때까지 코치와 조언자 역할을 수행하고, 어느 정도 업무에 능숙함을 보이는 직원들에게는 과감히 권한을 위임한다. 또한, 업무 외적인 것, 즉 사적인 애로사항을 적극 청취하고 이를 해결해주려는 노력도 병행해야 한다.

4. 거래적 리더십과 변혁적 리더십 4대 전략과의 관계

거래적 리더십은 독자적인 리더십 이론이 아니라 변혁적 리더십의 우월성을 강조하기 위해 만든 상대적 이론이다. 고로 거래적 리더십과 변혁적 리더십은 어떤 일을 이루어 내는 데에 있어서 서로 반대되는 접근방식으로 받아들여져서는 안 되고 목표달성에 서로 필요한 보완적 관계로 인식되어야 한다. 즉, 변혁적 리더십은 거래적 리더십을 바탕으로 달성될 수 있다. [그림 4-1]은 거래적 리더십과 변혁적 리더십 4대 전략과의 관계를 나타낸 것이다. 거래적 리더십은 기대된 성과만 달성할 수 있으나 여기에 변혁적 리더십 4대 전략을 추가 활용하면 기대를 초월한 성과를 달성할 수 있음을 보여 주고 있다.

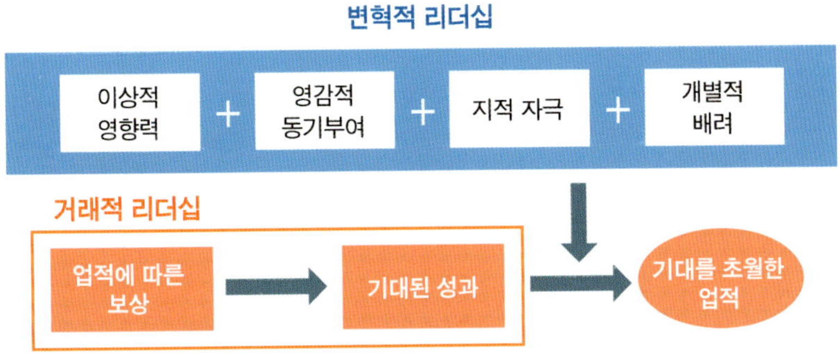

[그림 4-1] 거래적 리더십과 변혁적 리더십 관계도

5. 카리스마 리더십과 변혁적 리더십이 유효한 상황

1) 두 이론의 공통점

① 리더가 구성원을 변화시켜 조직의 목표를 달성하도록 한다.

② 자신의 판단과 행동에 대한 강한 자신감을 가지고 있다.

③ 하위자가 일을 수행하는 데 있어서 일에 열중할 수 있는 성취감과 동기를 부여시킨다.

④ 비전의 구체화능력을 가진다. 즉, 미래가 지향하는 바에 대한 이상적인 비전을 표현할 수 있는 독특한 능력을 지닌다.

2) 두 이론의 차이점

① 카리스마적 지도자는 극단적으로 존경을 받고 부하들로 하여금 무조건적으로 복종하고 신뢰하게 하는 지도자인 반면, 변혁적 지도자는 부하로 하여금 자율적이고 자아실현적이 되도록 하는 지도자라고 할 수 있다.

② 카리스마적 리더십이 개인수준에 초점(리더에 대한 의존성이 높음)을 맞춘 반면, 변혁적 리더십은 조직수준에 초점(리더에 대한 의존성이 낮음)을 맞춘다.

3) 이론별 유효한 상황

상기 차이로 인해 두 가지 형태의 지도자는 요구되는 상황이 각기 달라진다.

① 육체적이고 감정적인 노력을 요구하는 상황이나 전투상황 같은 경우에는 카리스마적 리더가 적합하다.

② 반면, 급변하고 불확실한 환경에 대한 적응력과 창의력이 요구되거나 부하들의 자발성과 책임성이 요구되는 상황에서는 변혁적 리더가 적합하다.

사례 **스티브 잡스**(1955. 2. 24 ~ 2011. 10. 5)

I. 주요 경력

스티브 잡스는 1955년 시리아 출신의 아버지와 미국인 어머니 사이에서 태어났다. 그는 학교에서는 낙제생이자 독선적인 성격을 가진 외톨이였지만 전자적인 지식과 집념 그리고 유쾌한 성격을 보유하고 있었다. 1972년 고등학교를 졸업한 후 리드대학교에 진학했다가 학비 부담 등의 이유로 1년 만에 중퇴했다. 곧바로 세계 최초의 비디오 게임회사인 아타리사에 입사하였다가, 1976년 워즈니악과 동업으로 애플컴퓨터를 설립하고, 세계 최초의 퍼스널컴퓨터 애플 1을 공개했다. 1984년에는 IBM에 대항한 매킨토시를 선보이고 성공을 거두었지만 회사 내부 사정으로 1985년 경영 일선에서 물러났다. 이후 12년 만인 1997년, 애플로 복귀한 잡스는 노트북 아이맥을 히트시키며 수렁에 빠져 있던 애플 사를 구해냈다. 이후 2001년 아이팟을 출시하면서 아이팟 열풍을 일으켰고, 2007년 아이폰과 2009년 아이패드를 잇달아 내놓으며 전 세계에 태블릿PC를 히트시키는 등 애플을 휴대폰의 퍼스트 무버(First Mover)로, 세계 최고의 IT 기업으로 도약시켰다. 글로벌 정보기술(IT)산업의 혁신을 주도한 인물로 평가돼, 2009년 포춘지 선정 최고의 CEO로 선정되기도 했다. 또한 세계적인 컨설팅업체 보스턴컨설팅그룹이 전 세계 940명의 CEO를 상대로 '세계에서 가장 창의성 있는 경영자'를 조사한 결과, 스티브 잡스가 압도적 1위를 차지했다. 그러나 잡스는 2004년 췌장암 수술을 받고, 2009년에는 간 이식치료를 받으며, 2011년 8월 24일 전격 사퇴 발표하기 전까지 수차례 병가를 내기도 했다. 결국, 팀

쿡에게 최고경영자 자리를 내어주고 경영 일선에서 물러났고, 암 투병 1달여 만인 2011년 10월 5일 사망했다(네이버 지식백과).

2. 스티브 잡스의 변혁적 리더십

조직과 구성원을 자신이 원하는 방향으로 적극 변화시켜 세계 최고수준의 IT 기업을 만들어 낸 잡스의 변혁적 리더십의 사례는 다음과 같다.

1) 과거에 사로잡히지 않고 미래지향적인 사고를 가졌다

그는 현실에 안주하지 않았다. 항상 경영의 초점을 미래에 두고 남들이 아직 실현하지 못한 신제품, 신기능을 구상하고 이를 제품으로 구현하도록 독려하며 스스로도 이에 몰두하였다. 즉, 현상을 부정하고 끊임없이 혁신하여 경쟁자들을 완벽하게 따돌리려 노력한 진정한 변혁적 리더였다.

2) 명확한 비전을 제시하고 이를 적극적으로 공유했다

명확한 비전을 제시하고 이를 적극적으로 공유하여 구성원들이 할 수 있다는 자신감을 갖게 함으로써, 처음에는 불가능하다고 여겨졌던 기술과 디자인을 실현할 수 있도록 유도했다. 그의 비전에 대한 명언을 살펴보자. "정말로 좋아하고 흥미 있는 일을 한다면, 어떤 강요도 필요 없다. 왜냐하면 비전이 인도하기 때문이다."

3) 완벽한 제품에 대한 예술가적 열정을 가졌다

그는 제품의 로고와 디자인, 프레젠테이션의 세심한 부분까지 자신이 생각한 것을 최대한 만들어 내기 위해 애쓰는 완벽주의자였다. 그는 강한 열정의 소유자였는데 그냥 삶에 대한 열정이 아니라 우주에 흔적을 남길 수 있는 위대하고 완벽한 제품과 영구적으로 지속될 수 있는 창의적인 회사를 만드는 것에 대한 열정이었다.

4) 최고의 인재를 뽑아 그들에게 끊임없이 도전케 했다

리더의 가장 중요한 역할은 훌륭한 인재를 뽑아 끊임없는 도전과 목표를 설정해 주고 이를 통해 그들의 역량을 발전시켜주는 것이라 생각하고 이를 적극적으로 현실에 적용하였다.

출처 : 신한 FSB 리뷰(2006). 이달의 CEO 스티브 잡스

사례 **박정희**(1917. 11. 14 ~ 1979. 10. 26)

박정희(朴正熙) 전 대통령은 대한민국 경제발전의 기반을 다진 리더이다. 그의 집권 18년(1961~1979년) 동안 경제성장률 연평균 9.2%의 고도성장을 이룩했다. 이에 따라 1961년 85달러이던 1인당 국민소득은 그가 세상을 떠나던 1979년에는 1,747달러로, 2017년에는 2만 9,745달러로 350배나 뛰어올랐다. 한 세대 이상 국민들이 먹고살 거리를 만들어 놓아 오늘날 경제성장의 주춧돌을 마련한 것이다. 조선, 철강, 석유화학, 자동차, 전자산업 등이 그것이다. 반면, 비슷한 시기 집권하여 장기 독재를 한 북한의 김일성(집권 : 1960~1994)과 필리핀의 마르코스(집권 : 1965~1986)의 경우 경제발전 실패로 두 나라는 최빈곤국으로 전락한 상태이다. 북한은 김일성 초기 남한보다 국민 소득이 높았으나 현재 약 30분의 1 수준이며, 필리핀은 마르코스 집권 당시 남한보다 월등하게 높았으나 현재 약 15분의 1 수준에 불가하다. 박정희 집권 당시 우리와 비슷했던 케냐는 지금도 1,600달러 수준에 머물러 있다.

박정희 전 대통령이 심혈을 기울인 경부 고속도로

박정희 전 대통령의 경제 리더십을 조갑제닷컴의 '박정희 리더십 12계명' 중 일부를 통해 소개한다.

1) 민주적 정책 결정

박 대통령은 어떤 회의에서도 먼저 발언하지 않았다. 토론을 시켜 문제가 제기되고 찬반의견의 방향이 잡혀가면 그때 결론을 도출하고 필요한 보충지시를 내렸다. 당시의 정치체제와는 다르게 경제정책의 결정과정은 민주적이었다.

2) 철저한 확인과 일관된 실천

박 대통령은 계획 수립에 20%, 실천과정의 확인에 80%의 시간을 썼다고 한다. 중앙부처 및 지방 순시 등 현장 시찰을 자주 한 것도 집행의 확인과 사람들의 사기 진작을 위한 것이었다.

3) 국민의 각성과 참여

박 대통령은 국민들이 자조(自助)정신을 발휘하여 자발적으로 건설에 참여하도록 유도하는 데 신경을 곤두세웠다. 그는 인간과 조직의 정신력에 주목한 사람이다. 그는 경부고속도로 건설 같은 눈에 띄는 구체적 업적을 통해서 국민들의 체념과 자학을 자신감으로 교체해갔다. 의욕을 불어넣기 위해 '새마을 노래', '나의 조국'도 작사 작곡했다.

4) 정부는 맏형, 기업은 전사(戰士)

박 대통령은 경제관료와 기업인이 이견을 보이면 대부분의 경우 기업인 편을 들어주었다. 그는 정부 주도형 경제개발정책을 채택했으나 기업이 엔진이고, 경제전선의 전사는 기업인이라고 생각했다. 대통령은 기업 엘리트를 존중해주었고, 기업인들은 '대통령은 우리 편'이라고 생각했다.

5) 정치와 군대의 압력 차단

그는 관료들이 국익과 효율성의 원칙하에서 소신대로 일할 수 있도록 군인들과 정치인들의 경제에 대한 개입을 차단하고 견제했다. 군대의 힘으로써 집권한 사람이 군대의 영향력을 차단한 예는 매우 드문 일이다.

6) 경제발전 우선주의

박 대통령은 경제발전이 결국은 안보와 민주주의 발전으로 연결될 것이라고 생각했다. 선(先) 경제발전, 후(後) 민주화의 소신을 굽히지 않았다. 그에 따른 비난에 대해서는 '내 무덤에 침을 뱉어라'로 대응했다.

7) 시장의 한 멤버로서의 정부

박 대통령은 정부가 시장의 규제자가 아니라 한 참여자라고 생각했다. 박 대통령 시절의 정부는 시장 지배자라기보다는 시장의 일원으로서 시장기능을 촉진시키는 역할을 했다. 정부는 기업가, 은행가, 개혁가로서의 역할도 했다. 전력, 철강 등 민간기업이 감당하기 어려운 부분은 정부가 공기업을 만들어서 맡아서 하되 경영은 민간기업방식으로 운영되도록 했다. 관치(官治)경제가 아니라 대통령이 CEO로 뛴 주식회사 대한민국이었다.

사례 **덩사오핑**(鄧小平, Deng Xiaoping, 1904. 8. 22 ~ 1997. 2. 19)

1. 주요 경력

1904년도에 태어나 1997년에 사망한 중국의 혁명가이자, 정치가이다.

1927년 광시에서 공산당 지하운동을 종사하였고, 항일전 내내 공산당의 팔로군에서 정치위원을 지냈으며 1949년 장강 도하작전과 난징점령을 지도하여 중앙인민공화국(중국) 수립에 공을 세웠다. 1956년 공산당 중앙위원회 정치국 상무위원 총서기가 되었고 1973~1976년 국무원 부총리가 되었으며, 1983년 중화인민공화국 중앙군사위원회 주석에 취임하였다. 1981년부터 실용주의 노선으로 과감한 개혁조치들을 단행하여, 기업가와 농민의 이윤보장, 엘리트 양성, 외국인 투자 허용 등 자유 시장의 원칙을 도입하여 경제가 크게 성장하였다. 오늘날 중국경제를 일으킨 영웅으로 추앙받지만 민주화 운동인 천안문 사태를 군사력으로 억제하는 정책을 지지한 점은 비판의 대상이 되고 있다(네이버 지식백과).

2. 덩사오핑의 변혁적 리더십

덩사오핑과 마오쩌뚱

덩사오핑과 김일성

국가의 기존 체제를 넘어 국제 시스템까지 바꾸는 데 결정적인 역할을 한 덩사오핑이 가장 적절한 변혁적 지도자(리더)로 꼽힌다. 마오쩌둥은 '사회주의 혁명' 사상을 대륙에 고착시켜 중국경제를 10년 이상 후퇴시켰으나, 덩사오핑은 사회주의의 기본 틀은 유지하되 경제발전을 위해 자본주의의 시장경제를 도입하는 이른 바 중국식 사회주의로 거대 중국을 개혁시킨 위대한 리더이다. 그 결과 세계적 빈국이었던 중국은 2017년 현재 미국과 함께 세계 2대 강국(G2)으로 도약하였으며 조만간 미국을 제치고 세계 최대강국이 되겠다는 야망을 키우게 되었다. 이러한 이유로 덩샤오핑의 키는 150cm에 불과하나 13억 중국인들은 덩샤오핑을 '사라지지 않는 작은 거인'이라고 부르며 현대 중국에 가장 큰 영향을 미친 인물로 꼽고 있다. 덩샤오핑을 '중국 경제개혁의 총설계사'라고 말할 수 있는 이유는 "중국식 사회주의/중국식 실용주의"의 기본 이론이 된 이른 바 '흑묘백묘론'을 새로운 지도 이념으로 정착시킨 데 있다. 이는 흰 고양이든 검은 고양이든 쥐만 잘 잡으면 된다는 뜻으로 개혁개방을 통한 자본주의 경제 도입으로 인민의 삶의 질을 높이지 않으면 미국을 결코 뛰어넘을 수 없다는 절박감에서 나온 실용주의 노선이다. 이 이론을 바탕으로 본격적인 개혁 개방의 길로 들어섰고 지금까지 중국의 대외정책에 그대로 유지 계승되고 있다. 그는 앞을 미리 내다볼 줄 아는 선견지명을 가지고 과감하게 추진해 나가는 판단력을 가졌으며 근검과 청렴으로 오직 나라의 경제 발전에만 헌신하여 사후에도 그의 이념이 중국정책에 큰 영향을 미치고 있다.

① 엘리트를 양성하고 외국인 투자를 허용하는 등 과감한 전략을 수립하고 이를 관철시켰다.

② 이데올로기의 계급투쟁에 젖은 중국인에게 실사구시(즉, 눈으로 보고 귀로 듣고 만져보는 것과 같은 실험과 연구를 거쳐 아무도 부정할 수 없는 객관적 사실을 정확한 판단과 해답을 얻고자 하는 것)의 정신을 회복시켰다.

③ 선부론을 제시하여 일부 사람이 열심히 일을 해서 먼저 부유해지는 것은 정당하다고 말하였다.

④ 그는 "왜 아프리카의 많은 국가들이 사회주의를 하면 할수록 가난해지는가를 연구해보라"는 말로 시대에 대한 냉철한 현실인식을 바탕으로 한 강한 개혁의 지를 천명했다.

출처 : 삼성경제연구소. 등소평의 리더십과 경영전략

토론

덩사오핑과 박정희 대통령의 리더십을 비교 토론해 보자.

Chapter

5 셀프 리더십과 수퍼 리더십

팔로워 본인이 자신의 리더가 되어 스스로 통제하고 행동하는 것을 셀프 리더십이라고 말하며, 리더의 입장에서 팔로워들이 셀프 리더가 되도록 지원하는 것을 수퍼 리더십이라고 한다.

"꿈은 머리로 생각하는 것이 아니라
가슴으로 느끼고 손으로 적고 발로 실천하는 것이다."

– 존 고다드

1절 셀프 리더십

1. 개요

셀프 리더십(self leadership)이란 스스로 자기 목표를 설정하고 자신에게 주어진 일에 최선을 다하는 자기경영 마인드이다. 성공한 사람들은 자신과의 싸움에서 물러나지 않고 인내해 왔으며, 끊임없이 변화에 도전하고 자기계발에 혼신의 힘을 다한다. 셀프 리더십에 대해 많은 학자들이 여러 정의를 내렸으나 가장 일반적인 정의는 "리더가 구성원들에게 영향을 미치는 일반적인 리더십과 달리 자기가 자기 스스로에게 영향력을 미치는 리더십"이라 할 수 있다. 즉, 셀프 리더십은 보다 높은 욕구를 스스로 자극함으로써 자기 자신에게 지속적인 영향력을 행사하는 과정을 의미한다. 이러한 셀프 리더십은 개인의 특성이므로 개인에 따라 그 잠재력은 차이가 있으며 학습에 의해 발전될 수 있다.

2. 이론의 등장 배경

세계는 매우 복잡해졌고, 그 어느 때보다 변화의 속도는 점점 빨라지고 있다. 하지만 기업의 경영방식은 이러한 환경의 변화를 따라가지 못하고 있다. 이러한 환경의 변화에 대응하기 위해서는 새로운 차원의 경영혁신이 필요하게 되었다. 20세기 후반부터 정보화 사회가 급진전되면서 조직은 수평조직, 유연 조직으로 바뀌었고 학력이나 위계질서보다는 창의력과 성과 위주의 경영으로 바뀌게 되었다. 이와 같은 환경의 변화는 리더 한 사람의 능력으로 전체를 이끌어 가는 것을 불가능하게 만들었다. 즉, 그 어느 때보다 조직을 실제적으로 이끌어 나가는 조직 구성원들에 대한 중요성이 커지는 실정이다. 이러한 흐름은 셀프 리더십을 출현시켰는데, 이는 리더십의 관점이 리더에게서 조직 구성원에게로 옮겨져야 함을 뜻한다.

3. 이론의 발전

셀프 리더십은 1980년에 만츠(Charles C. Manz)와 심스(Henry P. Sims, Jr.)에 의해 셀프 매니지먼트(self management)이론으로 출발하였다. 그들은 전통적인 리더십과 셀프 매니지먼트를 구분하여 인적자원을 관리했다. 전통적인 리더십은 외부로부터의 명령과 지시, 비판, 통제, 보상에 의해 많은 영향을 받는 반면, 셀프 매니지먼트는 스스로 성취 목표를 설정하고 자기관찰과 자기 목표관리를 통해 스스로 문제를 해결한다. 또한 구성원들 스스로의 자율통제가 가능하기 때문에 리더의 근접 감독의 필요성을 감소시킨다. 이 후 만츠와 심스는 셀프 매니지먼트의 개념을 확장시켜 구성원들의 자기통제시스템을 더욱 강조하는 셀프 리더십으로 발전시켰다.

4. 전통적 리더십과의 비교

전통적 관리기능과 셀프 리더십의 명확한 차이는 외부통제와 내부자율이다. 셀프 리더십은 인간 내면의 자기통제시스템을 자극하여 동기를 부여하는 자유의지의 실현을 경영에 도입한 결과이다. 그러므로 전통적 관리기능에서 셀프 리더십 기능으로의 변화는 인간에 대한 인식의 근본적 변화라고 할 수 있다. 〈표 5-1〉은 두 이론의 차이를 비교 설명해준다.

〈표 5-1〉 전통적 관리기능과 셀프 리더십

전통적 관리기능	셀프 리더십
외부관찰	자기관찰
주어진 목표	자기설정 목표
외부 보상에 의거한 열의	일 자체의 자연적인 보상에 근거한 열의
외부로부터의 비판	자기비판
외부로부터의 문제해결	스스로의 문제해결
조직비전에 의존	종업원이 함께 창조한 비전에 헌신

출처 : Manz & Sims(1995).

5. 셀프 리더에 요구되는 능력

셀프 리더십을 제대로 구사하기 위해서는 다음 4가지 능력이 요구된다.

1) 자기이해

자기이해의 핵심은 자기의 능력을 파악하는 것, 즉 자기 자신을 아는 것이다. 자신의 장점과 단점, 성격적 특성, 가치관 그리고 행동 특성을 파악하고 이해하는 것이다.

2) 자기통제능력

사람들은 자기가 원하는 생각, 감정, 행동 등을 함부로 행해서는 안 되는 경우가 많다. 바람직하지 않은 부정적 생각이나 부정적 정서, 그리고 잘못되거나 비생산적인 행동으로 인해서 스스로 뿐만 아니라 주변에 문제를 일으킬 수 있기 때문이다. 따라서 이러한 요소를 중심으로 스스로 원하는 방향으로 자기를 통제하고 조절하는 자기관리가 아주 중요하다.

3) 자기주도능력

자기주도란 남에게 끌려다니거나 우유부단한 행동을 하는 게 아니라, 스스로 주인의식과 책임감을 가지고 행동하는 것을 말한다. 무엇이든 할 수 있다는 마음과 태도를 갖는다면 스스로 주인이 될 수 있을 것이다.

4) 자신감

자신감은 과거의 성취경험을 통해 '할 수 있다'는 도전적이고 긍정적인 태도를 형성하는 것을 말한다. 중요한 것은 작은 성취경험에 대해서도 스스로 축하하고 자신의 유능함을 느낄 수 있어야 한다. 이러한 자신감은 결국 힘들고 어려운 여건 속에서도 당당하게 대처할 수 있는 힘을 가지게 한다.

6. 셀프 리더십 정착을 위한 조직 차원의 변화

셀프 리더십을 주창한 만츠는 셀프 리더십의 정착과 확산을 위해서는 다음과 같은 세 가지를 조직 차원에서 변화시켜야 한다고 주장했다.

1) 구조적 변화

이는 조직의 구조를 셀프 리더십 개발에 용이하도록 변화시키는 것을 말한다. 예를 들어, 수직적이고 위계적이며 중앙 집권적인 조직은 셀프 리더십의 확산을 가로막는다. 셀프 리더십 향상을 위해서는 권한 위임을 촉진하고 조직구조를 재편할 필요가 있다. 구조적 변화의 다른 예로 자율관리팀 만들기, 조직구조에서 계층 최소화, 업무의 감시/감독자 대신 촉진자 또는 조정자 선임, 임원의 기능 축소 등이 제시될 수 있다.

2) 프로세스 변화

셀프 리더십은 조직의 프로세스를 변화시킴으로써 실행될 수 있다. 정형화된 정보의 흐름이나 커뮤니케이션 채널들은 권한 위임에 방해가 될 수 있다. 이를 해소하기 위해서는 관리자 주도가 아닌 집단 구성원이 주도하는 주간회의 개최, 굳이 소모적인 명령계통을 통하지 않고 업무의 핵심을 맡고 있는 해당자에게 직접 보고하는 프로세스 구축 등이 필요하다.

3) 대인관계 변화

이 전략은 다른 사람들, 특히 리더와 팔로워들 간의 인간관계를 긍정적인 방향으로 변화시킴으로써 추종자들이 스스로 움직일 수 있는 분위기를 조성하는 것을 말한다. 리더는 매사 모범을 보이는 가운데, 모든 의사결정을 혼자하지 말고 팔로워의 참여를 적극적으로 유도해야 한다. 더불어 팔로워들의 부족한 부분에 대해 교육을 실시하고, 업무는 물론 개인적인 사항까지 적극적인 지원을 해줌으로써 그들과의 일상적인 관계에서 셀프 리더십이 강화되도록 해야 한다.

7. 셀프 리더십 정착을 위한 개인 차원의 실천전략

효과적인 셀프 리더십은 선천적인 재능이 아니라 학습을 통해 얻어지며 경영자, 관리자, 종업원 모두에게 해당된다는 전제하에 출발해야 한다. 만츠와 심스(2001)는 셀프 리더십 전략으로 효과적 행동에 초점을 맞춘 행동전략, 효과적인 사고와 태도에 초점을 두는 인지전략을 제시했다.

1) 행동전략

자신의 행동과 그 결과를 관찰하여 셀프 리더십을 발전시키는 방향으로 자신의 행동을 변화시키는 것을 말한다. 자기설정 목표, 단서관리, 예행연습, 자기관찰,

자기보상, 자기처벌(자기비판)이 해당된다.

(1) 자기설정 목표

자기설정 목표는 스스로 구체적이면서도 도전적인 목표를 세우는 것이다. 목표설정이론에 의하면 인간의 성취에 가장 직접적인 영향을 미치는 변수가 목표라고 한다. 목표는 그것이 인간의 마음속에 받아들여질 때 강력한 동기유발요인이 되기 때문이다.

(2) 단서관리

단서관리는 건설적 활동을 하도록 자신을 자극하는 것이다. 단서란 벽에 붙인 격문, 간단한 팻말, 표지 등의 것에서 일일 점검 목록에 이르기까지 다양하다. 이것들은 개인의 주의를 환기시키고, 새로운 의욕을 주기도 하며, 잊기 쉬운 사항을 기억하게 해주는 역할을 한다.

(3) 자기연습

자기연습(예행연습)은 어떤 작업활동을 실제로 수행하기 전에 깊이 생각하고 중요한 부분을 신체적 · 정신적으로 미리 연습하는 것이다. 이를 통해 업무의 효과성을 높이고 장애를 미리 발견하여 조치할 수 있다.

(4) 자기관찰

자기관찰은 변화가 필요한 자기 자신의 행동을 관찰하는 것을 말한다. 이를 통해 업무 효율성을 평가하고 무엇을 어떻게 바꾸어야 하는지에 대한 단서를 발견하게 된다.

(5) 자기보상

자기보상은 바람직한 행동을 해냈을 때 그것에 대해 자기 자신이 가치 있게 여기는 보상을 자기 자신에게 제공하는 것이다. 높은 업적의 대가로 자기 자신에게 물질적 및 정신적 보상을 제공하는 것은 동기유발에 도움이 된다.

(6) 자기처벌

자기처벌(자기비판)은 바람직하지 못한 방법으로 행동했을 때 자신에게 일정한 벌을 가함으로써 실수를 반복하지 않도록 하는 것이다. 그러나 자기처벌이 지나치면 동기유발이나 노력을 손상시킬 수 있는 '파괴적 자기처벌'이 된다. 따라서 실패의 원인을 분석하고 그로부터 교훈을 얻으며 이를 통해 만족하도록 노력하는 '건설적 자기처벌'이 바람직하다.

2) 인지전략(사고개발전략)

인지(認知, cognition)의 사전적 의미는 "어떤 사실을 인정하여 앎"이다. 인지전략은 자기 자신의 사고 패턴을 변화시키는 전략으로 바람직한 방향으로 생각을 수정하는 데 초점을 두고 있다. 즉, 인지적 전략은 행동의 습관을 개발하는 것처럼 사고방식에도 습관을 개발할 수 있다는 전제에서 출발한다. 자신의 신념관리, 상상적 경험, 그리고 자신과의 대화가 해당된다.

(1) 자신의 신념관리

어떤 어려운 상황에 대한 부적절한 대처는 자신에 대한 믿음 부족 때문이라고 할 수 있다. 일을 성공적으로 수행할 수 있는 능력이 있다는 긍정적인 믿음(신념)이 실제로 그것을 잘할 수 있는 가능성을 증대시킨다.

(2) 상상적 경험

상상적 경험은 마음속에 명확한 긍정적 이미지를 창출하는 것이다. 예를 들어, 주요한 도전에 직면하여 극적인 성공을 거두고 있는 자신의 모습을 상상하는 것처럼, '긍정적인 것에 대한 상상력'을 활용하여 자신감을 증대시킬 수 있다.

(3) 자신과의 대화

자신과의 대화(셀프 토크)는 자기를 설득, 격려, 질책, 비판, 위로 등 적절한 대화를 하며 자신을 이끌어 가는 것을 말한다. '난 할 수 있어!'와 같이 스스로를 응원하듯 던지는 다짐들이 상상 외의 성과를 거둘 수 있다. 업무 전체과정에 대해 긍정적인 부분에 대해서는 칭찬을 하며, 실패에 대해서는 건설적인 질책을 해야 한다. 그렇지 않으면 자기질책이나 비판이 자칫 자기 비하로 바뀌어 역효과를 낼 수도 있다.

8. 셀프 리더십의 장점과 단점

여느 이론과 마찬가지로 셀프 리더십도 장점 외에 단점도 존재한다. 장점을 살리되 단점은 보완하는 전략이 필요하다.

1) 장점

(1) 주인의식과 책임의식 제고

조직 구성원들에게 주인의식과 책임의식을 갖게 함으로써 구성원의 능력향상은 물론 성과향상도 도모할 수 있다.

(2) 독립성의 함양

셀프 리더십을 발휘하는 구성원은 더 높은 자율성을 경험하게 됨으로써 독립성 또한 더 높은 수준이 된다.

(3) 빠른 의사결정

불필요한 의사결정과정이 생략됨으로써 시간을 절약하고 상황에 민첩하고 유연하게 대처할 수 있다.

(4) 리더의 업무부담 감소 및 원가 경쟁력 향상

권한위임으로 리더의 업무 부담을 감소시켜 리더는 보다 전략적인 업무에 집중할 수 있다. 또한, 지시, 점검, 감독, 감시, 연락, 조정 등에 필요한 노력과 비용이 줄어들기 때문에 원가경쟁력이 향상된다.

(5) 변화의 수용

조직 구성원들이 능동적이고 적극적인 사고를 보유하고 있으므로 변화와 혁신을 두려워하지 않고 받아들일 수 있다.

2) 단점

(1) 조직과의 충돌

개인의 역량이 확대되고 파워가 커짐에 따라 자기주장이 커져 조직운영의 조화에 악영향을 미칠 수 있다.

(2) 좌절감의 확대

개인 스스로 목표설정과 실행, 의사결정을 하게 되면서 예상했던 결과가 도출되지 않을 경우 큰 좌절을 경험할 수 있다.

(3) 목표 불일치

리더가 아닌 구성원 중심으로 업무가 이루어지므로 상사의 의도(목표)와 다른 결과가 나올 수 있다.

(4) 긴 시간 소요

각각의 특성에 맞는 리더십을 개발하고 정착시키는 데 많은 시간이 소요될 수 있다.

사례 **발레리나 강수진**(1967. 4. 24 ~)

1. 주요 경력

선화예술고등학교 1학년이던 1982년에 모나코의 공립발레학교 교장 마리카 베소브라소바의 눈에 띄어 모나코로 유학을 떠나 3년간 공부하였다. 1986년에 독일 슈투트가르트 발레단에 최초의 아시아인이자 최연소로 입단하여 2015년까지(49세) 활동하고, 2016년 50세에 단원평가와 승진심사에서 면제되어 원할 때까지 수석 무용수 자격으로 무대에 오를 수 있는 아시아 최초의 종신 단원이 되어 은퇴하였다. 2016년 7월 예브게니 오네긴의 독일 공연을 끝으로 완전히 은퇴했으며, 2014년부터 임기 3년의 대한민국 국립발레단의 예술감독에 취임하였다.

1985년 아시아인으로서 2번째로 로잔 콩쿨(Prix de Lausanne)에서 공동 우승하였다. 1999년 《춘희》라는 소설을 바탕으로 한 까멜리아 레이디의 마르그리트 역으로 무용계의 아카데미상이라 불리는 브누아 드라당스(Benois de la Danse) 상을 받았다. 당연히 한국인 최초이다. 2007년에는 독일 바덴뷔르템베르크 주정부로부터 궁중 무용가에 해당하는 캄머탠처린(Kammertanzerin)이라는 상을 받았다. 우리나라로 따지자면 인간 문화재이고, 이 역시 아시아 최초이다. 이러한 그녀의 기록은 한국 출신 발레리나 중에서는 거의 최초고, 그런 만큼 최고의 평가를 받고 있다. 그녀는 20대 여성이 가장 존경하는 리더 1위, CEO가 뽑은 13시간 미국행 비행기 옆자리에 앉고 싶은 인물 1위에 선정되기도 했다(네이버 지식백과).

2. 강수진의 셀프 리더십

그녀는 철저한 셀프 리더십을 통해 세계적인 명성을 얻은 대표적인 인물이다.

강수진의 셀프 리더십 전략을 만츠(1998)의 셀프 리더십 실천전략에 대입하여 보자.

1) 자기설정 목표

그녀는 세계 최고의 발레리나가 되겠다는 목표 대신 '최선을 다해 오늘을 산다'는 목표를 가졌다. 혹독한 연습으로 인해 발의 형태가 흉한 것은 유명한 일화이며 박지성도 비슷한 발을 가지고 있다.

한 시인은 그녀의 발이 대한민국에서 가장 아름다운 발이라며 찬양한 바 있다. 그녀는 스스로를 발레에 중독된 사람이라 표현하였으며 매일매일 조금씩 실력이 느는

맛에 중독이 되었다고 한다. 그녀는 2015년 한 TV 프로그램에 출연해 자신의 짧은 수면시간에 대해 "2~3시간만 자도 행복하다. 살아 있는 게 신기하다."고도 했다. 알려진 대로 그녀는 체지방 제로에 수면 시간이 5시간을 넘지 않기로 유명하다. 그녀는 밤이면 토슈즈를 안고 잠이 들었으며 새벽이면 어머니보다 먼저 일어나 혼자 밥을 차려 먹고 연습하러 갔다. 9시면 불을 끄는 규칙에 따라 밤에 연습할 곳이 없어, 아무도 없는 불 꺼진 작은 연습실에서 2년간 도둑 연습을 했고 지금까지 연습한 시간의 총량만 20만 시간이 넘는다. 그녀는 "잠은 무덤에 가서 자면 된다."는 말을 자주 하며 점심시간도 아까워 "점심시간이 왜 있는지 모르겠다."는 생각도 자주 했다. "하루 24시간 밖에 없다는 게 가장 큰 문제"라는 명언을 남기기도 했다.

2) 자기관찰

그녀는 화가 나면 제3자의 눈으로 자신과 상황을 객관적으로 보려고 노력하였고 정신과 육체, 일과 삶의 균형과 조화를 유지하려고 노력하였다.

3) 자기보상

그녀는 스스로에게 부여된 한계를 넘어선 뒤 마시는 와인 한 잔, 영혼을 위로하는 음악, 열심히 훈련한 뒤 흘리는 땀으로 자신을 보상해주었다.

4) 신념관리

그녀는 발레리나에게 부상이나 슬럼프는 자주 있는 일로 생각하고 대수롭지 않게 여겼다. 부정적인 생각이 들면 과감히 잘라버리고 그 자리에서 일어나 다시 자신의 일을 시작하였다.

5) 자신과의 대화

그녀는 마음이 약해질 때마다 '난 할 수 있다'라고 외치며 마음을 바로 잡았다.

그녀는 자신의 셀프 리더십에 대해 다음과 같이 말했다. "최선을 다해 오늘을 사는 것이 제 꿈이에요. 그 작은 꿈이 모여 지금의 큰 꿈을 이루었어요. 거창한 목표를 세워놓고 실패하고 좌절하기보다는 하루하루 열심히 살겠다는 소박한 목표를 세우는 것이 나을 수 있습니다."

출처 : https://m.blog.naver.com/PostView.nhn?blogId, 2016. 11,
강수진(2017). 강수진의 셀프 리더십. 인플루엔셜, 한걸음을 걸어도 나답게

"최고의 리더는 궁극적으로 리더가 필요치 않도록
사람들을 도와주는 리더이다."

– 노자

2절 수퍼 리더십

1. 개요

1) 수퍼 리더십(Super Leadership)의 정의

수퍼 리더십이란 일련의 과정을 통하여 하급자가 셀프 리더가 될 수 있도록 지원하는 리더십을 말한다. 즉, 하급자들이 자신의 역할과 과업수행 방식을 고도의 직무훈련 등으로 스스로 터득하도록 리더가 배려하는 것을 말하며 탈무드의 "고기를 잡아주지 말고 고기 잡는 방법을 가르쳐라"는 명언과 일맥상통한다. 수퍼 리더십을 주창한 만츠와 심스(2001)는 "리더는 권한과 명령을 통해서가 아닌 부하들이 스스로 자신들을 리드하도록 만드는 리더십이라고 정의하며 수퍼 리더가 되기 위한 가장 중요한 단계는 능숙한 셀프 리더가 되는 것이라고 주장하였다. 이제 리더 중심의 솔선수범형 리더는 그 중요성이 하락하고 있다. 반면에 부하직원들이 마음껏 실력을 발휘할 수 있도록 환경을 조성해주고 동기를 부여해주는 동기부여형 리더, 즉 수퍼 리더가 부상하고 있다. 아래의 명언은 수퍼 리더십의 필요성을 함축적으로 잘 나타내준다.

"최고의 리더는 아무것도 하지 않는다." – 후지사와 구미 –

2) 수퍼 리더십 등장 배경

수퍼 리더십이 "구성원들이 셀프 리더십을 발휘하도록 지원하는 리더십"으로 정의되므로 일반적으로 수퍼 리더십의 등장 배경은 셀프 리더십의 그것과 맥을 같이 한다. 그러나 셀프 리더십 실무적용과정에서 아무리 구성원들이 셀프 리더십을 갖추려 해도 리더들이 임파워먼트를 하지 않거나, 설령 임파워먼트를 해도 구성원들의 업무능력을 향상시키려는 리더의 지원이 없으면 셀프 리더십 구현이 불가능하다는 것을 깨닫게 됨으로써 수퍼 리더십의 중요성이 부상하게 되었다.

3) 전통적 리더십과의 차이

전통적인 리더와 수퍼 리더를 요약 비교하면 〈표 5-2〉와 같다.

〈표 5-2〉 전통적 리더와 수퍼 리더의 행동상의 차이

전통적인 리더의 행동	수퍼 리더의 행동
• 목표를 강조한다. • 팀원들을 감독하고 정보를 제공하며 해결방법을 제시한다. • 영향력을 행사한다. 대화를 자주한다.	• 자기강화를 격려한다. • 자기관찰 및 평가, 자기목표설정을 격려한다. • 자기비판을 격려한다.

출처 : Manz& Sims(2001).

2. 수퍼 리더에 이르는 단계

수퍼 리더십 이론에서 조직 리더의 역할은 조직 구성원 개개인으로 하여금 셀프 리더십을 갖출 수 있도록 가르치고 이끄는 것이다. 리더가 이를 효율적으로 실천할 수 있게 하기 위해서는 단계적인 조치가 필요하다.

1) 수퍼 리더에 이르는 7단계

만츠와 심스는 수퍼 리더십에 이르는 과정을 [그림 5-1]과 같이 7단계로 구분하였다.

(1) 스스로 효과적인 셀프 리더가 됨

리더가 자신의 문제를 스스로 해결해가는 모습을 보여 주지 않으면 구성원들의 신뢰를 얻을 수 없다. 먼저 스스로 높은 수준의 셀프 리더가 된다.

(2) 구성원에게 역할 모델이 됨(셀프 리더십 모델링)

부하들의 역할 모델이 되어 구성원을 학습으로 유도하고 장애요인을 제거하며 창조적 환경조성을 한다.

(3) 구성원 스스로 자율목표를 설정하도록 독려

조직과 리더의 비전에 기초하여 구성원 개인들이 자신들의 성장목표를 설정하도록 장려하고 코칭한다.

(4) 긍정적이고 적극적인 사고방식을 창출하도록 격려하고 독려

구성원들이 현재 이상의 능력을 갖출 수 있다는 믿음을 심어주고 독려해준다. 이러한 하급자에 대한 믿음의 표현은 그들에게 커다란 자신감과 기대감을 불어넣어 궁극적으로 예상보다 높은 성과를 거두게 한다.

(5) 내재적 보상과 건설적 질책을 통한 자율 리더십 촉진

보상과 질책을 할 때는 신속하게 그리고 양과 강도를 적절하게 조절해야 한다. 또한, 질책이 필요한 경우 문제점 수정에 국한시키고 자존심과 자신감을 깎아내리지 않는 범위 내에서 실수 교정에 초점을 두어 스스로 자기통제를 하도록 유도한다.

(6) 자율관리식 팀워크 배양을 통한 성과 개선

수퍼 리더는 조직의 경쟁력과 효율성을 제고하기 위한 주요 수단으로 팀워크를 사용한다. 이를 위해 수퍼 리더는 구성원의 능력과 지식, 경험 등을 총체적으로 고려하여 개개인의 재능과 노력을 발전적인 방향으로 조합함으로써 팀의 성과를 개선시킨다.

(7) 자율 리더십 문화의 창달

셀프 리더십이 조직문화로 굳어지게 되는 단계이다. 조직 전반에 자율적 분위기를 촉진하고 자율 업무 시스템을 구축하는 등 끊임없이 교육하고 운영체계를 발전시킴으로써 전 구성원의 몸과 마음에 셀프 리더십이 지속적으로 배어 있도록 해야 한다.

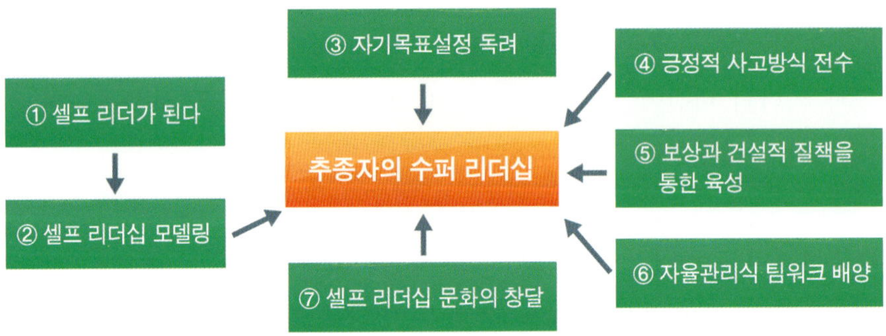

[그림 5-1] 수퍼 리더십에 이르는 7단계

2) 수퍼 리더에 이르는 3단계

만츠와 심스의 7단계는 [그림 5-2]와 같이 3단계로 요약될 수 있다.

(1) 상사 자신이 먼저 셀프 리더가 되라

먼저 끊임없는 자기 계발로 전문적인 권한을 확보함으로써 스스로 셀프 리더가 되어 구성원들의 역할 모델이 된다.

(2) 부하를 셀프 리더로 만들어라

구성원 스스로 목표를 설정하도록 장려하고 긍정적 사고 패턴을 창출하도록 한다. 또한, 긍정적인 보상과 건설적인 질책을 통해 구성원 스스로 목표를 달성하도록 유도한다.

(3) 조직을 자율경영체제로 전환시켜라

팀워크를 통해 셀프 리더십을 촉진시키고, 이를 체질화시켜 조직 전반에 셀프 리더십 문화를 정착시킨다.

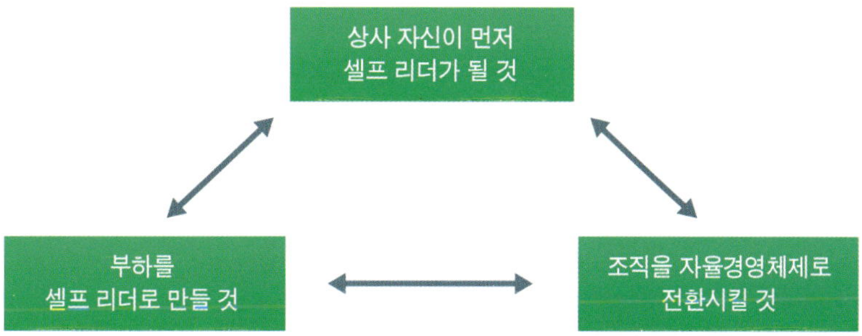

[그림 5-2] 수퍼 리더십에 이르는 3단계

사례 힐러리 클린턴(1947. 10. 26 ~)

1. 주요 이력

힐러리는 미국 메사추세츠 주의 웰즐리칼리지에서 정치학을 전공하였다(1965~1969). 대학졸업 후 예일대학교 로스쿨에 진학한 뒤 1973년 법무박사(J. D.) 학위를 취득하였다. 이후 변호사 자격을 취득하고 빌 클린턴이 있는 아칸소대학교 로스쿨 교수가 되었고, 1975년 그와 결혼하였다.

1992년 빌 클린턴이 제42대 대통령 선거에 출마하자 실질적으로 선거운동을 지휘하여 당선되는 데 결정적 공헌을 하였다. 2000년 뉴욕에서 상원의원에 출마하여 뉴욕 주 최초의 여성 상원의원이 되었고, 2006년 재선에 성공한 뒤 2009년까지 예산위원회·국방위원회 등에서 활동하였다. 2008년에는 제44대 대통령 선거에서 민주당 후보 경선에 출마하여 버락 오바마에게 패하였으나, 이듬해 출범한 오바마 정부에서 국무장관을 맡아 2013년 2월까지 재임하였다.

2009년 마틴 루터 킹 센터가 수여하는 '위대한 지도자상(Salute to Greatness Award)'과 2013년 미국 국방부 공로훈장 등을 수상하였다. 이후 유력한 차기 대통령 후보로 거론되다가 2016년 공화당의 도널드 트럼프(Donald Trump) 후보와 경쟁하였으나 압승할 것이라던 예상을 깨고 패배하였다. 변호사, 대통령 영부인, 상원의원, 국무장관, 여성 대통령 후보 등 화려한 이력을 쌓으며 유력한 언론 매체로부터 수차례 세계에서 가장 영향력 있는 인물 중 하나로 꼽혀왔다(네이버 지식백과).

2. 힐러리의 수퍼 리더십

힐러리의 수퍼 리더십에 대해 《힐러리의 수퍼 리더십》(김종현, 2008)이라는 책의 내용을 만츠와 심스가 수퍼 리더가 되기 위해 필요하다고 주장한 원칙에 대입하여 설명해보려 한다.

1) 자기 계발을 통해 스스로 셀프 리더가 되어라

① 먼저 멘토를 찾아라. 멘토는 우리의 잠재력을 인식하고 우리가 우리의 분야에서 성공하도록 도와줄 수 있기 때문이다.

② 외모관리도 필요하다. 매력적인 외모는 확실한 자산이므로 자신의 외모를 지속적으로 관리하라.

③ 자기계발은 혼자하는 게 아니다. 때문에 비전공유를 통해 주위 사람을 포섭하고 그들과의 관계를 통해 적극적으로 자기계발을 하라.

④ 꿈을 향한 전진이 필요하다. 열정과 추진력을 담은 태도는 불가능을 가능하게 한다. 꿈을 이룬 것처럼 행동하라.

⑤ 우선순위를 설정하고 움직일 필요가 있다. 다시 말해, 일처리의 순서를 설정해라. 이것은 목표달성에 매우 중요하며 방해요소들에 대비할 수 있다.

⑥ 건강관리도 중요하다. 건강은 모든 것의 근본이다. 건강을 잃으면 모든 것이 끝장난다. 내 몸이 원하는 것을 들어줘라.

⑦ 눈높이 향상으로 높은 목표설정을 해야 한다. 목표가 높을수록 목표를 실현하는 행동반경도 넓어지고 자신감도 얻게 된다.

⑧ 신념의 관리가 중요하다. 우리가 극복해야 하는 것은 두려움과 잘못된 믿음이다. 낙관적으로 목표에 집착하고 자신을 완전히 믿어야 한다. 그것이 목표를 향한 지속적 전진을 가능하게 한다.

⑨ 가장 중요한 것은 타인을 섬기는 것이다. 사실상 이것이 강력한 영향력을 지닌 리더를 만든다. 타인의 도움을 받아 최대의 이점을 창출하는 것, 그것은 평소의 긍정적 삶의 방식과 태도로부터 결정된다.

2) 추종자들이 셀프 리더가 되도록 도와라

앞의 과정을 거쳤다고 모든 것이 끝나는 것이 아니다. 수퍼 리더란 특정 업무를 이끄는 사람이기 때문이다. 즉, 추종자들이 셀프 리더십을 발휘할 수 있도록 분발해야 한다. 그렇다면 어떻게 그들을 셀프 리더로 이끌까?

① 건설적인 비판을 통해 성과를 향상시키도록 해라.

② 상대의 자부심을 건드리지 말고 피드백을 주어라.

③ 사람이 아닌 행동이나 결과에 초점을 두고 미래 지향적인 자세를 갖춰라.

출처 : 김종현(2008). 힐러리의 수퍼 리더십. 일송포켓북

사례 **칭기즈칸**(1162~1227)

1. 주요 경력

칭기즈칸은 세계 최대 제국을 건설했던 역사적인 인물이다. 초원의 부족한 물자를 놓고 부족 간 분쟁이 끊이지 않자 이를 해결하려고 주위 부족을 정벌해나갔다. 1206년에 대몽골국을 건립한 후에 여러 차례 대외정복전쟁을 벌여 대제국을 일으켰다. 서쪽으로 중앙아시아와 동구의 흑해 연안까지 정복했고, 1227년 서하를 정벌할 때 낙마 후유증으로 사망했다. 묘호(廟號)는 태조(太祖)이고, 시호는 성무황제(聖武皇帝)이다(네이버 지식 백과).

칭기즈칸 영정

전성기의 몽골제국 영토

2. 칭기즈칸의 수퍼 리더십

칭기즈칸은 부하에게 전적인 권한을 부여하고, 나눠 준 영토에 대해서는 현지의 관리자들에게 맡겼으며, 특별한 간섭을 하지 않음으로써 최대한 많은 자율권을 부여한 진정한 수퍼 리더이다. 중앙 아시아며, 그리스 발칸반도, 모스크바, 베를린 등 엄청난 거리의 원정에도 불구하고 칭기즈칸 자신은 자신의 본토를 벗어나 본 적이 없다. 수십 년 전까지만 해도 벌판에서 말을 부리던 부하들이 대군사를 지휘하고 신출귀몰한 전략을 구사하는 대장군으로 변신했다. 그는 부하를 육성함은 물론, 전권을 주어 현지의 왕을 임명하고, 인접국가에의 전쟁 여부까지 모든 권한을 위임한 것이다. 그리고 서양 세계 정신적인 지주인 교황을 어떻게 할 것인가를 숙의하는 것을 제외하고는 모든 권한은 현지에서, 그때그때의 상황에 맞게끔 현지의 지휘관이 철저히 알아서 하도록 위임하였다. 당시 거리가 멀고 통신체계에 한계가 있어 명령전달이 어려웠기 때문일 거라고 말하는 사람도 있으나 그렇지 않다. 당시 몽골제국의 통신은 현재와 비교해도 손색이 없을 만큼 매우 체계적이고 신속하였기 때문이다. 이러한 그의 수퍼 리더십은 세계 제국을 통치하는 원동력이 되었다.

Chapter 6

서번트 리더십과 윤리적 리더십

윤리적 리더십과 서번트 리더십은 둘 다 기존의 리더십의 개념을 뒤집어 놓는다. 기존의 권위 중심적이고 강압적인 위치에서 조직 구성원들의 협조를 부추기던 리더의 모습이, 한쪽은 윤리적 의식을 가지고 조직을 통솔하는 모습(윤리적 리더십)으로, 다른 한쪽은 서번트의 위치에서 조직을 통솔하는 모습(서번트 리더십)으로 변화하였다. 두 이론의 공통점은 조직원들을 신뢰, 즉 타인을 배려하는 마음, 그리고 공정성과 정당성의 원칙을 기반으로 하여 발휘된다.

| 1절 | 서번트 리더십

| 2절 | 윤리적 리더십

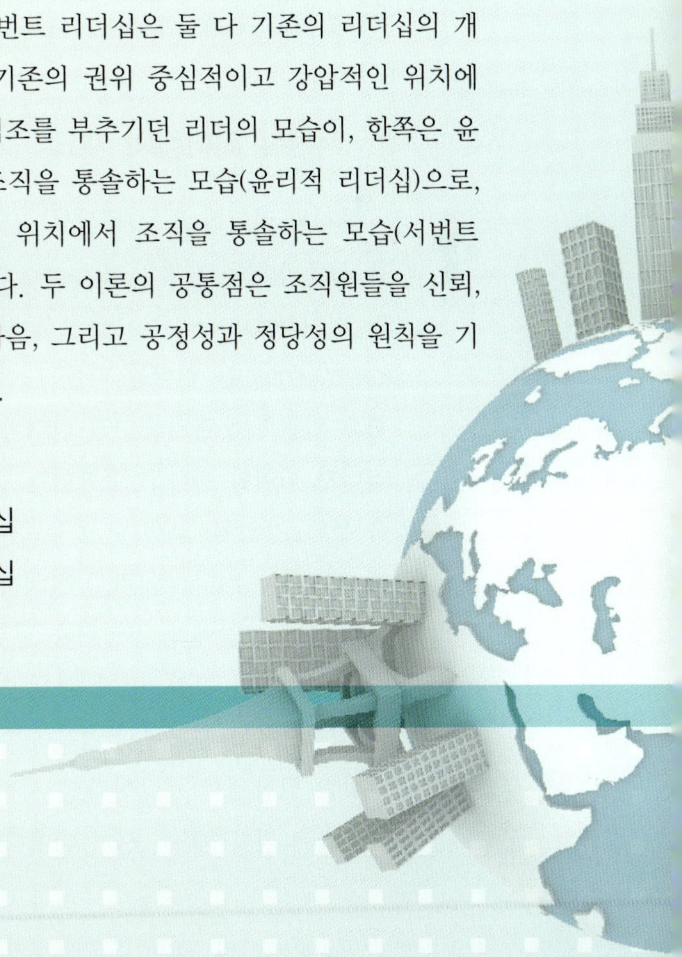

"너희 가운데서 높은 사람이 되려는 이는
섬기는 사람이 되어야 한다.
또한 너희들 가운데에서 첫째가 되려는 이는
그들의 종이 되어야 한다."

– 마태복음 20장(26~27절)

1절 서번트 리더십

1. 서번트 리더십의 개요

섬김의 리더십 또는 봉사적 리더십으로 번역되는 서번트 리더십(servant leadership)은 서로 상반된 개념인 servant와 leadership이 합쳐진 것으로 부하의 성장을 도우며 팀워크(team work)와 공동체를 형성하는 리더십이다. 이 이론을 정립한 그린리프(Greenleef, 1970)는 리더를 다른 사람에게 봉사하는 하인(servant)으로 보고 명령과 통제로 일관하는 자기중심적 리더가 아닌 신뢰와 믿음을 바탕으로 구성원을 섬기는 리더가 되어야 한다고 주장했다. 그는 서번트 리더십을 '타인을 위한 봉사에 초점을 두며, 종업원, 고객 및 공동체를 우선으로 여기고 그들의 욕구를 만족시키기 위해 헌신하는 리더십'이라고 정의하였다. 즉, "서번트 리더십이란 다른 사람을 섬기는 가운데 그들에게 영향력을 발휘하는 리더십"이라 요약할 수 있다. 상대적으로 많은 지식이나 경험, 명예, 부를 가진 선택받은 사람들이 자신보다 사회적 약자들을 섬김으로써 공동체의 행복을 누리자는 것이 서번트 리더십의 취지이며 리더가 구성원 입장에서 생각한다면 서번트 리더가 되는 첫걸음이 된다.

수많은 정치가들은 선거 때마다 항상 자신들이 국민의 종이 되겠다고 외치면서

표를 호소하는데, 이는 스스로 서번트 리더가 되겠다는 것을 의미한다. 대한민국 헌법에는 다음과 같은 서번트 리더십에 대한 내용이 포함되어 있다. "공무원은 국민 전체에 대한 봉사자이며 국민에 대해 책임을 진다." (헌법 제7조 제1항)

2. 전통적 리더십과의 비교〈표 6-1〉

1) 조직운영 시 우선사항

서번트 리더는 조직의 과업이 사람보다 먼저일 수 없다는 사람 중심의 리더십 철학을 가지나 전통적인 리더는 이와 상반되는 철학을 가지는 경향이 있다. 조직의 생산성을 측정할 때 서번트 리더는 일의 결과와 함께 구성원들의 자발적인 행동의 정도도 평가한다. 반면, 전통적 리더는 일의 과정보다는 시간이나 경비, 또는 생산량 등 가시적이며 양적인 결과 중심으로 평가한다.

2) 부하에 대한 인식

조직의 목적을 달성하는 데 있어서 가장 중요한 자원이 부하들이라고 생각하며, 부하들의 업무추진과정에서 자신은 부하들의 성장을 도와주고 능력을 육성시킬 의무가 있다고 생각한다. 반면에 전통적 리더는 부하를 자신이 활용할 수 있는 여러 가지 자원 중의 하나라고 생각한다. 이들에게 부하들은 자신이 지시한 것의 결과를 만들어 내는 대상이 될 뿐이다.

3) 부하와의 커뮤니케이션 방법

서번트 리더는 쌍방향 커뮤니케이션을 통해, 구성원들의 애로사항을 경청하고 이를 해결하기 위하여 많은 시간을 할애하며 목표 수립과정에서 부하와의 커뮤니케이션을 활성화시켜 크고 작은 정보를 모두 공유한다. 반면, 전통적 리더는 상의하달식의 일방적 커뮤니케이션에 익숙해 있다.

4) 업무추진방식

부하들이 스스로 움직일 때 조직의 성장에 가장 큰 힘이 된다는 믿음하에 부하의 능력을 믿으며, 업무와 관련하여 그들의 판단을 존중한다. 아울러 부하들에게 권한을 위임할 뿐 아니라 주요 의사결정 시 부하들을 참여시키고 그들의 아이디어를 적극 수용하는 개방적인 가치관을 가진다. 부하의 능력이 부족한 경우, 필요한 자원을 지원해 주거나 리더가 직접 부하를 코칭하기도 한다. 반면, 전통적 리더는 자신의 경험과 지식이 부하보다 우위에 있다고 생각하기 때문에 부하들을 자신의 틀 안에 가두려 든다. 게다가 그들은 부하들의 비판이나 반대의견을 무시하는 경향이 있다.

〈표 6-1〉 전통적 리더십과의 비교

범주	전통적 리더십	서번트 리더십
조직운영 시 우선사항	과업 중심	사람 중심
부하에 대한 인식	여러 자원 중 하나	가장 중요한 자원
커뮤니케이션	일방적 커뮤니케이션(상명하복)	쌍방향 커뮤니케이션
업무추진방식	자기방식 강조	아이디어를 구함
경쟁의 시각	내부 경쟁을 조장	지나친 개인 경쟁 경계, 모두 잘할 수 있다는 신념 강조
평가	가시적이며 양적인 척도 중시	자발적 행동이냐 아니냐를 중시

3. 서번트 리더의 역할

일반적으로 서번트 리더는 기본적으로 다음과 같이 방향 제시자, 파트너, 지원자의 세 가지 역할에 초점을 두고 구성원들을 리드해 나가는 특성을 가진다.

1) 방향 제시자 역할

조직의 비전을 제시하는 역할을 말한다. 서번트 리더가 조력자이면서 리더인 이유는 미래의 비전을 보여 줄 수 있는 능력이 필요하기 때문이다. 최고경영자는 중간관리자에게, 중간관리자는 일선 실무자들에게 조직이 나아가고자 하는 방향과 목표를 명확히 설명해 줄 수 있어야 한다.

2) 파트너 역할

서번트 리더는 구성원들의 파트너로서 구성원들의 의견을 조율하는 역할을 담당해야 하며 업무수행 시 스스로가 팀원 역할도 해야 한다. 즉, 리더는 오케스트라의 지휘자와 같은 역할을 수행해야 한다.

3) 지원자 역할

구성원들이 업무수행을 원활히 할 수 있도록 지원하고, 업무 이외의 개인적인 삶에 있어서도 업무와 균형을 이룰 수 있도록 도와야 한다. 지원자 역할을 충실히 하기 위해서는 기다리기보다, 먼저 부하들을 찾아다니면서 도울 것이 없는지를 묻는 자세가 필요하다.

4. 서번트 리더십 특징

그린리프 연구소장인 스피어즈(Spears)는 다음과 같이 서번트 리더의 주요 특성 10가지를 제시하고 서번트 리더가 되려면 반드시 이를 이해하고 시행해야 한다고 강조했다. 이 중에서 중요한 6가지를 소개한다.

1) 경청(Listening)

경청은 부하를 존중하고 그들을 수용적인 태도로 이해하는 것이다. 리더는 적극적이고 능동적인 경청을 통해 부하가 바라는 욕구를 명확히 알 수 있다.

2) 공감(Empathy)

공감이란 차원 높은 이해심이라고 할 수 있는데, 리더는 부하의 감정을 이해하고 이를 통해 부하가 필요한 것이 무엇인가를 알아내고 이에 적절하게 대응해야 한다.

3) 정서적 치유(Healing)

구성원들이 제대로 업무를 수행할 수 있도록 하기 위해서는 먼저 그들의 심리 상태에 대한 관심과 배려가 선행되어야 한다. 정서적 치유는 구성원들의 정신적인 상처를 이해하고 그들을 좀 더 밝고 긍정적으로 변화시키는 것이다.

4) 청지기 의식(Stewardship)

청지기 의식은 '타인을 섬기려는 자세'로서 서번트 리더십의 바탕을 이루는 가치관이다. '청지기'는 주인을 대신하여 일을 도맡아 관리하는 사람을 말한다. 청지기 의식을 가진 리더는 자신에게 부여된 지위와 권한은 조직의 목적을 달성하기 위한 도구일 뿐 아니라 부하를 위해 봉사하고 지원하기 위한 도구이며, 이를 위해 조직으로부터 잠깐 위임받은 것이라고 생각한다.

5) 부하의 성장을 위한 노력(Commitment to the growth of people)

리더는 부하들의 개인적 성장, 정신적 성숙 및 전문분야에서의 발전을 위한 기회를 주고 필요한 자원을 제공해야 한다.

6) 공동체 형성(Building community)

공동의 조직 목표를 달성하기 위해서는 경쟁을 부추기기보다 서로 배려하고 협력하는 공동체의식이 기초가 되어야 하며 이러한 공동체의식은 성과창출의 원동력이 된다. 즉, 섬김의 리더는 구성원들을 무한한 상호협력의 공동체에 편입시켜야 하는 의무를 가진다.

5. 서번트 리더십 적용 시 고려사항

1) 서번트 리더십 발휘를 어렵게 하는 것들

다음과 같은 요인들이 봉사와 희생의 리더십 발휘를 어렵게 한다.

(1) 일사불란한 조직운영의 한계

리더의 봉사와 희생적 헌신이 고정화될 경우, 공식적인 권한의 엄정한 집행이 어려워지거나, 위급상황 시 강력한 리더십 실행이 어려울 수 있다.

(2) 요구사항의 증가 우려

초기에는 낮은 수준의 봉사와 희생으로 효과를 얻을 수 있지만, 만성이 되면 부하들은 더 높은 수준의 봉사와 희생을 요구하게 된다.

(3) 리더의 봉사를 당연시함

모든 부하들이 리더의 희생에 감동으로 화답하지는 않으며 일부는 이를 당연시하기도 한다.

(4) 권한 행사 축소

업무에 있어서 리더의 전반적인 권한을 최소화시킨다. 이로 인해 각자 지위에서 서로에게 필요한 것을 제대로 요구하지 못하는 경우가 발생할 수도 있다.

(5) 업무 효율성 감소

업무를 수직적 관계하에 효율적인 방식으로 처리하던 전통적 리더십에 비해 성과를 발하기까지 비교적 많은 시간이 걸려 결과적으로 업무효율을 감소시킬 수 있다.

2) 서번트 리더십 적용 시 고려사항

이러한 문제를 극복하고 리더십 효과를 극대화하기 위해 리더는 자신의 희생과 봉사의 가치관을 정립하고 상황에 맞게 범위를 설정하여 융통성 있게 리더십을 발휘해야 한다.

사례 서비스마스터사

서비스마스터사는 건물 내 해충 구제와 욕실 및 변기 청소, 세탁, 조경, 보안 등 3D 분야의 각종 서비스를 제공하는 기업이다. 윌리엄 폴라드 회장이 선임 부사장의 직책으로 서비스마스터에 입사한 첫날, 직책과 무관하게 말단 직원들과 함께 거래업체의 계단과 화장실 청소부터 시작했는데, 그는 이 당시의 경험을 통해 서비스 일선에서 근무하는 직원들의 고충을 깨닫게 되고 직원을 섬기는 일이 어떤 것인지 분명하게 알게 되었다. 이후 서번트 리더십은 이를 몸소 실천한 윌리엄 폴라드 회장의 기본 경영방침이 되었다. 또한 "회사의 중역이 가장 말단 사원들과 함께 바닥과 화장실 변기를 청소하는 기업, 사원 위에 군림하기보다 사원들이 변화하고 발전할 수 있도록 도와주는 기업"으로 인정되어 수차례에 걸쳐 포춘 100대 기업 중 '미국인이 가장 존경하는 기업 1위'로 선정된 바 있다.

출처 : 제임스 C. 헌터 저/김광수 역(2006). 서번트 리더십 실전 매뉴얼. 시대의창

사례 오기 장군(BC 440 ~ 381)

오기 장군

오기는 춘추전국시대 위나라의 장군이자 전략가로 손자(孫子)와 대비해 오자(吳子)로도 불린다. 손무의《손자병법》에 버금가는《오자병법》을 저술하였다. 전쟁에서 76전 무패라는 대과업을 이루고 '상승(常勝) 장군'으로도 불렸던 오기 장군은 서번트 리더십의 전형적인 인물로 거론될 수 있다. 그는 군대의 최고위 리더였으나 항상 말단 병사들과 똑같은 옷을 입고 똑같은 음식을 먹으며 행군할 때에도 말을 타지 않았다. 병사의 다리에 종기가 생기자 직접 입으로 고름을 빨아내서 '연저지인'[1]이라는 고사성어까지 생겨나게 할 정도로 부하들에 대한 배려도 남달랐다. 그 병사의 어머니가 이 일을 듣고는 통곡을 했다. 어떤 사람이 "당신 아들은 일개 병사에 지나지 않는데 장군이 직접 종창을 빨아주었거늘 어째서 통곡을 하는 거요?"라고 묻자, 그 어머니는 "그게 아니라오. 예전에 오공(오기)께서 그 아이 아버지의 종창도 빨아준 적이 있는데, 그이는 물러설 줄 모르고 용감하게 싸우다가 전사하고 말았지요. 오공이 지금 내 자식의 종창을 또 빨아주었으니 이제 그 애가 언제 죽을지 모르게 되었소이다. 그러니 통곡하지 않을 수 있겠소이까?"라고 말했다(손자오기열전). 이러한 장군의 리더십으로 인해 전장에서 부하들이 물러서지 않고 목숨을 다해 싸웠고 승리를 거두었다. 높은 자리에 있으면서도 그 자리에서 취할 수 있는 권력을 버리고 낮은 자리에 처해 구성원들의 어려움과 애로사항을 직접 함께 체험하면서 해결해 주고 격려해 주는 오기 장군이야말로 진정한 서번트 리더라 할 수 있을 것이다.

---

1) 연저지인(吮疽之仁) : 빨 연, 등창 저, 갈 지, 어질 인. 남의 몸에 난 종기를 빨아 고쳐주는 어진 행동, 즉 남에게 신용을 얻기 위해서 험하거나 추한 일이라도 마다하지 않는 정성을 의미한다.

사례 **유재석**(1972. 8. 4~)

1. 주요 경력

1991년 KBS 제1회 대학 개그제에서 장려상을 받으면서 데뷔하였으며 1990년대 후반 최고의 인기를 구가했던 토크쇼 KBS '서세원 쇼'를 통해 무명에서 탈출하였다. '자유선언! 오늘은 토요일'에서 메뚜기 탈을 쓰면서 진행을 하는 바람에 메뚜기라는 별명이 생겨났다. 2000년 MBC 연예대상 MC부문 특별상을 받았다. 2006년부터는 '무한도전'이라는 독립 프로그램으로 편성되면서 대한민국 예능 프로그램의 새로운 경향을 제시하게 된다. 그 후로 '해피투게더 시즌 3', '패밀리가 떴다'에 출연하며 대한민국 예능계에서의 최고의 MC로서 입지를 굳혔다. 2010년 유재석은 '런닝맨'으로 SBS 예능 프로그램에 메인 MC로 복귀했다. 런닝맨의 인기도가 상승함에 따라 해외 인지도도 상승하였으며 어느 사이엔가 국민 MC라 불리게 되었다(네이버 지식백과).

2. 유재석의 서번트 리더십

요즘 TV에서 가장 자주 얼굴을 볼 수 있는 사람을 꼽으라면 단연 유재석이다. 지극히 평범하고 어찌 보면 소심해 보이기까지 하는 데다 특별한 개인기나 장기를 갖지 못한 유재석이 이처럼 높은 인기를 얻을 수 있는 비결은 무엇일까.

① 방송가 사람들은 유재석의 인기비결을 '출연자에 대한 배려'라고 입을 모아 말한다.
"녹화를 할 때 유재석 같이 섬세하게 출연자를 배려하는 이는 처음 본다. 그의 배려로 말이 없는 연예인들도 유쾌한 상황을 만들어 낸다."

② 유재석은 상대방을 깎아내리기보다는 자신을 낮추고 무너뜨려 스스로를 웃음의 소재로 삼는다.

③ 다른 게스트들이 던지는 말을 묵살하지 않고 최대한 들어주어 프로그램에 녹아들게 만든다. 즉, 게스트 한 사람씩 충분히 이야기를 할 수 있도록 하고, 개인의 역량을 잘 이끌어 내어 프로그램을 최고로 만든다.

④ 의사결정 시 구성원들을 설득하고 합의를 이끌어 낸다.

유재석의 이 같은 진행 스타일은 팀원들 위에서 지배하고 군림하는 팀장이 아니라 팀원들과의 수평적 신뢰관계를 바탕으로 리더십을 발휘하는 '섬김형 리더십'의 진면목을 보여 주고 있다. 팀원에 대한 친절함과 배려로 팀원들이 창의성(웃음)을 유발할 수 있도록 하는 유재석의 수평적 서번트 리더십은 조직의 창의성이 가장 중요시되는 21세기에 환영받을 수밖에 없는 리더십의 전형이라고 할 수 있다.

출처 : http://nerdstory. tistory.com. 2003. 3. 서번트 리더십, 예능 MC를 배워라

사례 **이태석 신부**(1962. 9. 19 ~ 2010. 1. 14)

1. 주요 경력

1987년 인제대학교 의과대를 졸업하였다. 1990년 군의관으로 군복무를 마친 후 1991년 살레시오 수도회에 입회하였고, 1992년 광주 가톨릭대학교 신학대학에 입학하여 성직자의 길을 걸었다. 1994년 1월 30일 첫 서원을 받았으며 1997년 이탈리아 로마로 유학하였다. 그 후 아프리카 수단에서 병원과 학교를 설립하여 원주민을 위해 헌신하였다. 이 신부는 그렇게 수단의 가난한 마을에서 아이들을 위해 밤잠을 자지 않고 헌신하였으나, 정작 본인의 몸을 돌보지 못해 대장암 말기 판정을 받았다. 그럼에도 그는 태연하게 수단 어린이 후원의 밤을 통해 아이들을 위해 밝은 웃음으로 노래를 부르기도 했다. 그는 2010년 1월 14일 세상을 떠났다(네이버 지식백과).

2. 이태석의 서번트 리더십 사례

1) 선교활동과 치료활동을 시작하다

아프리카에서도 가장 오지로 불리는 수단의 남부 톤즈는 오랫동안 내전(內戰)으로 폐허가 되었고 주민들은 살길을 찾아 흩어져 황폐화된 지역이었다. 이태석 신부는 이곳에서 가톨릭 선교활동을 펼쳤으며 말라리아와 콜레라로 죽어가는 주민들과 나병환자들을 치료하기 위해 흙담과 짚풀로 지붕을 엮어 병원을 세웠다. 병원까지 찾

아오지 못하는 주민들을 위해 척박한 오지마을을 순회하며 진료를 하였다. 그의 병원이 점차 알려지게 되자 많은 환자들이 모여들게 되었고 원주민들과 함께 벽돌을 만들어 병원건물을 직접 지었다.

2) 학교를 세워 아이들을 가르치다

이 신부가 톤즈에 뿌려놓은 씨앗은 이뿐만이 아니다. 2005년 배움의 갈증을 느끼던 아이들을 위해 고등학교를 지어 직접 아이들을 가르치기도 했다. 현재 아이들 1000여 명이 초등학교와 중·고등학교에서 공부하며 꿈을 키우고 있다. 최근에는 수단어린이장학회의 지원으로 새로운 초등학교가 건립되었다. 이 신부는 처음 톤즈에 왔을 때 학교가 없어 나무 밑에 앉아 하는 일 없이 시간을 보내는 아이들의 모습을 보고 마음 아파했다. 아무것도 갖추지 못한 상황에서 하느님의 섭리만을 믿고 학교를 열었다. 첫 학교를 지은 지 10년만에 그토록 짓고 싶어 하던 새 학교가 건립된 것이다.

그의 생애를 다룬 영화 〈울지마 톤즈〉는 이기심 많은 우리의 삶이 얼마나 부끄러운지를 깨닫게 해주었으며, 사회 지도층 인사들에게 사랑과 헌신의 진정한 의미를 보여 주고 있다. 그는 남수단의 슈바이처였으며 진정한 서번트 리더였다. 힘들고 어려운 사람을 도와주면서도 그들의 위에 군림하거나 생색내지 않았다. 항상 그들의 눈높이에 맞춰 이야기를 들으려 하였으며, 그들이 원하는 것들을 찾아 해결해주었다. "톤즈에서 여러 해 지내며 그곳 사람들에게 많은 것을 주었다고 생각했습니다. 그런데 되돌아보니 제가 그들에게서 얻은 것이 더 많았습니다. 톤즈 사람들은 작은 것에 감사할 줄 알았고, 부족한 가운데서도 나눌 줄 알았습니다. 저는 그들 안에서 하느님을 체험했습니다. 고맙습니다. 사랑합니다…."

출처 : 이태석(2013). 친구가 되어주실래요?. 생활 성서사 ; 영화 〈울지마 톤즈〉

"21세기 기업가나 정치가는 성직자에 준하는
고도의 도덕성을 가진 사람이 아니면 안 되며,
경영자의 도덕성이 기업의 성패를 좌우한다."

– 폴 케네디

2절 윤리적 리더십

1. 개요

1) 윤리의 개념

일반적으로 윤리(倫理, Ethics)란 "인간이 사회를 구성하고 살아가는 데 있어 지켜야 할 도리"를 뜻한다. 학자들의 정의를 살펴보면 먼저, 시울라(Ciulla, 2004)는 "옳고 그른 것과 좋거나 나쁜 것이 어떤 것인지 판단하여 의사결정을 하는 데 지침이 되는 법칙과 원칙체계"라고 정의하였으며 노스하우스(Northouse, 2007)는 "특정 상황에서 옳고 그름을 구별하는 데 지침이 되는 법칙과 원칙의 체계"라고 정의내렸다. "물리와 윤리", "도덕, 법 그리고 윤리"의 차이를 분석해보자. 물리(物理)가 사물의 이치라면 윤리(倫理)는 인간관계의 이치라 할 수 있다. 도덕(道德)이 내면성에 치우친 것이고, 법(法)이 외면성에 치우친 것이라면, 윤리(倫理)는 도덕적인 성향과 더불어 법률적 성향의 혼합적 성향을 가진다.

2) 윤리적 리더십의 개념

윤리적 리더에 대한 정의에 대해 트레비노(Trevino, 2005)는 "스스로 도덕적 인간이면서 구성원들이 윤리적으로 행동하도록 관리하는 사람"이라고 하였고 지니(Gini, 1998)는 "구성원에게 윤리적 기준을 제시함으로써 적합한 행동에 대해서는 보상을 하고 부적절한 행동은 규제를 하며 스스로 구성원의 사회적 학습 모델이 되는 것"이라고 하였다. 윤리적 리더십(Ethical leadership) 정의에 대한 여러 학자들의 의견을 종합해보면 "정직성과 진정성에 바탕을 두어 부하 직원들에게 모범이 되는 행동 모델을 제시하고 이를 실천함으로써 영향력을 행사하는 리더십"이라고 할 수 있다.

3) 윤리경영

윤리경영이란 기업 경영활동의 적법성은 물론 사회적 통념까지 감안하여 기업윤리를 추구하는 경영방식을 말한다. 과거에는 내부 구성원들에게 영향력을 행사하여 조직의 성과를 극대화하는 쪽으로 경영의 초점이 맞춰져 있었으나, 근래 외부에서 조직에 요구하는 윤리적 경영의 요구가 거세짐에 따라 외부 이해 관계자들을 만족시키기 위한 쪽으로 확대되고 있다. 즉, 윤리적 의사결정과 행동양식을 통하여 기업성과를 극대화하기 위해서 뿐만 아니라, 정부나 국민의 신뢰를 얻어 경쟁우위를 획득하기 위해서도 경영자의 윤리적 리더십이 중요한 역할을 하게 되었다.

사례 **지속가능경영**(Corporate Sustainability Management, 持續可能經營)

기업이 경영에 영향을 미치는 경제적·환경적·사회적 이슈들을 종합적으로 균형 있게 고려하면서 기업의 지속가능성을 추구하는 경영활동을 말한다. 기업들이 지속적으로 살아남기 위해서는 전통적으로 중요하게 생각했던 매출과 이익 등 "재무성과"뿐 아니라 "환경" 그리고 "윤리경영을 주축으로 하는 사회 책임경영" 등의 3대 축으로 확대시키는 것이 절대적 조건이라는 것이다. 즉, 기업이 지속적으로 성장하기 위해서는 윤리경영 정착이 필수적이다. 이에 따라 선진기업에서는 지속가능경영을 새로운 경영 패러다임으로 인식하고 있으며 국내 일부 기업들도 지속가능경영을 위한 비전과 추진조직을 구축하고 있다. 기업의 사회적 책임(윤리경영)과 관련된 대표적인 평가기준과 가이드라인으로는 국제표준화기구(ISO)가 2010년 발표한 ISO26000이 있다. 국제 입찰이나 외국 대기업과 거래를 할 때 ISO26000 인증을 받지 않은 기업의 제품은 수입을 규제할 수 있게 되어 사회적 책임을 다하지 않는 기업은 오늘날과 같은 극심한 경쟁사회에서 살아남을 수 없게 되었다.

4) 리더의 윤리적 역할

리더에게는 일반인에게 요구되는 것 이상의 도덕성이 요구된다. 한 나라를 이끄는 대통령으로부터 한 가정을 책임지는 가장에 이르기까지 정도의 차이는 있지만 이러한 도덕성을 근간으로 해야 한다. 그러나 대부분의 인간은 물욕, 권력욕 등의 욕망에 사로잡혀 있어 타인의 권익을 해치고 사리사욕을 취하는 것이 현실이다. 실제로 우리는 매스컴을 통해 많은 정치인이, 기업인들이, 개인들이 구속되거나 구설수에 오르는 것을 하루가 멀다 하고 접하고 있다. 아무리 뛰어난 능력을 가지고 있더라도 윤리적으로 문제가 있는 사람은 리더의 자리를 탐내서는 안 된다. 선출된 리더의 성품이 어느 수준에 못 미친다고 생각되면 스스로 그 자리를 내놓아야 하며, 스스로 내놓지 않는다면 강제로라도 끌어내려야 한다. '윗물이 맑아야 아랫물이 맑다'는 속담처럼 윤리적 조직 풍토를 조성하는 데 가장 중요한 요소는 리더 자신이 윤리적 행동을 실천하는 것이다. 구성원들은 리더의 윤리적 행동을 보면서 윤리적 가치를 학습하기 때문이다. 또한, 리더는 구성원들에게 무리한 성과를 요구할 경우 구성원들의 비윤리적 행동을 부추기는 결과를 초래할 수 있음도 고려해야 한다.

2. 이론의 등장 배경 및 중요성

윤리적 리더십에 대해서 많은 언급이 있어 왔지만 학술적인 관심을 거의 받지 못하다가 최근 들어 체계적으로 개념화하고 개발하려는 연구들이 이루어지고 있는 실정이다. 2001년 엔론(Enron)의 회계부정 사태와 2008년 투자은행 리먼 브라더스의 서브프라임 모기지로 발생한 금융 위기는 윤리적 해이의 대명사가 되었다. 이를 계기로 학계 및 산업계는 윤리적 리더십의 중요성을 인식하게 되었으며 1999년에 체결된 경제협력개발기구(OECD)의 '뇌물방지 협약'은 기업의 윤리적 책임에 대한 글로벌 척도가 되고 있다. 국내의 경우에도 분식 회계사건이나 주가조작, 횡령 등 비윤리적인 경영에 대한 반성과 함께 외환위기 등을 겪으면서 사회 전반적으로 경영자에게 더 높은 수준의 투명 경영을 요구하게 되었고 기업 또한 사회적 책임에 대하여 많은 관심을 가지게 되었다. 이후 국내의 많은 기업들이 기업을 운영하는 데 윤리경영을 적극적으로 도입하고 있지만 성과는 아직 미흡한 실정이다. 우리 사회는 경영윤리 측면에서 기업의 경영활동이나 기업의 리더에 대해 윤리적 정당성을 요구하고 있다. OECD 등 국제기구는 반부패 및 윤리경영에 대한 지침 혹은 제도를 강화시켜 국제거래에서 이를 준수하지 않은 기업들이 불이익을 받도록 하고 있어 세계 유수 기업들은 기업윤리헌장을 채택하고 다양한 방법들을 동원하여 실행함으로써 경영 투명성을 강화시키고 있다. 즉, 과거 성장지향 산업사회에서는 성과를 가장 중시하였으나 현재는 올바른 수단과 성과를 동시에 중시하게 되어 리더의 도덕성에 흠이 있으면 다른 우수한 자질도 무의미하게 되었다.

사례 우리나라의 윤리수준

우리나라 기업이 국제경쟁력을 강화하기 위해서는 윤리적 리더십에 따른 '윤리경영 출발선언'이 시급하다. 우리나라는 세계경제포럼(WEF) '기업 윤리경영 평가' 순위에서 2016년 137개국 중 98위를 기록했다. 우리나라 순위는 2009년 48위에서 2011년 58위, 2013년 79위, 2015년 95위에 이어 2016년 98위로 조사 때마다 하락했다. 국제투명성기구(TI)가 발표하는 국가 청렴도 순위에서는 우리나라가 2015년 37위, 2016년 52위에 그쳤는데, 기업의 윤리경영 평가 순위는 그에 비해서도 훨씬 낮은 수준이다. 그렇다면 우리 국민들이 생각하는 한국의 리더에 필요한 덕목은 무엇일까? 〈시사저널〉은 2013년 '차세대 리더'에 대한 설문조사에서 1위는 '도덕성'이 차지했다. 세 차례 조사에서 변함이 없었다. 리더에 대한 '도덕성'에 대한 요구는 갈수록 높아지고 있다. 2013년 13.9%에서 2014년 15.7%, 그리고 2015년 조사에서 21.6%로 치솟았다. 분야별로 살펴봐도 마찬가지다. 10개 분야 모두에서 '도덕성'이 1위를 차지했다. 이러한 낮은 수준의 윤리의식으로 인해 분식회계, 협력업체에 우월적 지위 남용, 산업기술 유출, 고객정보 유출, 임직원 간 폭언·성폭력 및 '갑질' 사건이 잦은 상황이다. 윤리경영이 환골탈태하기 위해서는 경영자가 분명한 윤리적 철학으로 '윤리적 리더십'을 발현해 윤리적 조직문화를 구축해야 한다. 또한 정책적으로는 청탁금지법(일명 김영란법) 대상을 대기업 그리고 상장기업 임직원으로 확대하고, 공익신고자 보호 대상 법률 확대 및 정보공개·정책 투명성 강화가 필요하다.(연합뉴스, 2017).

토론

1) 김영란법의 의의와 효과에 대해 토론해 보자.
2) 요즘 이슈화되고 있는 갑질문화에 대해 토론해 보자.

3. 도덕성의 단계별 발전

콜버그(Kohlberg)의 도덕발달이론은 도덕성발달에 대한 가장 영향력 있는 이론 중 하나로 평가받고 있다. 그는 도덕적 사고를 전 생애에 걸쳐 노력을 통해 개발할 수 있다고 보았다. 도덕발달의 단계는 3수준(levels)으로 구성되어 있고 각 수준은 2단계로 세분화되지만 본 교재에서는 세분화 단계에 대한 설명은 생략하기로 한다.

1) 도덕적 수준 1 – 관습이전 도덕(前 도덕 단계)

처벌을 피하기 위해(어쩔 수 없이) 또는 보상을 받기 위해 규정을 준수하는 단계이다. 이 단계의 구성원은 불리한 결과를 회피하기 위해 리더의 권위에 순종하게 되는데, 이러한 도덕적 사고의 발달은 주로 어린아이에서 나타난다. 이 단계의 리더는 독재적이며 자신의 출세를 위해 지위를 이용한다.

2) 도덕적 수준 2 – 관습적 도덕

사회체제가 요구하는 의무를 수행하는 단계로 다른 사람의 기대에 따라 관습적으로 행동한다. 이 단계의 사회 구성원은(자발적으로) 사회의 규범을 준수하는데, 가족, 집단, 국가에 대한 기대를 지켜야 한다고 믿는다. 즉, 다른 사람들을 기쁘게 해주거나 다른 사람에게 자신이 착하다고 여겨지기를 원한다. 규범이 적절한 것인가와 자신에게 어떤 결과를 가져올 것인가는 그 후의 문제이다. 이러한 도덕적 사고의 발달은 청년과 어른들에서 나타난다.

3) 도덕적 수준 3 – 관습 후기 도덕

이 수준에서 구성원은 도덕적 가치, 원칙을 스스로 정의하고자 노력한다. 생명, 자유, 정의 등의 기본적 인권을 자신의 원칙으로 삼고, 이것을 사회의 규칙보다 우위에 둔다. 사회의 규범과 질서는 존중되어야 하지만 자신의 원칙에 어긋나면 규칙에 불복종하고 나아가 바꿀 수도 있다고 생각한다. 부당하다고 생각하는 법을 어기고 투쟁한 마틴 루터 킹 목사나 마하트마 간디와 같은 인물이 여기에 해당된다.

대부분의 성인들은 2단계에 도달해 있지만 일부 사람들은 아직 1단계에서 더 나아가지 못하고 있으며, 많은 성인들이 3단계에 도달할 능력을 가지고 있지만 대부분 2단계에 머물러 있는 실정이다.

4. 윤리적 리더십 향상방안

1) 5가지 리더십 원칙 구현

노스하우스(Northouse)가 제시한 윤리적 리더십 개발을 위한 기본 원칙을 소개하면 다음과 같다.

(1) 타인에 대한 존중의 원칙

칸트는 타인을 존경심을 가지고 대하는 것은 인간의 도덕적 의무라고 주장하였다. 타인을 존중하는 리더는 부하들의 말을 수용적으로 경청하고 공감을 나타내며 반대의 견해도 관대하게 받아들인다. 요약하면 타인을 존중하는 리더는 부하들을 종속이 아닌 인격체적인 한 인간으로 대한다.

(2) 타인에 대한 봉사의 원칙

엘른 테너는 "봉사는 내가 지구상에 사는 특권에 대해 지불해야 하는 일종의 세금이다."라고 말하였다. 윤리적 리더는 다른 사람의 필요에 유의하고 그들을 보호하며 그들의 복지와 이익에 도움이 되는 방향으로 행동한다. 또한 기업은 봉사를 통해 구성원의 업무향상을 기하고 정신적인 지지를 통하여 조직 구성원의 집중도를 높여 경영효율을 극대화할 수 있다.

(3) 공정성의 원칙

구성원들에게 지원을 제공하거나 보상이나 징계를 할 때 리더들은 주요한 역할을 한다. 자원의 희소성으로 보상, 배분 시 갈등 발생 가능성이 높은 만큼 리더는 부하들을 평등하게 대하는 것을 최우선 과제로 삼아야 한다.

일반적으로 특별한 상황요건을 제외하고는 조직에 있어서 누구도 특별한 대우를 받거나 특별한 배려를 받아서는 안 된다.

(4) 정직성의 원칙

정직은 다른 사람들에게 마음을 열고 진실을 있는 그대로 표현하는 것을 말한다. 리더가 정직하지 않으면 부하들은 더 이상 리더를 신뢰하지 않으며 리더에 대한 존경심도 사라지게 된다. 그렇게 되면 결국 리더의 영향력도 함께 사라지게 된다.

(5) 공동체 구축의 원칙

윤리적 리더는 공동의 선이나 공동의 이익에 목표를 두어야 하며, 이러한 공동목표는 리더와 부하들 간에 그 집단이 나아가야 할 방향에 대해 동의가 이루어져야함을 요구한다. 따라서 리더는 그 자신과 부하들의 목표를 동시에 고려하면서 그에 맞는 공동목표를 향해 나아가야 하며 이에 맞는 공동체를 구축하여야 한다.

2) 윤리적 리더십 향상을 위한 제도 구축

최근 우리 사회는 기업에게 윤리경영의 중요성을 강조하고 있으며 기업에서도 윤리경영 여부가 자신의 존립 여부까지도 좌우할 수 있다는 위기감을 인식하고 있다. 그러나 윤리경영을 실천하는 것은 생각만큼 쉽지 않다. 조직 구성원들을 윤리적으로 무장시키기 위해서는 다음과 같은 제도적 장치가 필요하다.

(1) 윤리헌장 제정

윤리헌장이란 조직에서 구성원이 지켜야 할 윤리규범을 공식적으로 문서화하는 것을 말한다. 이는 자신의 행위가 도덕적인지 비도덕적인지 판단이 서지 않을 때 판단의 기준이 될 수 있으며, 동료나 관계자들로부터 비도덕적인 행위를 강요받을 때 그것을 피할 수 있는 근거가 된다. 윤리헌장이 아무리 잘 제정되어 있다고 해도 구성원들이 제대로 인식하지 않고 있다면 소용이 없다. 모든 근로자들이 윤리규정을 인지하도록 윤리교육을 꾸준히 실시해야 한다. 또한, 윤리헌장에는 윤리위반자에 대한 체계적이고 구체적인 처벌규정을 포함하여야 한다. 윤리헌장은 기업과 공무원 조직에서 가장 많이 활용되고 있다.

① **기업윤리헌장** : 임직원은 물론 고객, 주주, 지역사회 등까지 기업의 윤리적 관계설정을 규정한 것이다. 일반적으로 기업윤리헌장에는 기업윤리가 임직원이 반드시 지켜야 하는 의무를 포함하고 있으며, 기업의 존폐에 중요한 요소라고 인식하여 대부분의 기업이 기반가치로 삼고 있다.

② **공무원윤리헌장** : 1980년 12월 29일 대통령훈령 제44호로 선포되었다. 이전의 '공무원의 신조'를 확대 · 발전시킨 것으로, 국가에 대한 헌신과 충성, 국민에 대한 정직과 봉사, 직무에 대한 창의와 책임, 직장에서의 경애와 신의, 생활에서의 청렴과 질서 등을 주요 덕목으로 채택하였다.

(2) 윤리경영시스템 구축

리더는 조직에 적합한 윤리경영시스템을 설계하고 이를 적극적으로 활용하여야 한다. 윤리경영 전담부서를 설치하고 윤리위원회를 운영하면 비도덕적 문제를 사전에 예방하고 문제발생 시 체계적으로 대응할 수 있다. 이때 위원회 구성은 보다 높은 객관성 확보를 위해 내부인력 외에 외부 전문인력도 포함시켜야 한다. 비윤리적인 행동을 쉽게 색출하기 위해 윤리감사를 실시하고 내부신고장치도 만들어야 한다. 또 도덕성 평가항목을 인사 평가항목에 포함시키고 윤리적인 행동사례를 찾아내어 보상하는 체계도 갖추어야 한다.

(3) 윤리경영을 조직문화로 정착

윤리경영이 일시적인 구호로만 그쳐서는 안 된다. 조직문화로 정착, 즉 모든 조직 구성원들의 몸과 마음속 깊이 스며들게 해야 한다. 그렇게 하기 위해서는 구성원들이 기업의 윤리적인 활동에 스스로 참여하고, 자유롭게 커뮤니케이션할 수 있는 풍토를 조성해야 한다. 또한 불이익이 우려되어 상급자와 다른 의견을 내는 것은 쉽지 않으므로 다양한 반대의견을 체계적으로 수용하는 체계도 구축해야 한다.

(4) 정부, 학계 등 사회적 차원의 관심 제고

정부 차원에서 기업의 윤리경영 정도를 평가하는 제도를 만들어 우수기업에게는 인센티브를, 비윤리적인 기업에게는 페널티를 주어야 한다. 학계에서도 기업윤리에 대한 지속적인 관심과 투자가 필요하다. 대학에서는 물론 고등학교에서부터 관련 과목 개설을 통해 윤리교육을 강화해야 한다. 윤리적 기업은 사회가 만드는 것이다. 소비자가 윤리적 기업을 선호하고 비윤리적인 기업은 철저히 외면하는 시스템이 정착되면 기업윤리수준은 빠르게 향상될 것이다.

토론

"마키아벨리의 군주론과 맹자의 왕도정치론"을 "서번트 리더십과 윤리적 리더십"에 연관시켜 토론해 보자.

사례 이튼 칼리지(Eton College)의 노블리스 오블리주

이튼 칼리지와 로고

세계 최고의 중등교육기관하면 떠오르는 곳이 영국의 이튼 칼리지이다. 이튼 칼리지는 영국 등의 왕실과 가족, 정부 고위관료의 자녀들이 입학하는 귀족학교로 이름이 높다. 그럼에도 이튼은 서민들에게도 사랑받는 영국의 대표 학교이다. 서민들까지 이튼을 자랑스러워하는 이유는 이튼 출신들은 나라가 위기에 처해 있을 때 앞다투어 최전방에서의 복무를 지원했기 때문이다. 이 학교의 출신들, 즉 귀족들의 자제들이 전투에 앞장서자 서민 출신 군인들도 목숨을 아끼지 않고 용감하게 싸워 수많은 전투에서 승리할 수 있었다. 제1, 2차 세계대전 중에 이 학교 출신 2,000여 명이 사망하였고 영국 최고 무공훈장인 빅토리아 십자 훈장을 받은 학생도 38명이나 된다. 특히, 제2차 세계대전 동안 졸업생의 40% 정도가 장교로 참전하여 전사했다는 사실은 너무나 잘 알려진 사실이다.

사례 **기업가 라탄 타타**(1937. 12. 28 ~)

1. 기업 개요

1901년 타타그룹은 인도 최초로 대규모 제철소를 지었으며, 1932년 타타 항공을 세웠다. 1950년대 말 타타그룹은 인도 최대의 기업집단이 되었으며 1971년에는 가족계획재단을 설립하였다. 2004년 타타그룹의 자동차 계열사인 타타모터스가 대우자동차 상용차 부문을 인수한 뒤 '타타대우상용차'를 공식 출범시켰다. 2006년 500만 톤의 생산능력을 가진 타타스틸이 4배에 달하는 합병 철강회사(영국, 네덜란드)를 인수하면서 세계의 이목을 집중시켰다. 2008년 과거 식민지였던 영국으로부터 영국의 자존심으로 불리는 재규어, 랜드로버를 사들였다. 타타는 1991년 민간인에게 수여되는 인도 최고의 상인 바라트 라트나(Bharat Ratna)를 수상하였다. 2016년 연간 매출액은 1,040억 달러(122조)에 이른다. 참여 분야는 정보기술에서부터 니트웨어에 이르기까지 100여 개의 기업이 25개 이상의 산업에 걸쳐 있다. 타타의 브랜드 가치는 무려 10조 원이 넘는다(네이버 지식백과).

2. 라탄 타타의 윤리적 리더십

타타는 '사회에 좋은 일을 많이 하는 기업이 지속성장도 가능하다'는 사실을 보여주는 21세기형 성공 롤모델로서 세계를 가슴에 품는 윤리적 기업인으로 존경을 받고 있다.

1) 기업의 사회적 책임 구현

타타가 우리 재벌들과 다른 것은 국민들의 지탄을 받지 않고 존경과 사랑을 한몸에 받는다는 점이다. 그 이유는 '사회로부터 받은 것은 사회로 환원한다'는 창업주의 철학 아래 직원과 협력업체, 고객, 국가, 사회를 위해 최선을 다한다는 것이다. 타타는 철강과 수력발전 등 국가 기간산업 육성에 혁혁한 공을 세운 것은 물론 직원 복리후생, 빈민구제사업, 협력업체와 상생, 인재양성, 이익금의 사회환원 등 기업의 사회적 책임에서도 선구자적 역할을 하고 있다. 이 회사의 소유구조는 독특하다. 자산의 3분의 2(66%)를 타타가문이 출자한 자선단체가 가지고 있다. 타타가 돈을 많이 벌면 벌수록 이익금이 자선단체, 즉 국민에게 돌아가는 셈이다. 타타는 정치권이나 언론, 법조계 등 힘이 있는 세력과 유착하지 않으며, '검은 돈'과는 상종도 하지 않는다.

2) 정직, 신의 경영

2002년 인도를 뒤흔든 회계부정 사건이 터졌다. 진원지는 타타그룹의 금융 자회사인 타타 파이낸스였다. 사건의 시작은 내부 고발이었다. 자체적으로 내부 감사를 진행한 결과, 타타 파이낸스에서 내부자 거래와 분식회계 등 일부 비정상적 행위를 발견했다. 어떻게 할 것인가? 사정 당국에 고발할 것인가, 아니면 덮을 것인가? 타타그룹은 전혀 망설이지 않았다. 당국에 즉각 고발하기로 결정했다. 사정 당국에 고발하자 타타 파이낸스 사장이 구속되고, 타타 파이낸스는 파산했다. 이에 대한 손실 및 손해 배상 등으로 1,750억 원을 과감히 지출하고 머리 숙여 용서를 구하는 용기 있는 모습으로 국민에게 다가섰다.

3) 종업원에 대한 헌신

2008년 11월 26일 인도 뭄바이에 있는 유명한 타지마할호텔에 최악의 테러가 발생했다. 안타깝게도 이 과정에서 12명의 호텔 직원이 희생됐다. 희생된 직원들에 대한 모회사인 보상은 인도 1인당 국민소득이 1,000달러임을 보면 상상할 수 없이 파격적이었다.

- 사망시점에서 은퇴까지 평생급여 일괄지급
- 유자녀들에게 평생학비(대학원 + 해외유학비까지) 일체 제공
- 유자녀와 부양자들까지 평생 의료비 지원
- 액수와 상관없이 사망 직원이 남긴 부채 탕감
- 사망 직원에게 직급 및 재직기준에 따른 위로금(9,000만~2억 1,250만 원) 지급

라탄 회장은 전혀 망설임 없이 12명의 사망자 가족 집과 70여 명의 부상자 집을 일일이 직접 방문하여 애절한 마음으로 머리 숙여 진심으로 위로하고 조문했다. 타타그룹 전 직원은 라탄 회장의 이 모습을 보고 감동의 눈물을 흘렸고 회사에 대한 고마움과 자긍심으로 뭉쳐 회사에 평생 헌신한다는 다짐을 스스로 공헌하고 발표하였다.

출처 : 오화석(2013). 100년 기업의 힘 타타에게 배워라. 매일경제신문사 외

Chapter 7

감성 리더십과 코칭 리더십

감성 리더십과 코칭 리더십은 리더 중심이라기보다는 구성원에 더 큰 비중을 둔다는 공통점을 가지고 있다. 한편, 감성 리더십은 구성원들에게 이성 대신 감성적인 영향력을, 코칭 리더십은 직접적인 지도 대신 스스로 문제를 해결하도록 간접적인 지도를 한다.

| 1절 | 감성 리더십

| 2절 | 코칭 리더십

"이성이 인간을 만들어 낸다고 하면
감성은 인간을 이끌어 간다."

– 루소

"자기 자신은 머리로 다스리고
다른 이들은 가슴으로 대하라."

– 엘리너

1절 감성 리더십

1. 감성지능

1) 감성과 이성의 개념

(1) 이성(理性)

감성에 대비되는 개념으로 현상을 넘어 '사물의 이치를 논리적으로 생각하고 판단하는 능력'을 말하며 인간만이 지니고 있는 고차적 특징이다.

(2) 감성(感性)

이성과 대립되는 개념으로 자극에 의해 느낌이 일어나는 능력으로 감수성이라 불리기도 한다. 인간의 전신적 감각에 의해 유발되는 '정서'와 밀접한 관계를 갖는다.

이 성	감 성
• 논리적이고 차가운 느낌	• 비논리적이고 따뜻한 느낌
• 오랜 시간에 걸쳐 굳어진 것 ⟶ 변화가 어려움	• 오감으로 느껴지는 감각에 반응하여 나타나는 현상 ⟶ 같은 자극이라 할지라도 순간순간 변함
• 본능적 행동이 감성적으로 치우치지 않게 조절하는 기능	• 본능적 행위가 활발하게 자극하는 기능

[그림 7-1] 이성과 감성의 차이

2) IQ(지능지수)와 EQ(감성지수)

종전에는 교육의 주된 목적이 이성과 밀접한 관계를 가지고 있는 IQ(IntelligenceQuotient)의 발달에 있었다. 그리하여 IQ가 높으면 인간의 삶의 질을 높여주며 인생을 성공적이고 행복하게 살게 될 것으로 인식해 온 것이다. 그러나 심리학이 발달하면서 인간을 행복하게 하고 성공하게 하는 것은 지능이 아니라 감성인 것을 알게 되었다. 즉, 감성지능(EQ : Emotional Intelligence Quotient)이라는 개념이 등장하면서 인간의 능력에 대한 새로운 관점을 제공하고 있다. 감성지능은 '개인이 자신의 감성에 대한 실체와 원인을 인식하고, 타인의 감성을 이해하고 공감하며, 상황에 적합한 감성으로 조절하여, 문제해결과 성과달성을 위해 조절된 감성을 행동으로 표출하고 활용하는 능력'이라고 정의한다. 미국 하버드대 심리학과 교수인 다니엘 골먼(Daniel Goleman)의 연구결과에 따르면, '성공한 사람들에게 있어 IQ의 역할은 20% 정도에 지나지 않았지만 EQ와 같은 기타 요소는 무려 80%를 좌우'했다고 한다. 즉, 특정인을 평가할 때 지능검사나 학력평가에 의해 측정된 지적 능력보다는 '인성'과 같은 감성능력이 더 유용함을 의미한다.

그런데 우리나라의 교육과 학부모들은 아직도 EQ를 기르는 일에 소홀하고 IQ

높이기에 열중하고 있다. 그래서 아이들의 인간성이 메마르게 되어 오히려 부모의 기대에 빗나가는 자녀들이 점점 늘어나고 있다. 학벌(IQ)만 내세우는 대한민국의 사회가 점점 더 EQ를 망가뜨리는 쪽으로 가고 있는 것이다. 학생들이 점수에 매달리는 IQ 교육에서 벗어나 인간성을 풍요롭게 하고 가슴이 따뜻한 사람으로 기르는 데에 집중하는 EQ 교육이 강화되어야 한다. IQ는 부모로부터 타고나는 것이기에 향상시키기 어려우나 EQ는 어떠한 사유로 망가졌다 할지라도 자신의 노력과 주위의 도움으로 고칠 수가 있다. 더욱이 아직 성장단계에 있는, 즉 의식이 고착화되어 있지 않은 청소년기에는 더 고칠 수 있는 가능성이 높아진다.

3) EQ가 높은 사람들의 10가지 특징

트래비스 브래드베리(Travis Bradberry)는 타임(Times)지에 자신의 EQ를 가늠해볼 수 있도록 'EQ가 높은 사람들의 10가지 특징'을 소개했다.

(1) 자신의 감정을 구체적으로 표현할 수 있다

EQ가 높은 사람은 감정을 정확히 이해하기 때문에 구체적인 단어로 자신의 감정을 표현한다. 다른 이들이 단지 "기분이 나쁘다."라고 표현할 때 EQ가 높은 사람은 "절망적이다.", "긴장된다.", "분노가 치밀어 오른다." 등의 다양한 표현을 사용한다. 사용하는 어휘가 구체적일수록, 자신의 감정을 더 잘 알고 있는 것이다.

(2) 주변 사람들에 대해 호기심이 많다

EQ가 높은 사람은 주변 사람들에 대해 호기심이 많다. 왜냐하면 EQ가 높은 사람들은 공감하는 능력이 뛰어난데, 공감은 그 사람에 대한 관심, 즉 호기심으로부터 시작되기 때문이다.

(3) 변화를 잘 받아들인다

EQ가 높은 사람은 사고가 유연하고 변화를 잘 받아들인다. 그들은 변화에 대한 두려움이야 말로 성공과 행복의 적임을 알고 있다. 그들은 항상 변화의 가능성을 주시하고 있다.

(4) 자신의 장점과 단점을 안다

EQ가 높은 사람은 자신이 무엇을 잘하고 무엇을 못하는지 알고 있다. 그들은 어떤 사람이, 어떤 환경이 자신을 성공으로 이끌 수 있는지 파악하고 있다. EQ가 높다는 것은 장점을 최대한 활용하고 단점은 보완하는 방법을 알고 있다는 뜻이다.

(5) 다른 이의 생각을 읽을 수 있다

EQ가 높은 사람은 눈치가 빠르다. 그들은 다른 사람의 마음을 읽을 줄 안다. 다른 사람이 지금 무슨 생각을 하고 있고, 앞으로 무슨 생각을 할지를 예측한다. 사람의 마음은 미스터리가 아니다. 깊이 숨겨진 마음이라도 충분히 짐작해볼 수 있다.

(6) 지나간 실수에 미련을 갖지 않는다

EQ가 높은 사람은 지나간 실수에 크게 연연하지 않는다. 실수를 잊는 대신 받아들이고 앞으로의 성공을 위한 초석으로 삼는다. 실수를 너무 오랜 시간 붙잡고 있으면 자존감이 떨어진다. 그렇다고 해서 실수를 빠르게 잊어버리면 같은 실수를 반복하게 된다. 그러니 실수에 연연하지도, 잊지도 말고 되새겨서 교훈으로 삼아야 한다.

(7) 까다로운 사람을 상대할 줄 안다

까다로운 사람을 상대하는 것은 상당히 피곤한 일이다. 그러나 EQ가 높은 사람은 까다로운 사람을 상대할 때에도 상처받지 않는다. 그들은 까다로운 사람을 대하기에 앞서 이성적으로 생각한다. 그들은 자신의 감정이 분노와 좌절 속에서 소용돌이치게 내버려두지 않는다.

(8) 완벽을 추구하지 않는다

EQ가 높은 사람은 완벽을 목표로 삼지 않는다. 인간은 완벽할 수 없음을 알고 있기 때문이다. 인간이 실수하는 것은 자연스러운 일이다. 완벽을 목표로 삼는다면, 당신은 자주 좌절감에 빠져 한탄하며 시간을 보낼 것이다. 이런 식으로는 실수를 극복하고 앞으로 나아갈 수 없다.

(9) 가진 것에 감사한다

감사하는 시간을 갖는 것은 마음을 바로잡고 스트레스를 줄이기 위해 반드시 필요한 일이다. 잠시 감사하는 것만으로도 스트레스 호르몬인 코르티솔의 분비가 줄어든다. 캘리포니아 주립대에서 진행한 실험에 의하면 감사하는 마음을 갖는 사람들은 그렇지 않은 사람들에 비해 원기 왕성했으며, 더 행복했고, 더 건강한 것으로 나타났다.

(10) 충분히 잔다

EQ를 높이고 스트레스를 조절하는 데 있어 수면의 중요성은 아무리 강조해도 부족함이 없다. 수면시간은 뇌가 기억을 되새기며 재충전하는 시간이다. EQ가 높은 사람은 잠이 부족하면 집중력, 절제력, 기억력 등이 떨어진다는 것을 알고 있다. 그들은 수면을 무엇보다도 중요하게 생각한다.

2. 감성 리더십

1) 감성 리더십의 정의

감성 리더십이란 '리더 스스로 자신의 내면을 파악하고, 구성원의 감성을 이해하며 배려함과 동시에 자연스럽게 조직 구성원들과 관계를 형성해 조직의 감성 역량을 높이는 능력'을 말한다.

2) 감성 리더십의 필요성

1항 2)에서 '청소년 교육 시 IQ 중심에서 EQ 중심으로 방향전환'을 강조한 바 있는데, 이러한 원칙은 조직의 리더십에도 그대로 적용되어야 한다. '1 + 1'의 결과에 대하여 이성적인 판단은 2이나, 감성적 판단은 1이 될 수도 5가 될 수도 있다. 오늘날 우리는 대인관계 시 논리적인 판단에 치중함으로써 상대의 마음을 붙잡지 못하는 오류를 범하기 쉽다. 사람은 냉혹한 머리(이성)보다 따뜻한 심장(감성)을 원하는 본능을 가지고 있기 때문이다. 우리 기업도 산업화를 거치며 오랜 세월 이성적 판단을 중시한 경영 기조를 유지해왔다. 권위적이고 상명하복이 분명한 조직문화 속에서 유연성과 창조성은 부족하고 스스로 알아서 즐겁게 일하는 사람보다 지시한 일을 매뉴얼대로 따르는 조직원들이 대부분이었다. 이제 고객의 마음을 사로잡는 것은 물론 조직관리에서도 직원의 마음을 사로잡는 감성경영이 필요하다. 조직 구성원의 성향이 다양해지고 가치관이 빠르게 변하면서 일상생활에서 직원들이 느끼는 감성을 이해하고 구성원과 긍정적인 관계를 유지하는 감성 리더십의 중요성이 확산되고 있기 때문이다.

3) 감성 리더십 구성요소

골먼(Goleman)이 그의 저서 《감성의 리더십(Primal Leadership)》(2002)에서 주장한 감성 리더십 구성요소를 살펴보면 크게 자신을 다스리는 능력인 '개인적 능력'과 관계를 다스리는 능력인 '사회적 능력'으로 구분할 수 있다. 다시, 개인적 능력은 자기를 인식하는 영역과 자신을 관리하는 영역으로 나눌 수 있으며, 사회적 능력은 사회를 인식하는 능력과 관계를 관리하는 능력으로 나눌 수 있다〈표 7-1〉.

(1) 자기인식능력

자기인식이란 자신의 감정, 능력, 한계, 가치, 목적에 대해 깊이 이해하는 것을 말한다. 이는 자기 자신을 객관적이고 냉철하게 평가하고 솔직해질 수 있는 능력이며, 자신의 감정뿐만 아니라 자신의 강점과 약점 그리고 자신의 가치와 목적에 대하여 깊이 있게 이해하는 것을 의미한다. 자기인식의 능력을 갖춘 리더는 자신의 가치, 목표, 꿈이 무엇인지 제대로 이해하고 있고, 공감대를 형성하는 데 필요한 확신과 진실함을 가지고 행동에 임한다.

(2) 자기관리능력

자기관리능력은 자신의 느낌을 이해하고 스스로 감정을 제어할 수 있는 능력이다. 이는 불안한 감정을 잠재우고, 확실하고 열정적인 감정을 유지할 수 있는 힘으로 리더가 목표를 성취하기 위해 갖추어야 하는 보다 구체화된 힘이다. 이러한 리더는 자신의 마음상태를 다스릴 수 있고, 자신의 실수와 오류를 솔직히 인정하며 다른 사람의 비도덕적 행위를 외면하지 않는다. 또한 아무리 힘든 상황에서도 공감을 불러일으키는 긍정적인 감정을 발산한다. 이러한 리더는 변화에 대한 적응력이 뛰어나고 쉽게 평정심을 잃지 않아, 구성원들이 리더를 믿고 따르게 하는 힘이 있다.

(3) 사회적 인식능력

타인에 대한 배려와 애정을 가지고 적극적으로 관심을 표현할 수 있는 능력이다. 이는 구성원의 감정을 알아차리고 상대방의 감정을 공감하는 능력이다. 즉, 구성원과 고객의 요구를 알아차리고 부응하는 능력을 말한다. 이러한 리더는 구성원들의 감정에 동조하며, 그 집단을 이끌어 갈 수 있는 공동의 가치관을 갖는다.

(4) 관계관리능력

관계관리는 리더십에 있어 설득, 갈등관리, 협동 등을 이루어 나갈 수 있는 능력이다. 이는 다양한 설득의 기술을 구사하여 설득력 있는 메시지를 전달하며, 원활한 커뮤니케이션을 통해 변화를 주도함을 의미한다. 또한 긍정적인 방향으로 에너지를 발산하고, 낙관적인 태도, 연민, 유대감을 불러일으켜 조직 구성원들이 협동할 수 있도록 이끌어 준다. 리더 자신이 구성원들이 요구하는 바를 스스로 직접 보여 주며 구성원들에게 공동의 사명을 제시할 줄도 안다.

〈표 7-1〉 골먼(2002)의 감성 리더십 차원

구분	개인적 능력(자신)	사회적 능력(타인)
인식	1. 자기인식능력 - 감성적 자기인식능력 - 정확한 자기평가능력 - 자기확신능력	3. 사회적 인식능력 - 감정이입능력 - 조직인식능력 - 서비스 능력
관리	2. 자기관리능력 - 감성적 자기통제능력 - 진실성, 적응력, 주도성 - 성취력, 낙천성	4. 관계관리능력 - 리더십, 영향력 - 호혜적 관계, 변화 촉진 - 갈등관리, 협력유도능력

2) 감성 리더십 구축 4단계

감성 리더십은 타고난 성품에 의해 좌우되는 것이 아니라 개발 가능한 리더십 역량이므로 지속적인 노력이 필요하다. 감성 리더십의 본질은 온화함과 같은 성품의 문제가 아니라 직원과의 관계 형성, 신뢰와 존중을 기본으로 하는 리더십 역량의 문제이다. 또한 감성 리더십은 일회성 이벤트가 아니라 단계별로 기반을 다지는 꾸준한 노력 끝에 비로소 결실을 얻을 수 있음을 명확히 인지해야 한다. 삼성경제연구소의 감성 리더십 관련 보고서에서는 감성 리더십을 [그림 7-1]과 같이 4단계로 분류하고 있다.

(1) 1단계 : 자기 통제(1 : 0의 관계) - 자신의 감정을 알고 이를 조절하라

리더 스스로가 자신의 감정상태를 정확하게 알고 통제하는 것이 감성 리더십 발휘의 전제조건이다. 리더의 사소한 언행과 감정표현이 직원들의 감정과 조직분위기에 막대한 영향을 미친다는 것을 인식해야 한다. 최고의 성과를 낸 CEO와 적자를 낸 CEO 그룹을 비교 분석한 결과, 적자를 낸 CEO들은 자신의 감정이 타인에게 미치는 영향력을 잘 인식하지 못하고 있음이 밝혀졌다. 어려운 상황에서도 긍정적인 태도와 기분을 유지하는 리더는 직원들과 공감대를 형성하고 조직의 안정을 유지하는 역량도 탁월하다. 리더가 스스로 감정을 통제하지 못하고 직원들에게 분노와 비난을 쏟아붓는 공포경영은 직원들을 방어적으로 만들어 조직성과에도 악영향을 미치게 된다.

(2) 2단계 : 조직 내 신뢰 구축(1 : 多의 관계) – 진심에서 우러나오는 신뢰와 존중을 표명하라

직원들을 진심으로 존중하고 대우하는 진정성을 표현함으로써 모든 조직 구성원과 신뢰관계를 구축해야 한다. 신뢰가 형성되지 않은 상태에서의 리더십 발휘는 효과가 반감되기 때문이다. 그러므로 직원들에 대한 신뢰와 존중을 경영철학으로 공표하고, 이를 실제 리더의 행동으로 가시화하는 것이 필요하다. 신뢰는 하루아침에 만들어지는 것이 아니므로 지속적인 커뮤니케이션을 통해 직원들과 질 높은 관계를 유지하는 것이 중요하다.

(3) 3단계 : 개별적 관심과 배려(1 : 1의 관계) – 맞춤형 배려로 감동을 선물하라

직원들과 1 : 1의 개별적 관계를 구축하고 개인적인 관심과 배려를 표현해야 한다. 리더의 개별적인 관심 표현을 통해 직원들은 조직 구성원 중 하나가 아닌 남과 다른 특별한 존재로 대우받는다는 소중한 느낌을 체험하기 때문이다.

(4) 4단계 : 긍정적 집단감성 형성(多 : 多의 관계) – 직원 간 우호적 관계를 구축하라

직원 간에 우호적인 관계를 맺도록 긍정적인 조직분위기를 조성한다. 조직 전체가 긍정적 감성을 갖고 긍정적 에너지를 발산하도록 하는 것이 감성 리더십의 완결이라고 할 수 있다. 긍정적 집단감성은 직원 간 불필요한 갈등을 줄이고 배려와 협업을 촉진하기 때문이다. 즉, 리더 혼자만 직원들의 감성을 이해하고 공감하는 것이 아니라 직원 상호 간에도 관심을 기울이고 배려를 할 수 있도록 독려해야 한다. 리더의 메시지뿐 아니라 제도와 교육과정을 통해 직원들이 상호 협력할 수 있도록 시스템적으로 뒷받침해야 한다.

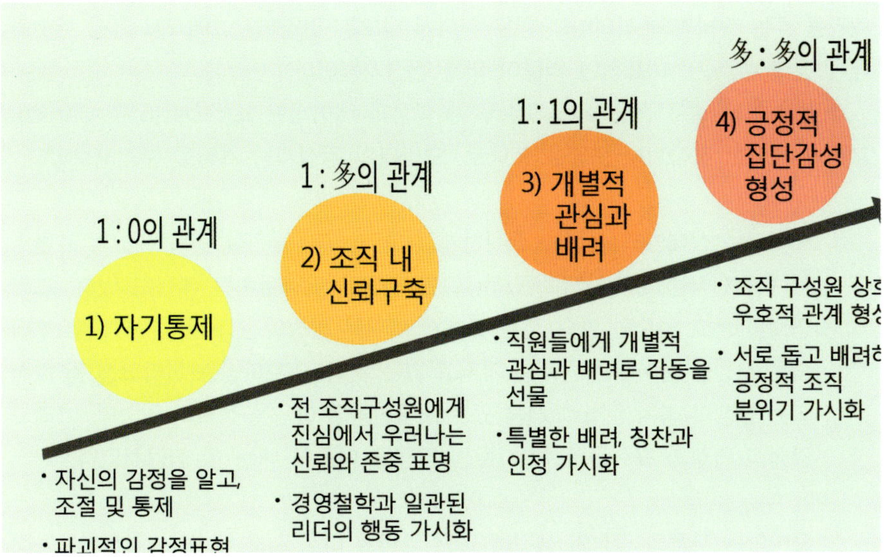

[그림 7-2] 감성 리더십 구축의 4단계

사례 **버락 오바마**(1961. 8. 4～)

I. 주요 경력

1961년 미국 하와이주의 호놀룰루에서 케냐 출신의 하와이대학 유학생인 흑인 아버지와 미국인 백인 어머니 사이에서 태어났다. 1988년 하버드대학교 로스쿨에 입학한 뒤 1991년 최고 권위의 로스쿨 학술지로 인정받는 《Harvard Law Review》의 첫 흑인 편집장이 되어 주목을 받았으며, 1996년 일리노이주 상원의원 선거에 출마하여 당선됨으로써 정치에 입문하였고, 1998년 재선되었다. 2012년 민주당 대선 후보로 출마해 대통령에 당선되었고 이어 연임에 도전, 재선에 성공하여 8년간 대통령직을 수행하였다(네이버 지식백과).

2. 오바마의 감성 리더십 사례

전 미국 대통령인 오바마를 좋아하는 사람들 중에는 이유도 뚜렷하지 않으면서 무작정 지지하는 사람들도 있다. 처음 보는 사람들조차 친근하게 느끼도록 하며 신뢰감을 주는 오바마의 리더십의 힘은 어디서 나오는 것일까? 그에게서 가장 뚜렷하게 발견할 수 있는 대표적인 역량이 바로 감성지능이다.

예일대 피터 살로베이(Peter Salovey) 학장과 데이비드 도우(David R. Caruso) 교수가 제시한 감성지능 모델을 토대로, 오바마의 감성지능 스킬을 분석해보았다.

① 오바마는 상대방의 감정을 정확하게 읽고 자신의 감정을 설득력 있게 표현하는 감정인식능력을 가지고 있다. 그는 사람을 끌어들이는 매력이 있다. 그의 연설을 듣고 있으면 가슴 깊은 곳에서 뜨거운 감정이 솟구친다. 사람들로부터 숨은 감정을 끌어내는 능력을 가지고 있는 것이다. 오바마는 이라크전 등 계속되는 전쟁과 경기 둔화로 지쳐 있는 미국인들의 마음을 정확히 읽었다. 그리고 감성적 연설과 표현을 통해 그들의 감정을 이끌어 내는 데 성공하였다.

② 오바마는 사람의 감정이 생각에 어떤 영향을 미칠 지를 잘 아는 감정활용능력도 가지고 있다. 오바마와 힐러리는 대중에게 다가가는 방법이 달랐다. 오바마가 "우리(WE)"를 강조했다면, 힐러리는 "나(I)"를 강조하였다. 힐러리가 "내가 하겠다."라고 말할 때, 오바마는 "우리가 같이 해보자"라는 공감대를 형성한 것이다. 사람들은 "대통령이 되고 싶은 것이 아니라 국가를 변화시키고 싶다"는 오바마를 자신과 동일시하면서 뜨거운 감정이 솟구쳤을 것이고, 이러한 감정은 오바마에 대한 이유 없는 무조건적 지지로 연결되었을 것이다.

③ 오바마는 감정이 어떻게 진행될지를 미리 예측하는 감정이해능력도 가지고 있다. 상원의원 시절, 미 일간지 〈시카고 트리뷴〉에 '버락 오바마 일리노이 주(州) 상원의원이 주 예산으로 선거 홍보물을 제작했다'는 비판적인 기사가 실린 적이 있었다. 이때 오바마는 직접 기자에게 전화를 걸어 맹렬히 항의했다. 하지만 기자가 자신의 의견을 논리적으로 이야기하자, 곧 '당신 말에 일리가 있다'며 감정을 자제하였다. 대부분의 사람들은 자신에게 피해가 간다고 생각하면 감정이 격해지기 마련이고, 상대방을 인정사정없이 몰아붙이게 된다. 이

런 상황이 계속될 경우, 상대방 기자는 어떤 감정을 갖게 될까? 처음에 오바마의 전화를 받았을 때는 다소 당황할 것이고, 시간이 가면서 자신이 왜 비난을 받아야 되는지에 대해 짜증이 나게 되며, 결국 분노가 치밀 것이다. 이후 기자는 오바마의 영원한 안티가 될 것이 분명하다.

④ 감정관리능력에 있어서 특히 오바마는 탁월하다. 오바마는 흥분된 감정을 드러내지 않는 것으로 유명하다. 그의 측근들은 4년 동안 오바마 후보와 함께 일하면서 고함을 지르는 것을 본 것이 단 두 번뿐이라고 말한 바 있다. 하루에도 몇 번씩 희비가 엇갈리는 정치판에서 감정을 효과적으로 관리하고 조절하는 일은 결코 쉽지 않다. 화 등 부정적인 감정을 효과적으로 다루기 위해서는, 먼저 자신의 감정을 잘 읽고 그 감정이 왜 발생했는지 원인을 살피며, 어떤 자세와 행동이 처한 상황에 적절할지를 판단하는 것이 우선되어야 한다.

출처 : 경총 경영계 78호(2008)

"상사가 아무리 면밀하고 논리적인 계획을 제시하더라도 직원에게 그것은 그저 명령일 뿐이다. 하지만 직원이 그 아이디어의 시작 단계에서부터 기여할 수 있도록 하면, 같은 아이디어라도 이제는 그 직원의 '개인적 사명'이 되는 것이다."

– 메리 케이 애쉬 회장

2절 코칭 리더십

1. 코칭 개요

1) 코칭과 코치

(1) 코칭

코칭(coaching)은 인재 개발 기법의 하나로서, 개인이 지닌 능력을 최대한 발휘하여 목표를 이룰 수 있도록 돕는 일을 가리키는 말이다. '코칭(coaching)'이라는 용어는 커다란 사륜마차를 가리키는 '코치(coach)'로부터 비롯된 것으로, 사람을 목적지까지 운반한다는 의미에서 목표점에 다다를 수 있도록 인도한다는 의미로 변화하였다. 1971년, 하버드대학의 테니스부 주장이었던 갤웨이(Gallwey W. T)는 사람들에게 테니스를 가르치면서 기술적인 방법을 가르치기보다는 그들 안에 잠재되어 있는 잠재능력에 의식을 집중시키는 방법을 사용하면 쉽고 재미있게 배운다는 것을 발견했다. 리더가 주도하는 것이 아니라 사람들이 스스로 해결책을 도출하도록 하는 데 초점을 맞출 때 더 큰 효과를 볼 수 있음을 알게 된 것이다.

(2) 코치

코치(coach)는 '코칭을 하는 사람'으로 개개인의 특성에 맞게 그들의 필요에 접근해가는 방법에 숙련된 전문가를 말한다. 축구에서 감독의 영어표현은 헤드 코치(head coach), 코치의 영어표현은 어시스턴트 코치(assistant coach)이다. 여기서 실질적인 책임을 지고 전체를 지휘하고 관리하는 진정한 코치는 헤드 코치이다. 어시스턴트 코치는 운동경기 정신과 기술을 선수들에게 지도하고 훈련을 시키는 트레이너일 뿐이다. 어시스턴트 코치는 선수들과 동고동락할 정도로 같은 호흡으로 생활하고 훈련에 전념한다. 하지만 헤드 코치는 선수들에게 직접적인 지도를 하는 대신 잠재적인 능력을 끌어내도록 하고 조언을 하는 등 선수들이 스스로 해결책을 도출하도록 하는 데 초점을 두어야 하다. 진정한 코칭을 해야 한다는 뜻이다. 코치의 역할은 다음과 같다.

- 고객이 달성하려고 하는 목적을 명확하게 하고 협력한다.
- 고객의 자기 발견을 촉진한다.
- 고객 스스로 해결책과 전략을 만들 수 있도록 이끌어간다.
- 고객 자신의 선택과 행동에 스스로 책임을 갖게 한다.

2) 유사용어와의 차이

(1) 컨설팅과의 차이점

컨설팅(consulting)은 컨설턴트가 문제를 조사하고 해결책을 제시하는 경우가 많으나 코칭은 그보다는 고객 스스로 문제를 탐색하고 해결책을 찾게 한다. 즉, 컨설팅에 있어서 문제해결자는 컨설턴트이지만, 코칭에 있어서 문제해결자는 당면 문제를 가지고 있는 본인이다. 그러므로 컨설팅의 성패는 컨설턴트의 능력에 크게 의존하는 반면, 코칭의 성패는 코치 못지않게 피코칭인의 의지와 능력이 더 중요하다.

(2) 상담과의 차이점

상담(counseling)은 내담자의 정서적인 고통을 해결하는 경우가 많다. 코칭은 정서적인 문제보다는 행동적인 변화에 더 많은 비중을 두며, 업무 성과, 진로계획 등 일상생활의 다양한 주제를 다룬다. 또한 상담과는 달리 심리적 고통을 해결하기보다는 목표를 달성하려는 목적을 가지는 경우가 많다.

(3) 멘토링과의 차이점

멘토링(mentoring) 관계에서 멘토는 해당 분야의 전문가이고 선배인 경우가 많으며 멘토는 멘티에게 정보나 조언 등을 많이 전달한다. 반면, 코칭관계에서는 코치가 반드시 해당 분야의 전문가일 필요는 없다. 코치는 고객이 자신의 자원을 사용해서 스스로 해결책을 찾도록 적절한 경청과 질문을 사용한다. 멘토(mentor)는 멘티(mentee)의 상위 개념이지만 코치는 피코치인과 서로 동등한 관계를 가진다는 특징이 있다.

2. 코칭 리더십의 개념

코칭에 대한 학계의 통일된 정의는 없지만 조직 차원에서의 코칭 리더십이란 '코치와 피코치인과의 신뢰 속에서 그들의 숨은 잠재력을 개발, 향상시키고, 자신의 임무를 스스로 완수, 해결할 수 있도록 능력을 키워주는 과정으로, 구성원들에게 무엇인가를 가르치는 대신 구성원 스스로 무언가 배울 수 있는 능력을 열어주는 것에 초점을 맞춤으로써 뛰어난 결과의 성취를 가능하게 해주는 행위'라 정의할 수 있다. 코칭을 제대로 갖추기 위해서는 먼저 지시 위주의 수직적 리더십을 탈피해야 된다. 코칭 리더십의 대가인 휘트모어(Whitmore)는 "상위자가 하급자에게 명령하는 리더십은 전 세계적으로 쇠락의 길을 걷고 있다. 독재사회에서 민주화를 요구하는 시위가 빈번하게 발생하고 수직관계를 선호하는 지도자에 대한 선호도가 하락하는 것은 새로운 리더십을 원하는 방증"이라고 코칭 리더십의 중요성을 강조했다.

3. 코칭 리더십의 발전

갤웨이가 테니스를 가르치면서 생성된 코칭이란 용어는 1980년 초 레너드(Thomas J. Leonard)가 경영 측면에 최초로 적용하면서 발전의 도약을 마련했다. 재무 플래너였던 레너드는 재무컨설팅을 하면서 아무 부족함 없는 사람들도 도움을 필요로 하며 파트너와 대화를 나눔으로써 현재보다 더 나은 미래를 계획할 수 있다는 것을 깨닫게 되었고, 이후 여러 연구를 통해 재무뿐만 아니라 자녀에 대한 교육과 진로, 비즈니스에서의 고민사항 및 은퇴 후의 노후대책에 이르기까지 다양한 분야에서 코칭 효과를 볼 수 있음을 알게 되었다. 1980년대에 미국의 기업들이 불황을 탈출하기 위한 수단으로 코칭을 도입하기 시작하고, 1990년대에 일본이 코칭을 기업의 경영관리 및 인재육성에 도구/기술로 받아들이기 시작하면서 급속히 발전시켜 왔다. 국내에 코칭이 본격적으로 도입되기 시작한 것은 2000년대 초반으로 비즈니스 시장을 중심으로 점차 본격화되기 시작했다.

4. 코칭 리더십의 9가지 특징

여타의 리더십에 비해 코칭 리더십만이 갖는 리더십 특징은 무엇일까? 하버라이트너(Harberleither, 2002)가 제시한 코칭 리더십에 대한 9가지 특징을 소개한다.

1) 코칭은 객관적 데이터가 기반이 되어야 한다

어떠한 코칭과정이든 객관적인 사실에 바탕을 두어야 하며, 리더는 상황이나 사건을 객관적이고 실제적인 용어로 표현해야만 한다. 즉, 사실 중심으로 문제에 접근해야 한다.

2) 코칭은 조직 구성원의 행동변화를 통해 성과향상을 꾀한다

코칭은 계획했거나 하지 않았거나 구성원들의 태도변화를 추구한다. 코칭을 통해 얻어지는 능률향상은 구성원에게 개인적인 이득이 되며 조직의 성과향상에도 크게 기여할 것이다.

3) 인간관계에 초점을 맞춰야 한다

코칭은 신뢰를 전제로 하는 프로세스이므로 리더와 구성원 간의 인간관계는 무엇보다 신뢰를 바탕으로 이루어져야 한다. 즉, 신뢰를 전제로 상호 존중 및 유대감을 가졌을 때 보다 큰 효과를 얻을 수 있다.

4) 코칭은 그 과정을 서두르지 않는다

코칭은 당면한 문제를 구성원 스스로 해결하는 과정을 중시한다. 따라서 서로에게 여유를 가진 상태에서 구성원이 문제를 스스로 해결하고 능력을 발전시키는 형식으로 이루어져야 한다.

5) 코칭은 대화를 필요로 한다

리더의 일반적인 말, 선입견으로 구성원을 코칭하는 것이 아니라 피드백과 질문을 통해 최선안을 탐색하는 것이 코칭기술의 열쇠이다.

6) 코칭은 열린 마음이 필요하다

리더는 구성원의 가치를 인정하고 평가하며 열린 마음과 겸허한 자세로 구성원 개개인을 대하여야 할 것이다. 이는 친밀감을 높이고 개방적 분위기 유도에 좋은 밑거름이 된다.

7) 코칭은 겸허해야 한다

리더의 의견만을 고집하고 옳다고 생각하지 말고 구성원의 의견을 반영하고, 같이 비교 분석하는 자세가 필요하다.

8) 코칭은 조화와 균형을 요구한다

일도 중요하지만 개인의 삶도 중요하다. 코칭은 업무 성과와 인간관계가 균형을 잡는 것을 목표로 삼는다. 즉, 코칭은 훈련을 받는 구성원들이 일을 잘하도록 가정과 일에 균형을 이루게 하는 작업이다. 건설적인 피드백을 통해 자신의 부족한 부분을 보충함으로써 그 균형을 유지하도록 도와주는 것도 좋은 방법이 될 수 있다.

9) 코칭은 자기책임을 요구한다

코칭을 받는 사람은 수동적인 대상이 아닌 적극적인 참여자가 되어 조직의 목표달성을 위해 최선을 다해야 함은 물론이고, 설정된 목표를 이룩하는 과정에서 발생하는 문제에 대해 적극적으로 책임을 져야 한다.

5. 코칭 리더십에 필수적으로 포함되어야 할 내용

리더와 구성원 간의 커뮤니케이션에 의해 코칭이 이루어지고 있다는 점과 코칭 리더십이 조직성과를 향상시키게 하는 영향력이라는 점에서 코칭 리더십은 리더의 행동에 초점이 맞춰져 있다고 할 수 있다. 코칭프로세스상에서 리더가 발휘해야 할 핵심요인을 스토웰(Stowell, 1986)의 코칭 행동 중심으로 살펴보고자 한다.

1) 방향 제시(Direction)

코칭을 하는 사람은 상대방의 업무나 과제가 어떤 목적 및 목표를 향해 가야 하는지 방향을 설정하여야 한다. 이때 리더의 일방적인 목표 제시가 아니라 구성원 스스로 목표를 설정할 수 있도록 이끌어 주면서 방향을 명확히 제시해 주어야 한다.

2) 개발(Development)

개발은 구성원의 재능, 역량, 기술 등을 향상하여 더 높은 성과를 올릴 수 있도록 도와주는 것이다. 그러므로 조직의 장기적·단기적 성과를 위해서는 구성원의 잠재력을 개발하고 육성하기 위한 지속적인 지원을 아끼지 않아야 한다. 따라서 리더는 구성원에게 배우는 환경을 조성해주고, 정보나 자료를 제공해주어야 하며, 필요한 지식을 잘 가르쳐 주어야 한다.

3) 수행평가(Accountability)

코칭의 또 한 가지 중요한 부분은 구성원이 수행한 결과에 진지하고 공정하게 평가하고 건설적인 피드백을 통해 행동 실행과정 및 결과 그리고 개선점을 확인하고 구성원 스스로 마무리하도록 이끌어야 한다.

4) 관계(Relationship)

코칭은 상대방과 개방적이고 신뢰적인 인간관계를 맺어야 효과적이다. 구성원들을 인정하고 지속적인 관심을 표현하며, 잘 경청해주고 칭찬하며, 지지하고 격려함으로써 좋은 관계가 이루어지고 동기부여도 가능해진다고 할 수 있다.

6. 코칭 스킬

코칭을 제대로 수행하기 위해서는 어떤 기술이 필요할까? 피코치자의 발전과 변화를 통해 원하는 목적을 실현시킬 수 있는 방법을 찾기 위해, 즉 코칭을 원활하게 진행하기 위해서는 '코칭대화 기법들'과 이에 적합한 '코칭태도' 등의 코칭 스킬이 필요하다.

1) 적극적 경청 스킬 : 고객의 마음을 여는 단계

적극적 경청이란 고객의 말 내용은 물론, 그 내면에 깔려 있는 의도나 감정 측면에서도 그들의 입장에서 들어주는 것으로, 피코치자의 마음을 열기 위해 잘 듣는 데서 그치지 않고 적극적으로 반응까지 하는 것을 말한다. 적극적인 경청은 피코치자들의 호감을 살 수 있고, 그들이 코칭에 집중하도록 돕는다. 적극적 경청의 반응은 비언어적으로도 가능한데, 청취 자세, 적절한 끄덕임, 시선 맞추기 등이 있다.

2) 질문 스킬 : 고객의 생각을 여는 단계

코칭스킬 중에 가장 핵심적인 스킬을 하나만 꼽으라고 한다면 많은 사람들은 주저하지 않고 질문 스킬이라고 말한다. 왜냐하면 질문은 대화의 시작이며, 상대방을 대화의 장으로 초대해 참여시키는 지름길이기 때문이다. 더 나아가 질문(의문)은 이 세상 모든 지식 창출의 출발점이 된다. 우리가 알고 있는 만유인력의 법칙 발견은 "왜 사과가 떨어질까?"라는 질문에서 비롯되었다. 경청 스킬이 고객의 마음을 여는 과정이었다면, 질문 스킬은 피코치자의 생각을 여는 과정이다. 코칭은 '어떤 상황에든 해답은 피코치자에게 있다'를 전제로 하는데, 그 해답을 찾기 위해서 질문을 던짐으로써 고객 스스로 문제에 대해 생각하게 하고, 해결방법을 찾게 도와줄 수 있다.

3) 피드백 스킬 : 고객의 행동을 여는 단계

피드백의 사전적 의미는 '한쪽의 활동에 의한 영향을 다른 쪽이 받는 경우, 그 결과에 대한 반응을 원래 쪽으로 돌려주어 새로운 활동에 반영시키는 순환적 활동'을 의미한다. 피드백 스킬은 피코치자가 추구하는 목표에 대한 현재 수준을 본인에게 알려주어 부족한 점을 발전적인 방향으로 개선시키도록 유도하는 것이다. 즉, 피드백 스킬은 피코치자의 행동에 대해 긍정적이고 미래지향적인 반응을 함으로써 구체적인 동기를 부여하는 것으로 피코치자의 행동을 여는 스킬이다. 효과적인 피드백을 위해서는 무엇보다도 듣는 이로 하여금 자기를 존중하고 있다는 것을 느끼게 해야 한다.

(1) 긍정적 피드백

긍정적 피드백이란 피코치자의 자신감을 강화시켜주는 칭찬과 인정이다. 칭찬은 피코치자가 긍정적인 행동을 했을 때, 그 행동 및 행동의 영향에 대해 구체적으로 언급하며 신뢰와 감사를 표현하는 것이다.

《칭찬은 고래도 춤추게 한다》라는 책이 베스트셀러가 된 적이 있다. 이 책에서는 미국 플로리다 주의 해상 동물원에서 사납기로 유명한 범고래를 오직 칭찬과 긍정적인 강화만으로 훈련시키는 장면이 소개된다. 범고래 조련사는 상호 신뢰를 바탕으로 한 긍정적 기대와 칭찬이 범고래가 놀라운 재능을 펼치게 만드는 원동력이란 사실을 생생히 보여 준다. 처벌과 꾸중보다는 인정과 칭찬이 학습 효과를 증진시킨다는 사실은 심리학의 다양한 실험에서도 잘 나타나고 있다. 칭찬은 타인에게 동기를 부여하고 자신감을 갖게 하며 인간관계를 개선하는 최고의 수단이다. 칭찬을 위해서는 상대방의 장점에 집중해야 한다.

(2) 발전적 피드백

발전적 또는 건설적 피드백이란 피코치자에게 있어 발전이 필요한 부분을 구체적으로 언급하여 그가 액션플랜을 세우는 데 도움을 주는 피드백을 말한다. 피코치자의 자존심을 최대한 건들지 않는 것이 중요하므로 비난과는 다르다. 당연히 발전적 피드백에는 성장과 향상을 위한 방법이 제시되어야 한다.

4) 태도

경청하기, 질문하기, 피드백하기와 같이 듣고 말하는 커뮤니케이션 스킬도 중요하지만 그보다 중요한 것은 언어적으로나 비언어적으로나 고객을 대하는 태도라고 할 수 있다. 코치가 진정한 마음을 가지고, 피코치인을 지지하고, 기대하고 신뢰할 때, 프로세스에 기반한 코칭이 진행될 수 있고, 고객의 변화와 발전을 이끌 수 있다. 즉, 바람직한 태도 스킬은 모든 코칭 스킬이 효과적으로 활용될 수 있는 기반이 된다.

7. 코칭 프로세스 : GROW 모델

코칭 리더십을 제대로 수행하기 위해 코칭 스킬(기술)을 가지는 것도 중요하지만 적절하고도 기본적인 코칭 프로세스(절차)를 따르는 것 또한 중요하다. 코칭이 한 번의 세션으로 끝나든 수십 회 진행되든 각 세션은 구조화된 단계들로 구성되며 각 단계들은 목표설정에서부터 목표달성까지 체계적으로 진행되어야 한다. 휘트모어(Whitmore, J., 2002)는 저서 《행하게 하는 코칭》에서 코칭 대화 모델로 GROW를 소개하였다. 이 모델을 간단히 요약하면 '목표를 설정하고(Goal), 현재 나의 상태를 파악한 후에(Reality), 방법을 알고(Option), 의지를 가지고 실행하는 것(Will)'이다.

1) 1단계 – G–Goal(목표설정) : 당신은 무엇을 원하는가?

고객이 다루고 싶은 구체적인 주제, 즉 목표가 무엇인지 설정하는 단계이다. "당신이 이루고 싶은 것은 무엇입니까?", "우리가 대화를 끝마쳤을 때 어떤 성과를 얻고 싶습니까?" 등의 질문이 필요하다. 코칭을 통해 얻고자 하는 것을 구체적으로 정의하는 것은 피코치자가 코칭과정에 적극적으로 참여하도록 이끌어줄 뿐 아니라, 코칭에 대해 긍정적인 기대를 갖게 하며 무엇보다 정확한 방향을 설정해 준다.

2) 2단계 – R–Reality(현상확인) : 현재 상황은 어떠한가?

목표(주제)와 관련하여 목표와 관련된 피코치자의 현실을 구체적으로 알아보고 현재 점검해야 할 것은 무엇인가 파악하는 단계, 즉 '너 자신을 알라' 단계이다. "지금까지 이 문제에 대해 어떤 노력을 취했습니까?", "그 행동은 어떤 효과가 있었습니까?", "그 부분에 대해 좀 더 자세히 설명해주시겠습니까?"와 같은 질문을 던진다. 사람들은 문제에 대해 어떤 행동을 취했는지 질문을 받았을 때 자신이 생각만 하고 행동은 취하지 않았다는 사실을 깨닫게 된다. 이 과정을 통해 피코치자는 코칭 이슈를 둘러싼 현상들을 통찰하여 목표와 현실 간의 차이(gap)에 대해서도 인식할 수 있다.

3) 3단계 – O-Option(대안확인) : 당신은 어떤 것들을 할 수 있는가?

목표를 이루기 위해 시도 가능한 대안들은 어떤 것들이 있는지 찾아보는 단계이다. "목표를 이루기 위해(현실적인지 여부와 상관없이) 할 수 있는 일은 어떤 것이 있을까요?", "당신의 힘으로 변화시킬 수 있는 것은 무엇입니까?"라는 질문이 필요하다. 이 과정을 통해 피코치자는 합리적이고 현실적인 대안을 발견할 수 있으며 목표달성을 위한 보다 분명한 행동지침을 갖게 된다. 행동계획은 SMART(Specific : 구체적으로, Measurable : 측정 가능한, Achievable : 성취 가능한, Realistic : 현실적인, Time-limited : 목표 기한을 정하는) 원칙에 입각하여 세운다.

4) 4단계 – W-Will(실행의지) : 당신은 무엇을 실행하겠는가?

여러 대안들 중에서 꼭 실행하고자 하는 것을 결정하고 실행의지를 다지는 단계이다. 미래의 가능성에 초점을 맞추어 질문을 던지되, 코칭을 받는 사람이 특정 행동을 취해야 한다는 생각을 할 수 있도록 하는 데 초점을 맞춘다. "그중에서 가장 먼저 하고 싶은 일은 무엇인가요?", "당신은 그것을 언제 하려고 하는가?", "이 행동은 당신의 목표에 부합되는가?" 등의 질문을 던진다. 이 단계에서는 코칭 세션 전체를 점검(review)하는 작업도 필요한데, 코치가 아니라 피코치자가 하도록 해야 한다. 이때 피코치자의 지나친 의욕을 조절할 수 있어야 하고, 실행에 대한 지나친 부담을 주어서도 안 된다.

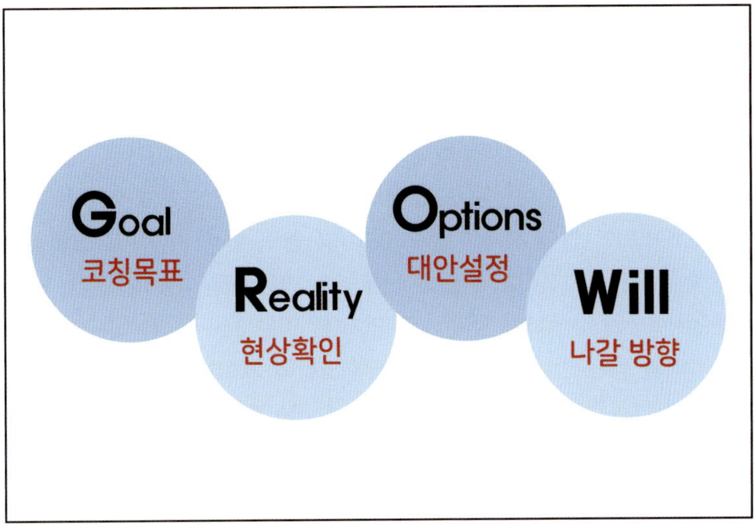

[그림 7-3] 존 휘트모어의 GROW 코칭 모델

사례 **닛산 자동차**

I. 닛산 자동차는 어떤 회사인가?

닛산 자동차는 1933년 요코하마에서 소형승용차 차량부속품의 생산업체로 출발한 일본의 자동차제조회사이다. 최근에는 우주항공과 산업기계 부문에도 진출하였다. 닛산은 제2차 세계대전이 끝나면서 공장 대부분을 연합군에게 점령당해 어려움에 빠졌으나 한국전쟁 중 군용트럭을 발주 받아 재기의 발판을 마련하였다. 이후 세계 각지에 직접 완성차공장을 짓는 확장형 경영을 펼치며 기술우위를 자부하였으나 판매 측면을 중시한 도요타에 실적에서 점점 뒤쳐졌다. 부채를 끌어다 쓴 닛산은 1990년대의 장기 불황 속에 연속되는 적자로 위기에 몰린 끝에 1999년 일본인의 자존심을 구기며 회사 지분의 37%가 프랑스의 르노사로 넘어가 '르노 얼라이언스'의 주축이 되었다. 그 뒤 신임회장 카를로스 곤(Carlos Ghosn)의 주도로 3년간 전체 직원의 15%인 2만 2,900명을 감원하는 충격적인 구조조정을 통해 기사회생에 성공하였다(네이버 지식백과).

2. 닛산의 코칭 리더십 사례

선진국에서는 기업과 정부 조직, 공공기관에서 코칭을 도입해 성공을 거두는 사례가 늘고 있다. 1999년 프랑스 자동차 기업 르노에서 닛산으로 파견된 새로운 최고경영자(CEO) 카를로스 곤은 자신을 CEO가 아닌 코치라고 선언하고 CEO로 취임한 지 단 1년 만에 6,800억 엔의 적자 기업을 3,311억 엔의 흑자 기업으로 탈바꿈시켰다. 과거의 닛산은 관료주의적이고 야합이 난무하는 병든 공룡이었다. 곤이 '닛산의 리바이벌 플랜(NRP)'을 수행하기 위해 가장 먼저 한 일은 35~45세의 중견 간부 600여 명을 골라 3개월 동안 한 사람씩 코칭하면서 닛산의 개혁을 이끌 인재를 만든 것이다. 곤은 "경영 혁신은 CEO 한 사람에 의해서 이루어지는 것이 아니다. 기업의 수많은 젊은 인재들을 혁신에 동참시키고 이들이 과감하게 제안할 수 있도록 권한과 책임을 부여해야 한다."고 역설했다. 이후 닛산은 코칭 스킬을 관리직의 중요 역량이라 여기고 중간관리자 2,500명에게 정기적으로 코칭 연수를 밟게 하는 등 상사와 사원 간 '1 대 1' 코칭을 실시했다. 회사의 모든 관리자들이 부하 직원의 잠재 능력을 이끌어 제대로 발휘하도록 지원하는 역량을 갖추도록 했고 닛산의 탁월한 성과 향상은 코칭의 결과를 뚜렷이 보여 주었다.

출처 : 한국경제매거진 595호(2007. 4). 글로벌 코칭도입사례

PART 3

리더십 관계구축

우리는 Part 2에서 고전적 리더십(3가지)과 8가지 현대적 리더십 이론을 살펴보았는데, 이러한 리더십의 구현은 그냥 되는 게 아니고 사람과 사람 간의 관계를 바탕으로 이루어진다. 즉, 진정한 리더십이 구현되기 위해서는 Part 3에서 설명될 동기부여, 의사소통과 갈등관리, 팀워크 향상 및 변화관리 등 구성원들 간의 관계구축이 선행되어야만 한다.

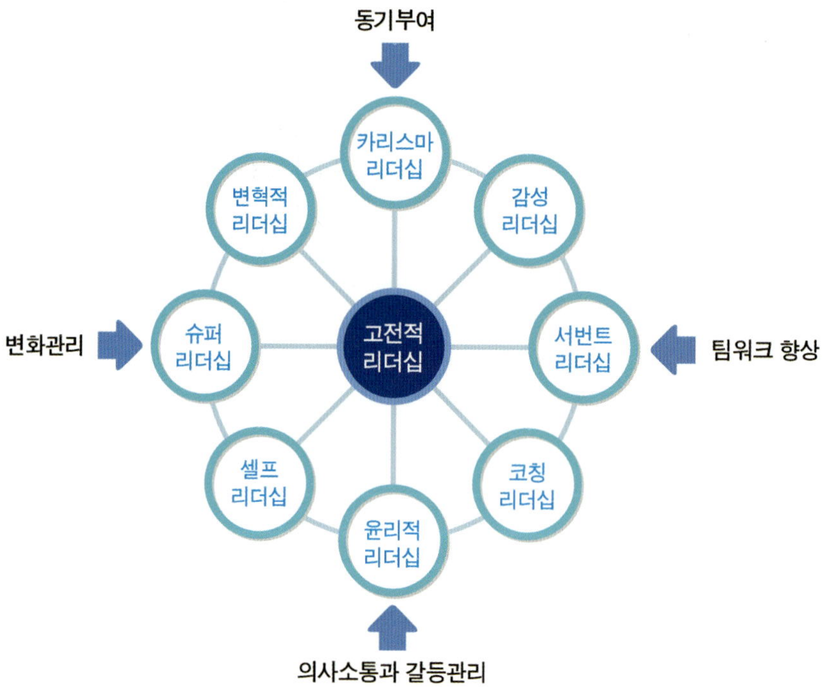

Chapter

8 동기부여

"훌륭한 지도자는 아랫사람들이 큰일을 할 수 있도록
동기를 부여하는 사람이다. 그리고 자기가 임무를 완성 했을 때,
백성들 입에서 '마침내 우리가 이 일을 해냈다.' 고
자랑스럽게 말할 수 있도록 하는 사람이다."

– 노자

1절 개요

1. 동기부여(모티베이션 : motivation) 정의

motive는 '움직이다'라는 뜻을 가진 라틴어 동사 movere로부터 나온 단어이며 동기(motive, 動機) 또는 동인(動因)이란 "행동을 일으키게 하는 내적(內的)인 직접요인(直接要因)"의 총칭이다. 동기부여(모티베이션 : motivation)는 '동기(motive, 動機)를 일으키게 하는 행위'로 여러 리더십 학자들에 의해 많은 정의가 내려지고 있지만 가장 보편적인 정의는 "어떤 목적을 달성하기 위하여 특정 방향으로 개인이 행동하도록 유도하는 노력"이며 "어떻게 하면 원하는 대로 사람을 움직일 수 있을까?"에 초점을 맞추고 있다. 좀 더 구체적으로 설명하면, "보수, 승진, 직무의 안정성, 노동조건, 직장의 인간관계 등에 관한 구성원들의 욕구를 만족시킴으로써 그들이 적극적이고 책임감 있게 일할 의욕을 일으키도록 하는 것"이라고 할 수 있다. 동기부여의 3대 요소를 표현하면 [그림 8-1]과 같다. 먼저 구성원을 자극하여 동기가 발생하도록 한 후 지향하는 목표를 향해 구체적인 행동을 취하도록 해야 하며 이러한 행동을 지속하도록 해야 한다. 동기가 유발되었으나 방향이 틀리거나 이를 행동으로 연결

시키지 못하면 의미가 상실될 것이며, 지속하지 못하고 일정시간이 지난 후 원위치된다면 애당초 동기부여를 하지 않음만 못할 것이다.

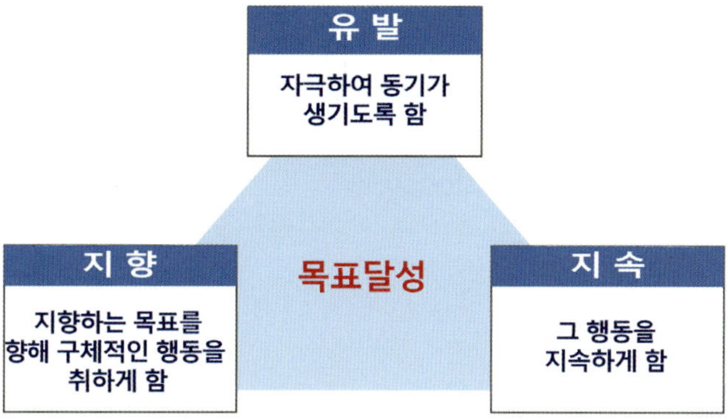

[그림 8-1] 동기부여의 3대 요소

한편, 경영자가 동기부여를 추진하는 이유는 다음과 같이 세분할 수 있다.

① 일을 안하려 하거나 태만한 사람을 열심히 하도록 하려는 경우(분발촉구)

② 구습에 얽매인 사람에게 새로운 것을 받아들이도록 하는 경우(변화수용)

③ 경쟁에서 전의를 불태우도록 유도하려는 경우(경쟁몰입)

2. 동기부여의 중요성

리더가 수행하는 많은 업무 중에 가장 중요한 일이 무엇일까? 그것은 두말할 것 없이 '사람관리'다. 리더는 조직운영을 책임진 사람이고, 조직은 곧 사람으로 구성되어 있기 때문이다. 리더는 한마디로 '구성원들을 동기 부여하고 육성하여 더 나은 성과를 내도록 하는 사람'이라고 할 수 있으므로 경영자(리더)에게 부여된 최대의 당면문제는 "부하직원으로 하여금 자발적인 노력을 통해 조직목표에 공헌할 수 있도록 동기부여하는 것"이다. 갤럽(Gallup)사의 설문조사 결과에 의하면 동기유발 수준과 성과수준은 상관관계가 큰 것으로 확인되었다. 직원들이 고도로 동기유발 되었을 때, "고객의 충성도는 70% 증가하고, 직원들의 이직률은 70% 하락하며, 이윤은 40% 상승"하는 것으로 알려졌다.

한편, 슐터메이스터(Schutermeister)는 아래의 공식을 통해 성과(performance)는 능력(ability)과 동기부여(motivation)의 곱이므로 아무리 능력이 좋아도 동기부여가 되지 않으면 성과를 거둘 수 없다고 주장하였다.

P = M * A

- P=performance(성과)
- M=motivation(동기부여)
- A=ability(능력)

또한, 하버드 대학의 제임스(W. James) 교수는 동기부여의 중요성에 대해 다음과 같이 주장했다.

"사람은 보통 일을 할 때 자기 능력의 약 20~30%만을 발휘하지만, 강력한 동기부여가 되었을 때에는 자기 능력의 80~90%를 발휘할 수 있다."

3. 동기부여의 순환과정

동기부여의 순환과정을 살펴보면 [그림 8-2]와 같다. 어떠한 욕구가 생기면 이를 충족시키기 위해 동기가 발생한다. 동기가 발생되면 목표를 달성하기 위한 행동을 하게 되며 이에 대한 결과로 성과가 나타나고 이에 대한 보상이 이루어진다. 일반적으로 조직은 끊임없이 발전해야 하므로 더 높은 욕구가 발생되고 이에 대한 동기가 부여되는 순환이 이루어진다.

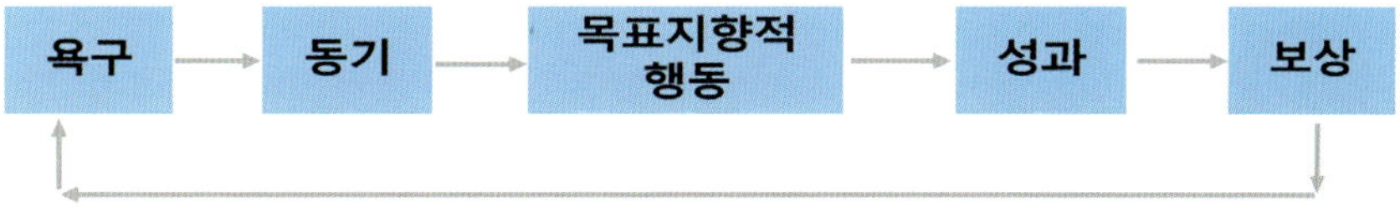

[그림 8-2] 동기부여과정

욕구에는 상급욕구와 하급욕구가 있다. "전통적인 관리"에서는 당근과 채찍이라는 외재적 하급욕구에 초점을 맞춰 동기유발을 한다. 이때 관리자는 통제를 통해 구성원을 관리하게 되며 구성원들은 적당한 노력을 통해 정해진 목표를 달성하는 데 안주한다. 반면, "리더십에 의한 관리"에서는 임파워먼트라는 내재적 상급욕구에 초점을 맞춰 동기유발을 한다. 이때 관리자는 구성원의 성장 및 자아실현에 비중을 두어 관리하게 되며 구성원들은 최선의 노력을 통해 목표를 초과 달성하는 데 주력한다.

동기부여이론들

동기부여이론은 내용이론(content theory)과 과정이론(process theory)으로 나뉘어 있다. 내용이론은 "무엇이 동기를 부여시키는가?", 즉 개인의 행위를 야기시키는 욕구를 확인하는 데 초점을 맞춘다. 반면, 과정이론은 "어떤 심리적 과정을 통해 동기부여를 시키는가?", 즉 인간의 동기부여가 어떠한 과정을 거쳐 이루어지는가를 초점으로 한 이론이다. 개인의 동기는 내용이론만으로는 충분히 설명될 수 없기 때문에 동기부여과정에서 발생하는 여러 변수와 변수 간의 연관성도 검토되어야 한다. 처음 이론화된 전자를 전통적 이론, 이후 보완 발전된 후자를 현대적 이론으로 분류하기도 한다.

2절 동기부여 내용이론

1. 욕구계층이론(A. Maslow)

1) 개요

가장 잘 알려진 동기부여이론은 바로 매슬로(Abraham Maslow)의 욕구단계이론으로 다음과 같이 5가지 욕구 단계로 구성된다[그림 8-3].

(1) 생리적 욕구

의식주(衣食住)에 대한 욕구(경제적인 욕구)와 성적인 욕구 등 삶 그 자체를 유지하기 위한 가장 기본적인 욕구를 말한다. 경제적 욕구로 인해 직장인들은 급여가 높고 쾌적한 근무환경에서 일하고 싶어 한다.

(2) 안전 욕구

생리적 욕구가 어느 정도 충족된 후 나타나는 욕구로서 정신적·육체적인 위협에서 자신을 보호하고 불안을 회피하려는 욕구이다. 이러한 욕구로 인해 사람들은 신체적으로 안전하게 근무할 수 있는 직장, 해고되지 않고 안정적으로 정년퇴임할 수 있는 직장을 원하게 된다.

(3) 사회적(애정·소속) 욕구

인간은 사회적 동물이므로 혼자서는 살 수 없다. 생리적 욕구와 안전욕구가 충족되면, 사회적 존재로서 가족, 친구, 직장 동료 등과 친교를 맺고, 그 집단에 귀속되며 그들로부터 사랑받고 싶어 하는 욕구를 갖게 된다.

(4) 존경 욕구

인간은 특정집단에 속하려는 욕구가 충족되기 시작하면 그가 속한 단순한 구성원 이상의 존재가 되고 싶어 한다. 존경 욕구는 내적인 욕구와 외적인 욕구로 나뉜다. 내적 존경 욕구는 자신의 자존을 성취하는 욕구로 자신감, 자기 가치감, 자기 효능감 등이 포함된다. 외적 존경 욕구는 타인으로부터 존경과 인정을 받고자 하는 것으로 인정, 명예, 지위, 존엄 등을 포함한다.

(5) 자아실현 욕구

인간의 자기완성에 대한 열망으로, 지속적인 자기발전을 통해 성장하고, 자신의 잠재력을 극대화하여 자신이 원하는 바를 성취하려는 욕구이다. 다른 욕구와 달리 욕구가 충족될수록 더욱 증대되는 경향을 보여 '성장 욕구'라고 하기도 한다.

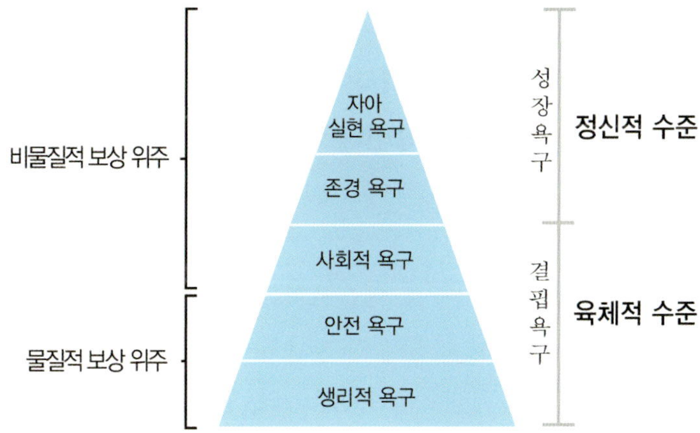

[그림 8-3] 욕구 5단계도

가장 먼저 요구되는 욕구는 다음 단계에서 달성하려는 욕구보다 강하며, 그 욕구가 충분히 만족되었을 때만 다음 단계로 전이되어 그 충족을 요구하게 된다. 즉, 각 단계는 다음 단계가 달성되기 이전에 충분히 만족되어야만 하며 그 욕구가 충족되면 다음 욕구가 가장 우선시되는 욕구가 된다. 개개인의 욕구 단계는 하나의 단계에서 다음으로 상위 이동이 나타난다. 생리적 · 안전의 욕구는 육체적인 것에,

사회적, 존경, 자기실현의 욕구는 정신적인 것에 초점이 맞추어진다. 낮은 단계의 욕구는 주로 물질적 보상으로 만족되는 반면, 높은 단계 욕구는 비물질적 보상으로 만족되어진다.

2) 욕구계층이론 활용 전략

부하를 동기부여하고 싶다면, 그 사람이 어느 단계의 욕구에 위치하고 있는지 파악한 후 보다 높은 단계의 욕구를 만족시키는 데 집중해야 한다.

2. ERG이론(c. p. Aldefer)

1) 개요

알더퍼(c. p. Aldefer)는 매슬로의 5단계 욕구는 실제 조직생활에 적용하기가 애매모호하다고 비판하면서 3단계로 축소한 간단한 이론을 제시하였다.

(1) E(존재 욕구 : Existence)

인간이 생존을 위해 필요한 욕구로 매슬로이론의 생리적 욕구와 안전의 욕구에 해당된다(예 : 급여, 물질적 욕구 등).

(2) R(관계 욕구 : Relatedness)

개인이 주변 사람들과 의미 있는 인간관계를 형성하고 싶은 욕구로 안전 욕구 일부, 사회적 욕구, 존경 욕구에 해당된다.

(3) G(성장 욕구 : Growth)

개인의 창조적 성장, 잠재력의 극대화 등과 관련된 욕구로 매슬로이론의 존경 욕구 일부와 자아실현 욕구에 해당한다.

2) 매슬로이론과의 차이점

① 욕구의 분류체계가 다섯 가지가 아니라 세 가지로 되어 있어 개념 자체가 훨씬 포괄적이다.

② 욕구 발전방향이 매슬로는 상향일변도였지만, ERG이론에서는 상향 또는 하향으로 쌍방향이다. 즉, ERG이론은 고차원 욕구가 충족되지 않으면 다시 하위 욕구가 나타난다고 보았다.

3) ERG 이론 활용전략

부하를 동기부여하고 싶다면, 그 사람이 부족한 욕구를 파악한 후 보다 이를 만족시키는 데 집중해야 하는데, 이때 가능한 한 하위 욕구부터 만족시키는 것이 좋다.

3. 2요인 이론

인간의 욕구 가운데는 동기요인과 위생요인의 두 가지가 있으며, 이 두 요인은 상호 독립되어 있다는 허즈버그(Frederick Herzberg)의 욕구이론을 말한다. 그는 본질적으로 서로 다른 이 두 가지 요인이 구성원의 행동양식에 상당한 영향을 미친다는 결론에 이르렀다. 이 이론도 매슬로의 이론을 바탕으로 연구되었는데, 매슬로의 연구가 이론적으로 탁월한 반면 허즈버그의 연구는 실증적으로 탁월하다 [그림 8-4].

1) 동기부여와 관련된 두 가지 요인

(1) 위생요인(hygiene factor)

임금, 직업 안전성, 작업조건, 회사정책과 방침, 대인관계 등에 대한 '불만족 여부'에 중점을 두는 요인으로 직무와 직접 관련이 없는 주변적 요인에서 오기 때문에 '외적 동기부여'라고도 부른다. 외적 요인 개선 시 불만족을 감소 또는 제거했다고 보지 만족을 가져다주었다고 보지는 않는다. 그래서 작업의 생산성을 더 이상 떨어지지 않게만 하는 요인이라는 의미로 위생요인이라고 부른다. 위생관리를 잘하면 질병에 걸리지는 않지만 건강해지지는 않는 개념으로 이해할 수 있다. 가령 작업장이 더워 에어컨을 설치했을 경우 만족이 증대되는 것이 아니라 불만족이 제거되었을 뿐이라고 본다.

(2) 동기요인(motivation factor)

일의 성취감, 인정감, 성장감, 보람 있는 직무, 승진 등에 대한 '만족 여부'에 중점을 두는 요인으로 직무와 직접 관련된 개인 내부에서 오기 때문에 '내적 동기부여'라고도 부른다. 이러한 '내적 요인'이 충족되면 업무에 만족을 느낀다. 이 요인들의 강도는 만족하느냐 만족하지 않으냐 하는 느낌에는 영향을 미치지만 불만족에는 영향을 미치지 않는다. 동기요인은 위생요인과 달리 욕구를 충족시킬수록 만족도는 증가하게 된다.

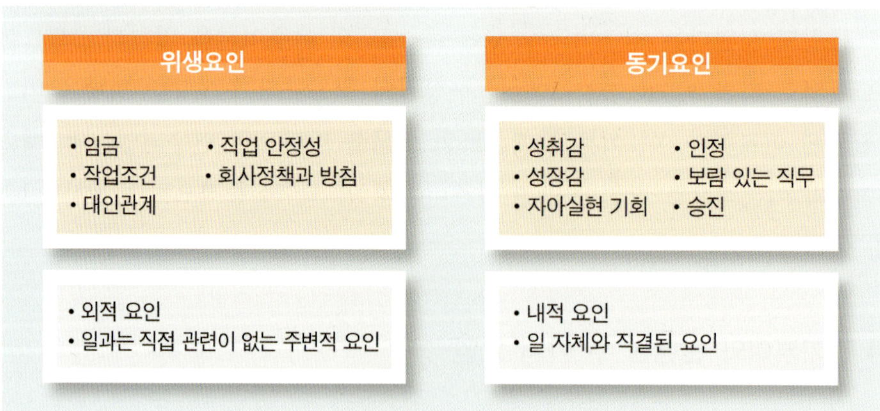

[그림 8-4] 동기부여와 관련된 2가지 요인

2) 전통적인 관점과의 차이

다른 동기부여이론은 동기요인, 즉 어느 정도 만족하느냐에만 초점(단일 요인)이 맞추어져 있으나 허즈버그이론은 이 외에 위생요인, 즉 불만족이 어느 정도인가에도 초점(2개 요인)이 맞춰져 있다. 즉, 만족과 불만족을 한 차원으로 보지 않고, 별개의 차원으로 보았으며, 불만족의 반대가 만족이 아니라 단지 불만족의 해소로 보았다. 이 이론에서 위생요인에 대한 우선적인 관심은 불만족을 예방할 수는 있으나 그 자체로 긍정적인 태도나 작업동기를 창출해내지는 않는다. 전통적인 관점과 허즈버그의 관점을 비교해보면 [그림 8-5]와 같다.

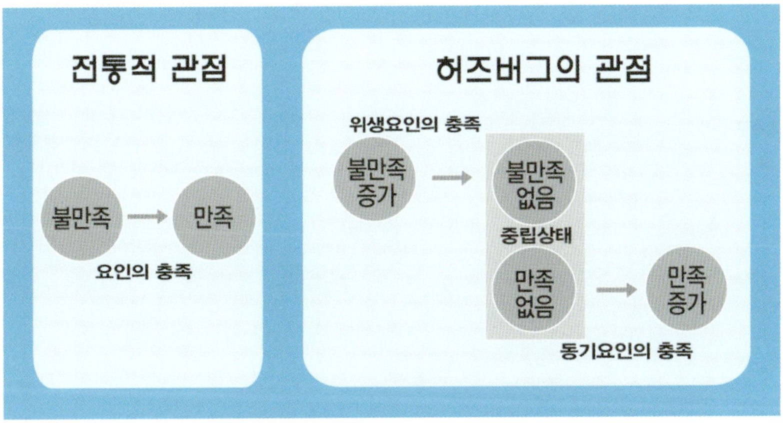

[그림 8-5] 전통적 관점과 허즈버그 관점 비교

3) 2요인 이론의 활용전략

위생요인은 사람의 비정신적 욕구(외재적 욕구)에 해당되는데, 욕구를 채우려면 상대적으로 많은 돈이 드는 특성을 가진 저차원적 욕구이고, 동기요인은 사람의 정신적 욕구(내재적 욕구)에 해당되는데, 욕구를 채우는 데 상대적으로 적은 돈이 드는 고차원적 욕구이다. 외재적 욕구는 채워져도 그 순간이 지나면 효과가 떨어지나 내재적 욕구는 일단 채워지면 그 효과가 오래간다. 또한, 외재적 욕구는 욕구를 어느 수준을 채워주지 못하면 동기가 떨어지나 어느 수준을 넘어가면 별로 커지지 않는 반면, 내재적 욕구는 욕구를 많이 채워줄수록 동기부여 강도는 커지는 특성을 가지고 있다. 그러므로 경영자는 위생요인은 어느 정도 높은 수준(불평불만을 해소하는 수준)으로만 채워주는 정도에 그치고, 구성원이 최선을 다해 일하도록 만들기 위해 동기요인에 주의를 집중하는 전략을 구사해야 할 것이다.

4. 동기부여 내용이론 요약

지금까지 설명한 세 가지 내용이론을 비교하면 [그림 8-6]과 같다. 즉, 세 가지 이론 모두 관점의 차이는 있지만 위로 갈수록 고차적 욕구, 내재적 동기부여를 하며, 반대로 갈수록 저차적 욕구, 외재적 동기부여를 한다.

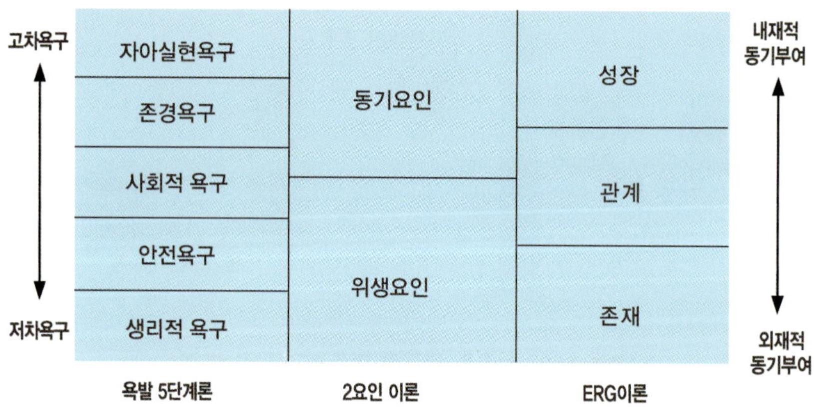

[그림 8-6] 세 가지 내용이론 비교

3절 동기부여 과정이론

1. 기대이론(Expectancy theory)

1) 개요

브룸(Victor, H. Vroom, 1964)의 기대이론은 어떤 방향으로 행동하려 하는 욕구의 정도인 '동기의 강도(motivation strength)'에 의해 동기부여 정도가 좌우된다는 이론이다. 그는 얼마나 강하게 동기를 부여하는가(동기의 강도)는 '행동함으로써 얻어질 결과의 가치(V : valence)'뿐만 아니라 '결과가 얻어질 수 있는 확률, 즉 기대치(E : expectancy)'도 중요한 요인이라고 주장한다. 즉, 동기의 강도는 가치와 기대치의 곱으로 표현되는데, 이는 어떤 행위의 결과가 자신에게 아무리 좋은 가치(보상)를 가져다 준다 할지라도 이를 성공할 확률이 낮다면 동기의 강도는 낮아지게 된다.

$$동기의\ 강도(M) = 가치(V) \times 기대치(E)$$

① 행동함으로써 얻어질 결과의 가치(V : valence)

② 결과가 얻어질 수 있는 확률, 즉 기대치(E : expectancy)

예제 갑과 을이 잘 익은 홍시가 열려 있는 감나무 아래 서 있다. 갑은 감을 먹고 싶은 욕구가 '90'인 반면 나무를 타는 실력이 낮아 올라가 홍시를 딸 확률은 20%에 불과하다. 을은 먹고 싶은 욕구는 '20'밖에 안 되나 나무를 타는 실력이 뛰어나 홍시를 딸 확률은 90%에 달한다. 누가 감나무에 오르려는 의지가 강하게 될까?

2) 기대이론의 활용전략

동기부여를 극대화하기 위해서 행동함으로써 얻을 수 있는 보상을 높여주는 것 외에 보상을 받을 가능성을 높여줄 수 있는 방법도 찾아주거나 찾을 수 있도록 지원해주어야 한다.

2. 공정성(형평)이론

1) 개요

아담스(J. Stacey Adams)에 의해 개발된 공정성이론은 '인간은 자신이 투입한 노력과 보상수준을 비슷한 업무상황에 있는 다른 사람의 그것과 비교하는 경향이 있다.'는 관점에 기초하는데, 이때 공평하게 대우받으려는 욕구가 개인의 동기를 결정한다. 즉, 타인과 비교해서 자신이 얼마나 공평하게 대우받고 있는지 이때 과한 대우를 받고 있으면 동기부여가 되나, 낮은 대우를 받게 되면 동기부여가 되지 않는다는 것이다. 다시 말해, 자신의 "투입"과 "결과"의 비율과 다른 사람들의 그것을 비교한 후 불공정성이 지각되면 불공정성을 감소시켜 공정성을 유지하는 방향으로 행동을 하게 된다(동기부여 된다)는 것이 핵심이다[그림 8-7].

① **공정성** : 자신의 투입-결과 비율이 타인의 투입-결과 비율과 동일할 때 발생하고, 공정성을 느낀 사람은 만족감을 경험한다.

② **과대보상 불공정성** : 자신의 투입-결과 비율이 타인의 투입-결과 비율보다 큰 경우에 발생하고, 이 경우에는 죄책감을 경험한다.

③ **과소보상 불공정성** : 자신의 투입-결과 비율이 타인의 투입-결과 비율보다 적을 경우에 발생하고, 이 경우에는 분노와 불만족을 경험한다. 불공정이 커질수록 심리적 불균형, 긴장감, 불안감 등이 더욱 커지고 이를 해소하고자 하는, 즉 공정성을 추구하고자 하는 동기유발력 역시 커지게 된다.

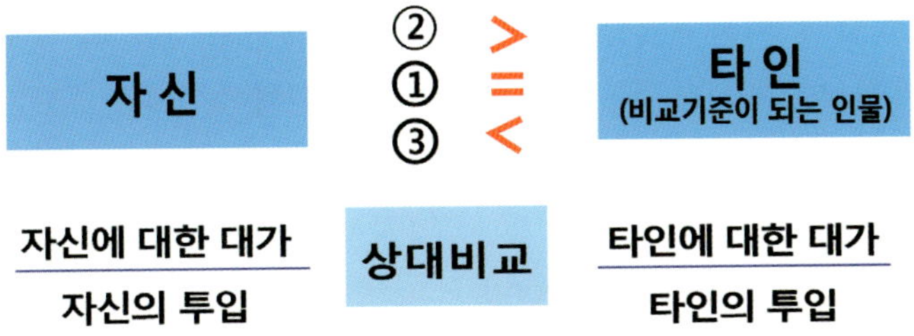

[그림 8-7] 기대이론의 이해

2) 불공정성을 감소시키는 방법

공정할 경우와 과대보상을 받을 경우 당사자의 입장에서 불리하지 않아 불만이 제기되지 않으므로 생략하고 '남에 비해 과소평가'를 받을 경우 불공정성을 감소시키는 방법을 살펴보기로 한다.

① 투입감소 : 전보다 적은 시간과 노력을 투입한다.

② 결과증대 : 상급자에게 봉급인상이나 승진을 요구한다.

③ 비교 대상의 투입 또는 결과 변경 : 비교 대상의 투입을 늘리게 하거나 급여 등을 줄이도록 요구한다.

④ 비교 대상 변경 : 보다 유리한 비교를 할 수 있는 대상으로 교체하여 비교한다.

⑤ 상황변경 : 이도저도 안 되면 타 직무로 전환하거나 회사를 그만 둔다.

3) 공정성이론의 활용전략

공정성이론은 대부분의 종업원들에 대한 동기부여 강도는 절대적 보상보다 상대적 보상에 더 영향을 받는다는 것을 보여 준다. 종업원들은 언제든 불공정을 느낄 때 상황을 바로잡으려 행동한다. 특히, 자신이 상대적으로 과소 대접을 받는다고 느낄 때 투입(일하는 양)을 줄이거나 결과(보상)를 높이려는 강한 욕구를 느낀다.

그러므로 조직 관리자는 구성원들이 지각하는 상대적인 보상이 공정하게 시행되도록 보상체계를 마련함으로써 동기부여를 극대화해야 한다.

3. 목표설정이론(goal setting theory)

1) 개요

목표설정이론은 로크(E.A. Locke)가 처음으로 제시한 이론으로, 목표를 달성하려는 의지가 직무상의 동기부여의 근원이 된다는 이론이다.

즉, 내적인 욕구보다 외부에서 명확한 목표가 설정될 때 목표달성을 위해 더 강한 동기가 유발되므로 구성원에게 달성해야 할 목표를 분명히 해주는 것이 곧 동기부여하는 것이다. 근대적 경영이론이 도입되기 이전에는 종업원이 달성해야 할 목표나 이를 위한 구체적인 계획이 관리자에 의해 일방적으로 결정되고 지시되는 '통제에 의한 관리(management by control)'였다. 하지만 이러한 관리방식은 종업원들의 자발적 활동의욕이나 창의성을 억압했으며 결과적으로 생산성을 약화시키게 되는 근본적인 문제가 되었다. 이러한 문제를 타개하기 위해 개개인의 자발적 목표설정과 관리를 내세운 '목표에 의한 관리(MBO : management by objectives)'가 탄생하게 되었다.

2) 목표설정 시 고려해야 할 변수들

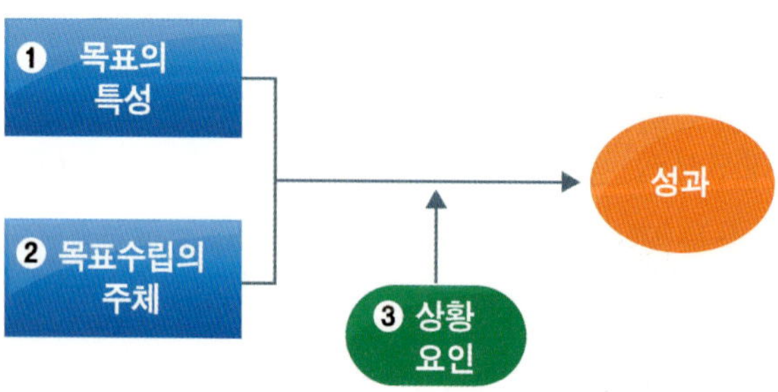

[그림 8-8] 목표설정 시 고려해야 할 사항

목표설정이 동기부여에 효과적이려면 다음 사항이 고려되어야 한다[그림 8-8].

(1) 목표의 특성

목표의 난이도와 구체성에 의해 개인의 성과가 결정된다.

① **난이도** : 성취 가능한 범위 내에서 어렵고 도전적인 목표일수록 성과가 높다. [그림 8-9]는 목표수준에 따른 업무성과의 관계를 나타내준다.

② **구체성** : '최선을 다하라'는 식의 애매한 목표보다는 목표량과 기간을 제시하는 구체적인 목표일 때 성과가 높다.

③ **계량화** : 목표의 범위, 시기와 함께 계량화된 목표가 수립될 때 효과는 배가 된다.

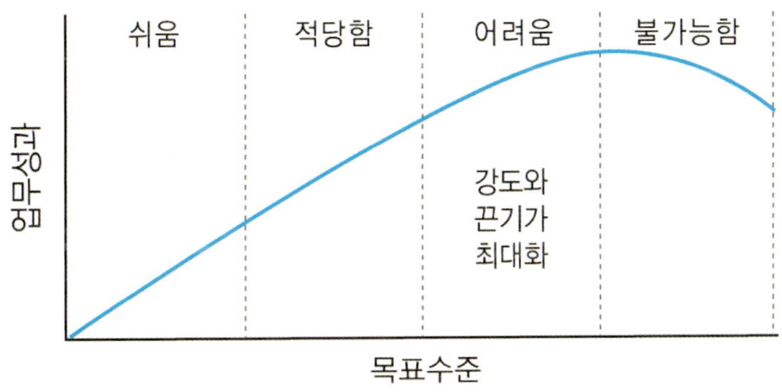

[그림 8-9] 목표수준에 따른 업무성과

(2) 목표의 종류 : 목표수립의 주체

목표는 누가 정해야 하나? 상황에 따라 아래 세 가지 방법 중 하나가 선택될 수 있다.

① **지시된 목표** : 목표설정 시 부하를 참여시키는 게 기업문화와 맞지 않거나 부하의 능력이 현저히 낮은 상태일 경우 상사가 목표를 설정할 수 있다. 이 경

우 직무수행자에 의해 목표가 수용되지 않으면 성과가 높아지기 어렵다.

② **자기설정 목표** : 부하의 일을 향한 의지와 능력수준이 어느 정도 궤도에 올랐을 때 스스로 목표를 설정하게 하는 게 효과적일 수 있다. 이 경우 상사가 개입하지 않으므로 자칫 조직이 원하는 방향과 괴리가 생길 수 있다.

③ **합의에 의한 목표** : 일반적으로 상사와 부하가 합의하여 목표를 설정하는 것이 가장 효과적이다.

(3) 상황요인

① **피드백** : 목표의 성과를 높이려면 당사자에게 피드백이 필수적으로 동반되어야 한다. 즉, 중간 중간에 목표달성의 정도를 알려 주고 과업이 끝났을 경우 장단점을 평가하여 다음 목표설정에 활용해야 한다.

② **단순성** : 직무 복잡성이 증가함에 따라 목표의 성과에 대한 효과가 떨어진다. 과업목표는 단순할수록 좋다.

③ **합리적 보상** : 목표달성에 준하는 합리적인 보상이 있어야 한다. 다양한 보상수단을 이용하여 목표를 기꺼이 수용하고 노력하도록 동기화시키고 지도해 주어야 한다.

④ **경쟁** : 약간의 경쟁은 있는 것이 좋다.

⑤ **능력** : 능력이 높을수록 어려운 목표가 좋다.

3) 목표관리 단계

목표설정 후 목표를 성공적으로 달성하기 위해서는 [그림 8-10]과 같은 3단계 절차가 필요하다.

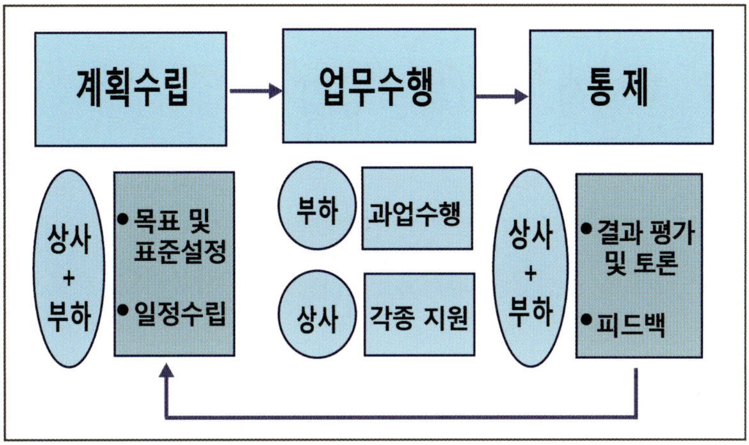

[그림 8-10] 목표관리 단계

(1) 계획수립 단계

목표를 설정하고 추진일정을 수립하는 단계로 특별한 예외를 제외하고 상사의 일방적인 결정보다는 상사와 부하가 합의하여 결정하는 것이 바람직하다.

(2) 업무수행 단계

수립된 계획에 의해 과업을 수행하는 단계이다. 이때 상사는 지시와 통제보다는 각종 지원에 중점을 두는 자세가 필요하다.

(3) 통제 단계

결과를 평가하고 잘한 점에 대해서는 인센티브를, 못한 점에 대해서는 페널티를 주며, 차후 장점은 발전시키고 단점은 보완할 수 있도록 피드백하는 단계이다. 이러한 통제는 과업이 완료되었을 때는 물론 과업진행 중 주기적으로 추진하는 게 효과적이다.

4절 구체적 동기부여방법

그렇다면 구체적으로 어떻게 동기부여시켜야 할까? 앞서 살펴본 여러 가지 동기부여이론을 간단하고 구체적으로 일반화시켜보기로 한다.

1. 물질적 보상

가장 기본적인 동기부여방법으로, 매슬로의 욕구발전 5단계의 첫 단계인 생리적 욕구의 일부분이라고 할 수 있다.

1) 매력적인 급여

종업원의 가장 기초적인 동기부여방법은 보다 높은 경제적인 보상이다.

사회·심리적 보상과 같은 동기부여방법은 경제적인 보상이 선행되어야만 통하는 2차적인 요인이라 할 수 있다. 경제적인 동기부여방법에는 직접적인 보상인 임금과 간접적인 보상인 복리후생으로 나뉜다.

2) 성과급제 도입

근래 급속도로 확산되고 있는 연봉제의 키워드가 성과급제이다. 성과급 프로그램은 성과의 결과에 따라 종업원의 급여를 차등 지급하는 유용한 보상플랜이다. 만일 보상이 업무성과와 관련이 없다면, 즉 연공서열, 직위에 따라 일률적으로 지급된다면 종업원들은 적극적인 노력을 하지 않게 될 것이다. 성과측정에는 개인의 생산성, 그룹생산성, 부문생산성, 기업의 이윤 등이 포함된다.

3) 공정한 평가 및 보상제도

조직과 제도에 대한 믿음의 뿌리는 공정한 평가와 보상이다. 아무리 매력적인 경제적 보상이 있어도 공정성이 떨어지면 불만이 커지고 이에 따라 동기부여 효과도 떨어진다. "내게 있어서 평가라는 것은 마치 숨을 쉬는 것처럼 자연스럽고 일상적인 것이었다. 능력주의 사회에서 그보다 중요한 것은 없다고 본다."라고 한 잭 웰치의 말은 공정한 평가와 보상의 중요성을 잘 드러내준다. 공정한 평가를 방해하는 요인을 보면 평가자와 피평가자의 친밀한 관계 등 개인적인 감정이 주를 이룬다. 리더는 공정한 평가와 보상을 어렵게 하는 장애물들을 찾아 극복할 수 있는 방안을 찾아내야 한다.

2. 사회 심리적 보상

사회 심리적 보상, 즉 정신적(비물질적) 보상은 매슬로의 욕구발전 5단계의 상위 부분, 즉 보다 고차원적인 보상에 해당된다. 일반적으로 사회 심리적 보상은 물질적 보상보다 효과도 크고 오래가는 것으로 알려져 있다.

1) 칭찬하기(인정감 부여하기)

누구든 자기가 최선을 다한 일에 대해 보상을 받고 싶어 한다. "수고했다", "잘했다"는 말 한마디만으로도 직원들은 생각보다 큰 힘을 얻는다. 평소엔 아닌 것 같아도 자기 자신을 지켜보고 자기 자신이 하는 일을 알아봐주었다는 느낌은 직장에서의 자존감을 높여주고 동기부여를 해준다. 블랜차드(K. Blanchard)의 "칭찬은 고래도 춤추게 한다."는 말은 훌륭한 경영자는 항상 일을 잘 해낸 종업원에게 칭찬을 아끼지 말아야 함을 의미한다.

칭찬의 10계명은 다음과 같다.

① 칭찬할 일이 생겼을 때는 즉시 칭찬하라.

② 잘한 점을 구체적으로 칭찬하라.

③ 가능한 공개적으로 칭찬하라.

④ 결과보다는 과정을 칭찬하라.

⑤ 사랑하는 사람을 대하듯 칭찬하라.

⑥ 거짓없이 진실한 마음으로 칭찬하라.

⑦ 긍정적으로 관점을 전환하면 칭찬할 일이 보인다.

⑧ 일의 진척사항이 여의치 않을 때 더욱 격려하라.

⑨ 잘못된 일이 생기면 관심을 다른 방향으로 유도하라.

⑩ 가끔씩 자기 자신을 스스로 칭찬하라.

2) 소속감 고취하기

소속감이란 집단의 당당한 구성원이라는 느낌, 집단과의 일체의식을 말한다.

소속감을 갖게 되면 마음의 안정을 가지게 되고 조직에 헌신할 수 있는 힘이 생긴다. 반대로 소외감을 갖게 되면 불안하게 되고 일할 의욕도 떨어지게 된다.

3) 성취감 고취하기

성취감이란 만족감이나 행복감과 일맥상통하는 말로 자신이 뜻한 바를 이루었을 때 얻는 뿌듯한 감정을 말하며 새로운 경험을 얻을 수 있는 기회, 자기 자신의 능력을 발휘해 볼 수 있는 기회, 개선을 위한 발언의 기회를 갖는 것 등을 포함한다. 성취감을 통해서 인간은 자기발전에 대한 확신을 가지게 되고 자신의 장래를 낙관적으로 예측하게 된다. 성취감은 개인의 능력 함양과 기술개발을 위한 노력을 촉진하고, 개인능력의 개발을 통해서 자아를 발전시키는 데 도움이 되며 궁극적으로 동기를 유발하는 주요 인자가 된다.

4) 임파워먼트(empowerment)하기

임파워먼트란 '방향을 설정하고 일정한 가이드라인을 제시한 상태에서, 관리자들이 지니고 있는 권한을 실무자에게 이양함으로써 그들이 보유하고 있는 잠재능력 및 창의력을 최대한 발휘하도록 하는 방법'을 말한다. 임파워먼트가 강력한 동기를 유발하는 이유는 개인의 상급욕구를 충족시켜주기 때문이다. 과잉통제로부터 자유로워진 구성원들은 지금까지 얽매여 있던 재능과 능력을 마음껏 발휘하게 된다. 한편, 이를 통해 리더는 지나친 통제업무에서 벗어나 다른 구성원들이 할 수 없는 일, 즉 보다 전략적인 업무에 집중할 수 있다.

3. 직무환경 개선 : 직무(재)설계 및 교육훈련

1) 직무 재설계

직무설계란 개인과 조직을 연결시켜 주는 가장 기본적인 단위인 직무의 내용과 방법 및 관계를 구체화하여 종업원의 욕구와 조직의 목표를 통합시키는 것을 말한다. 경영자는 바람직한 방향으로 직무를 재설계함으로써 동기부여를 극대화할 필요가 있다. 전통적인 직무설계는 '직무'를 중심으로 하고 여기에 사람을 적응시키는 개념으로서 효율성의 논리에 바탕을 두었다. 즉, 직무수행자의 내면적인 욕구보다는 전문화된 직무를 효율적으로 수행하는 것에 초점을 맞추었다. 반면, 현대적인 직무설계는 '직무' 중심에서 '인간' 중심으로 승화시킨 개념으로 직무수행자에게 의미와 만족을 가져다 줄 수 있도록 하는 데 초점을 맞추고 있다. 즉, 개인의 욕구도 충족시키고 조직의 목표도 효율적으로 달성하는 것을 추구하는 인적자원 관리의 기본 수단이 되고 있다.

(1) **직무확대**(job enlargement)

작업자가 여러 가지 다양한 과업을 수행할 수 있도록 직무를 수평적(양적)으로 확대시켜 다기능 수행 기회를 줌으로써 작업자가 흥미와 만족감을 느낄 수 있도록 하는 제도이다.

(2) **직무순환**(job rotation)

직무순환은 작업자로 하여금 다른 종류의 직무를 수행하게 함으로써 지루함과 비리를 사전 차단시키며, 폭넓은 업무경험을 통해 개인의 성장이 가능하도록 하는 제도이다. 직무확대와 직무순환의 경계는 다소 애매하나, 일반적으로 직무확대가 '특정 부서 내에서 상황에 따라 여러 가지 업무를 선택적으로 경험'하는 것에 비해 직무순환은 '타 부서로 완전 이동하여 새로운 업무를 경험'하는 것을 의미한다.

(3) **직무충실화**(job enrichment)

직무순환이나 직무확대방법(수평적 직무확대)은 직무의 단조로움으로 인하여 나타나는 문제점을 해결하고 다양한 업무를 습득할 수 있지만 구성원들을 적극적으로 동기부여시켜서 높은 성과를 달성하도록 하는 데는 미흡하다. 이러한 약점을 보완하기 위한 직무설계방법이 직무충실화 기법이다. 직무충실화(수직적 직무확대)는 단순히 과업의 수를 늘리거나 변경시켜서 직무를 구조적으로 확대하는 것이 아니라 직무의 내용을 풍부하게(enrich) 만들어 직무의 질적 개선과 근로생활의 질을 향상시킴으로써 - 성취감, 인정감, 책임감, 성장욕구 등과 같은 내적인 욕구를 충족시켜 줌으로써 - 궁극적으로 업무품질 향상과 사기앙양, 그리고 이직률 및 사고율의 감소 등 기업 전반적인 능률을 향상시키는 방법이다.

2) 교육훈련

교육훈련이란 조직이 그 목표를 보다 효율적으로 달성하기 위하여 조직 구성원으로 하여금 직무수행에 필요한 지식과 기술을 연마하게 하는 한편 가치관 · 태도 등을 바람직한 방향으로 변화할 수 있도록 하는 활동이다. 교육훈련은 탁월한 인재를 확보하고 동기를 부여하여 기업경쟁력을 향상시키는 가장 기본적인 전제조건이다. 업무와 관련된 강의나 세미나 등을 아낌없이 지원해주면 직원들의 업무가 효율화될 뿐 아니라 업무에 대한 의욕도 충만하게 된다.

4. 기타 동기부여전략

직무 재설계와 교육 외에도 다음과 같은 동기부여전략이 필요하다.

1) 개인차를 인정하라

모든 사람들은 다른 욕구, 태도, 성격 등 각기 다른 중요한 개인적 특성들을 가지고 있기 때문에 각각의 차이에 맞게 동기부여해야 한다.

2) 목표달성에 대한 자신감을 갖게 하라

실제 목표가 달성 가능함에도 불구하고, 달성 불가능하다고 보는 종업원들은 노력을 하지 않는다. 그러므로 경영자들은 종업원이 좀 더 노력한다면 성공적으로 목표를 달성할 수 있음을 확신시켜야 한다.

3) 업무 외 시간을 활용하라

구성원들의 동기부여는 근무시간에만 하는 게 아니다. 퇴근 후 운동이나 취미를 함께 하는 것도 좋은 동기부여방법이 될 수 있다. 이 경우 종업원들은 자칫 자신의 시간을 빼앗기고 있다는 생각을 할 수 있으므로 직원들이 좋아하는 분야를 선택하고, 직원들에게 부담을 주지 않도록 짧은 시간 내에 마무리해야 함을 잊지 말아야 한다.

4) 개인적인 삶을 배려하라

업무수행 시 필요한 집중력은 원만한 개인생활에서 나온다. 각각에 대해 애로사항을 들어주고 이를 해결해주려고 노력한다면 지시하거나 통제하는 것보다 훨씬 더 좋은 결과를 얻어낼 수 있을 것이다.

사례 사우스웨스트 항공

1. 사우스웨스트 항공사 소개

사우스웨스트 항공(Southwest Airlines)은 기내 서비스를 최소화한 대신 적은 비용으로 이용할 수 있는 대표적인 저가 항공사이다. 본사는 텍사스주 댈러스에 위치하고 있으며, 여객운송 기준으로 세계 3위이나 직원만족도와 고객만족도는 단연 선두이다. 1971년에 설립한 이후 35년 넘게 흑자를 내면서 많은 도전과 모험을 하는 항공사로 주목받고 있다. 텍사스의 댈러스, 휴스턴, 샌안토니오를 잇는 운항을 처음 시작했을 때 아무도 이 회사가 지금처럼 오래 지속되리라고 생각하지 않았다. 사우스웨스트는 미국 30개 주 60여 개 공항에 취항하고 있으며 미국 내 승객 운송 마일에서 4위, 승객 숫자에서 3위, 고객만족도 4년 연속 1위(1984년), 미 교통부 선정 트리플 크라운상 5년 연속 수상(1996년), 포춘지 선정 '미국에서 가장 일해보고 싶은 100대 기업' 3년 연속 선정(2002년), 미국 항공사 시가총액 중 73% 차지(2002년), 최근 20년 주가 수익률 1위(2003년) 등의 화려한 기록을 가진 항공사로 자리 잡았다.

2. 사우스웨스트 항공사 동기부여 사례

사우스웨스트항공의 인재관리 기본 철학은 '1) 즐거움(FUN)'과 '2) 구성원에 대한 믿음과 사랑'으로 요약할 수 있다.

1) FUN 경영

허브 켈러허 회장은 '미국에서 가장 웃기는 경영자'로 불릴 정도로 유머경영 혹은 펀(Fun)경영을 중시했다. 그는 '유머는 조직의 화합을 위한 촉매제'라며 '일은 즐거워야 한다.'고 주장했다. 점잖은 오찬장에 엘비스 프레슬리 복장으로 나타나기, 청바지 입고 이사회 참석하기, 토끼 분장을 하고 출근길 직원 놀라게 하기 등 펀경영 사례는 셀 수 없을 정도로 많다. 경영자의 근엄한 권위는 어느 구석에서도 찾아볼 수 없었다. 켈러허가 펀경영으로 얻으려 한 것은 사람들의 마음이었다. 그는 내면에서부터 기쁘고 즐거운 마음으로 일할 수 있는 기업만이 초일류기업으로 성장할 수 있다고 확신했다.

2) 직원 최우선 경영

사우스웨스트 항공은 "손님은 왕이다"가 보편화된 세상에 공공연하게 "종업원이 왕이다."라고 주장한다. 그런데도 고객만족도는 어느 항공사보다 높다. 동기부여된 종업원들이 고객들에게 질 높은 서비스를 자발적으로 시행하기 때문이다. 1996년, 창립 25주년 기념식에서 허브 켈러허 회장은 사업전략을 구상할 때 고객, 직원, 주주 가운데 단연코 직원을 최우선으로 생각한다고 말했다. 그는 기업이 종교적 믿음처럼 신봉하는 '고객은 항상 옳다'라는 말은 완전히 틀렸다고 말하면서, '기내에서 폭음을 하고, 이유 없이 직원을 괴롭히는 불량(?)고객'은 과감하게 내보내라고 주장했다. 허브 켈러허는 일요일 새벽 3시에 회사 청소부 휴게실에 들어가 도넛을 나눠주고, 작업복을 입고 그들과 함께 비행기를 청소하기도 했다. 리더가 구성원에게 헌신적으로 봉사할 때 리더의 비전은 사람들의 소원이 된다. 그 영향력은 놀라우리만치 크다. 직원은 자신이 리더로부터 인간적 대우와 사랑을 받게 될 때 외부 고객에게 똑같은 사랑을 베풀게 된다.

출처 : YES24 문화웹진 채널예스

사례 효과적인 동기 부여를 위한 학습성공 사례

그 대상이 누구이든 어떠한 종류의 공부든, 공부에 푹 빠지게 하는 비결은 다름 아닌 동기부여이다. 동기가 분명한 아이는 누가 시키지 않아도 목표달성을 위해 공부에 매진한다. '말을 물가에 끌고 갈 수는 있어도 물을 먹일 수 없다'는 격언이 있다. 학습의 성공을 위해 올바른 학습법을 선택하는 일만큼이나 중요한 것은 다른 아닌 동기부여! 지금부터 효과적인 동기부여를 한 학습성공 사례를 소개한다.

1) 실력이 부진하면 칭찬으로 자신감을 북돋아주라

초등 5학년인 영선이는 흔히 말하는 또래의 평균 수준보다 영어를 잘하지 못하는 학생이었다. 때문에 학교 수업에도 적응하지 못하고, 새로운 내용을 익히는 것에도 매우 부담스러워했다. 영선이 어머니 김씨는 아이가 영어에 대해 호기심을 가지고 공부하려는 의욕이 없는 상태에서 진도를 나가는 것이 무의미하다고 판단하고 해결책을 찾아보았다. 결론은 자신감을 잃은 영선이에게 칭찬을 통해서 동기부여를 해주기로 한 것이다.

① 우선 김씨는 영선이에게 영어를 못하는 것은 부끄러운 일이 아니라는 것을 강조했다. 공부를 잘하는 것이 특별한 재능이 필요한 일이 아니기에 풀이 죽어있는 영선이가 먼저 용기와 자신감을 갖게 하는 데 힘을 썼다고 한다. 그런 뒤 영선이에게 이미 배웠던 내용을 다시 복습하는 기회를 만들었다. 자신감을 상실한 영선이에게 부담 없고 친숙한 내용으로 영어에 적응할 수 있도록 하기 위한 배려였다.

② 이후에 새롭지만 조금 더 어려운 내용으로 수준을 차츰차츰 높여 나갔다. 이때 김씨는 아이에게 전과 비슷하지만 어렵지 않은 수준의 학습물을 준비하고, '모르면 도와주겠다.' 라는 식으로 앞으로 공부할 내용에 대해서 미리 설명해 두어 두려움을 최대한 없앴다고 한다. 설사 아이가 배웠던 내용에 대해서 정확히 기억하지 못하더라도 꾸중을 하는 것이 아니라 '다시 복습해서 기억을 살려보자'는 식으로 복습을 유도하고, 이를 성공적으로 해냈을 경우 칭찬을 아끼지 않았다. 이 모두 영선이가 자신감을 회복하고 영어공부에 의욕을 갖도록 하기

위한 엄마의 노력이었다. 여기서 중요한 점은 자칫 캐묻거나 미미한 성과에 실망하는 모습을 아이에게 보여서는 안 된다는 것이다.

2) 흥미를 느끼지 못한 경우 다양한 활동을 유도하라

공부는 같은 내용을 어떻게 배우느냐에 따라 그 학습 결과는 달라진다. 초등학교 3학년인 은희는 교재본문 내용도 곧잘 이해하고, 영어도 좋아하는 아이였지만 그 이상은 좀처럼 하려고 들지 않았다. 특히, 공부의 양이 늘어나는 집중학습이나 교재 테이프 듣기를 하자고 하면 좀처럼 따라오지 않아 엄마 최씨의 속을 태웠다. 은희가 공부하다 중단한 이유는 재미가 없다는 것. 엄마 최씨는 싫증을 쉽게 내는 은희에게는 다양한 학습법을 이용해서 흥미를 끌어내려는 해법을 찾았다.

① 아이가 가장 좋아하는 영어 교재를 활용해서 한 편의 역할극을 시도해 보았다. 교재 속 주인공의 역할을 정해 실제 연기하듯 교재 줄거리로 말을 해보고, 집 안에 있는 소품도 적절히 활용해 아이의 적극적인 참여를 이끌어 냈다.

② 평소 피아노를 잘 치는 은희와 함께 영어 동요를 피아노로 치면서 노래를 불러 자연스럽게 말하고, 읽는 활동으로 유도한 결과, 은희의 집중력이 높아지는 결과를 얻었다.

이처럼 집중력이 약하고, 쉽게 싫증을 내는 성향의 아이 또는 자신감 상실로 인해 학습동기가 상실된 아이를 무조건 앉혀놓고 공부를 시키는 것은 역효과를 내기 십상이다.

출처 : 동아출판 공식 블로그

Chapter 9

의사소통과 갈등관리

기업은 조직 구성원들에 의해 운영되므로 이들의 원활한 의사소통은 성공적인 기업운영의 필수적인 요인이다. 어떤 조직이든 갈등이 있으며 갈등은 조직 목표달성에 커다란 걸림돌이다. 더구나 오늘날과 같이 변화무쌍하고 변화의 속도도 빠르며 조직구조도 복잡한 경영환경 속에서의 갈등은 그 정도가 매우 심하고 양상도 복잡하다. 원활한 의사소통을 위해서는 이러한 갈등을 효율적으로 해소하는 것이 매우 중요하다.

(2) 수화자

송화자가 전달하는 메시지를 듣고 받아들이는 사람으로 전달된 메시지의 종착점이라고 할 수 있으며, 청취, 이해, 기억, 반응의 요소가 포함된다.

(3) 메시지

송화자가 수화자에게 전달해주려고 하는 내용으로 메시지는 언어적 혹은 비언어적 형태를 취한다.

(4) 피드백

수화자는 피드백을 통해 송화자의 메시지를 보다 정확하게 전달받을 수 있다.

송화자는 피드백을 통해 전달하려는 메시지가 전달되었고 의도한 효과가 발휘되었는지 가늠할 수 있다.

4) 의사소통의 채널과 특성

[그림 9-1]은 의사소통의 채널과 특성을 보여 주고 있다. 의사소통 채널은 게시판 공지, 메모나 이메일, 전화나 화상회의, 면대면 대화 등으로 나누는데, 오른쪽으로 갈수록 의사소통의 쌍방향성, 집중도 및 정확도 향상 등의 이유로 의사소통의 충실도는 높아지게 된다. 반면, 많은 사람이 지정된 시간에 지정된 장소에 모이게 되므로 소요 비용은 늘어난다. 그러므로 간단하고 중요하지 않고 긴급하지 않은 사안일 경우 비용이 적게 소요되는 왼쪽 채널을, 복잡하고 중요하며 급한 사안들은 비용이 많이 들더라도 오른쪽 채널을 택하는 게 좋다.

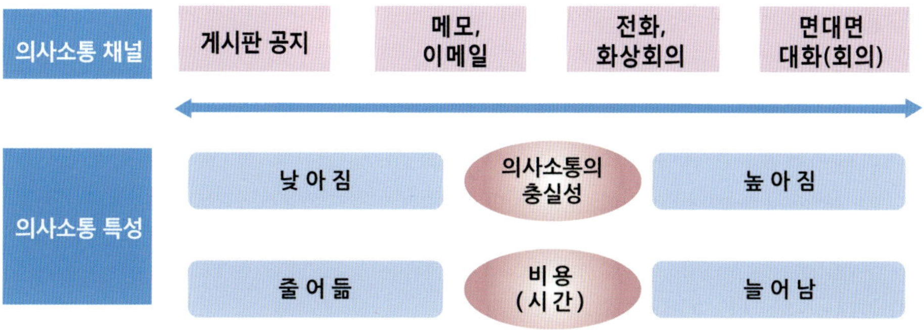

[그림 9-1] 의사소통 채널의 종류와 특성

2. 의사소통의 원칙과 고려사항

1) 의사소통의 원칙

의사소통의 기본적인 원칙은 다음과 같다.

① 명료성 : 의사전달은 수신자가 그 의미를 정확하게 이해할 수 있도록 간략하고 명확해야 한다.

② 일관성 : 의사전달은 전후의 메시지가 서로 모순되지 않고 일관성을 유지해야 한다.

③ 적시성 : 의사전달은 적절한 시점에서 이루어져야 하며 적시에 정보를 전달하지 않으면 효과가 떨어지게 된다.

④ 적정성 : 전달된 정보의 양이 너무 많거나 너무 적어 수신자의 이해를 어렵게 하면 안 되므로 정보량은 정보 활용도에 따라 조절되어야 한다.

⑤ 배포성 : 정보는 정확한 수신자에게 전달되어야 하므로 정보의 전달범위, 대상자가 명확하지 않으면 안 된다.

⑥ **통일성** : 동일한 정보는 수화자가 바뀌거나 시간이 지나도 통일된 내용을 담고 있어야 한다.

⑦ **관심과 수용** : 의사전달은 수신자가 관심을 갖고 수용적인 태도를 보일 때 가장 효과적으로 이루어질 수 있다.

2) 의사소통 시 고려사항

(1) 의사소통의 길이

메시지는 너무 길어서도 너무 짧아서도 안 되며 가끔 예외가 있을 수 있지만 각종 회의나 연설 등에서 생각과 감정을 전달하는 데 사전에 시간제한이 계획되어야 한다.

(2) 반복

대부분의 사람들은 기억력이 짧고 듣고 읽는 것의 대부분을 다 기억해 낼 수 없으므로 중요 사안에 대해서는 두 번 이상 반복되어야 한다.

(3) 경청

의사소통의 또 하나의 중요한 고려사항은 효과적인 청취자가 되는 것이다. 상대의 말을 듣기만 하는 것이 아니라, 상대방이 전달하고자 하는 말의 내용은 물론이며, 그 내면에 깔려 있는 동기(動機)나 정서에 귀를 기울여 듣고 이해된 바를 상대방에게 피드백(feedback)해 주어야 한다.

경청을 위한 실제적인 지침은 다음과 같다.

- 집중, 주목하라.
- 반응을 보여라.
- 대화를 중단시키지 말라.

- 가끔 질문하여 관심을 갖는다는 것을 보여라.
- 논쟁을 하지말라.
- 적당한 미소와 칭찬을 잊지 말라.
- 자기중심의 감정을 억제하라.

3. 의사소통의 유형

1) 공식적 의사소통과 비공식적 의사소통〈표 9-1〉

(1) 공식적 의사소통

공적인 권한의 계층에 따라, 즉 공식적 조직 내에서 공식적 통로와 수단에 의하여 공식적으로 의사가 소통되는 것으로, 전달자와 피전달자 간에 권한과 책임관계가 명확하며 의사소통이 확실하고 편리하다는 장점을 가지고 있다.

공식적 커뮤니케이션은 상향적, 하향적, 수평적 그리고 대각적 커뮤니케이션으로 분류할 수 있다.

(2) 비공식적 의사소통

공식적인 조직구조에 의거한 커뮤니케이션이 아니라, 개인적으로 친근한 관계, 학연, 지연, 입사동기 등과 같은 계기에 의해 형성되는 의사소통처럼 자연적으로 발생한 의사소통을 말한다. 구성원들의 정서적 긴장을 해소하며, 상층부의 형식적이고 권위적인 명령이나 지시를 유연하고 부드러운 권고로 전환해 준다. 또한, 공식적 의사전달체계가 제공해 주지 못하는 유익한 정보를 전달해준다. 실제로 조직에서 이루어지는 커뮤니케이션 중 많은 부분이 비공식적 커뮤니케이션을 통해서 이루어지는데, 한 조사에 의하면 종업원의 75%는 비공식 소문을 통해 처음으로 문제에 접하게 되는 것으로 나타났다. 그러므로 비공식적 커뮤니케이션 체계에서의 정보는 소문의 형태이고 왜곡될 소지가 있다는 이유로 소홀히 하지 말고 오히려 이를 잘 이용하여 성과 극대화에 도움이 될 수 있는 방향으로 활용해야 할 것이다.

〈표 9-1〉 공식적 및 비공식적 커뮤니케이션 비교

공식적 커뮤니케이션	비공식적 커뮤니케이션
• 전달속도가 늦음 • 계획적 · 의도적 • 주로 문서에 의함 • 공표됨 • 일상적인 일에 관련됨 • 업무지향적 • 경영자 중심	• 전달속도가 빠름 • 자발적 · 무의식적 • 주로 구두에 의함 • 공표되지 않음 • 비일상적인 일에 관련됨 • 인간지향적 • 종업원 중심

2) 언어적 의사소통과 비언어적 의사소통

어떠한 형태의 의사소통이든 언어적·비언어적 요소가 혼합되어 있다. 다만, 상황에 따라 그 비율이 달라지게 된다.

(1) 언어적 의사소통

말, 즉 구어(口語)로 하는 의사소통을 말하며 글로 하는 의사소통도 이에 포함될 수 있다.

(2) 비언어적 의사소통

눈짓, 몸짓, 웃음, 말의 속도, 목소리의 높고 낮음, 입술의 경련, 얼굴의 붉어짐, 그리고 눈물 등 언어가 아닌 의사소통의 통칭이다.

쉬어가기 **메라비언 법칙**(The Law of Mehrabian)

대화에서 시각과 청각 이미지가 중요시된다는 커뮤니케이션 이론으로 의사소통 효과의 비중에서 시각적 이미지가 55%, 청각적 이미지가 38%를 차지하며, 말의 내용(메시지)은 7%에 불과하다는 법칙이다. 우리는 이 법칙에서 두 가지의 중요한 사실을 얻어낼 수 있다. 첫째는 말의 내용(7%)보다는 커뮤니케이션 능력(93%)이 훨씬 중요하다는 것이며, 둘째, 이러한 커뮤니케이션 능력의 93% 중 청각적 이미지(38%)보다 외모, 표정, 태도, 복장, 머리 모양 등 비언어적인 이미지(55%)가 훨씬 크다는 것이다. 즉, '무엇을 말하고 있는가?'보다는 '어떻게 말하는가?'에 대한 비중이 훨씬 크다는 것으로 비언어적인 요소의 중요성을 강조하고 있다.

4. 의사소통의 장애요인

1) 일반적 장애요인

(1) 인간적 요인

- 인간의 판단기준이 정확한 의사소통을 저해하는데, 인간이 가지고 있는 지식, 가치관, 선입견 등이 그 예가 될 수 있다.
- 인간은 그 주의력에 한계가 있기 때문에 모든 상황을 빠짐없이 인식할 수도 없고 또 그것을 빠짐없이 전달할 수도 없다.
- 의식적인 제한이 장애요소가 될 수 있는데, 누구와 경쟁관계에 있다든가 누구에게 적의를 품고 있을 때 의사전달에 문제를 일으키게 할 수 있다.

(2) 조직구조적 요인

- 해당 조직의 생리가 장애요소로 될 수 있는데, 조직의 성격, 규모, 인간관계 구조 등이 원활한 의사소통을 저해할 수 있다.

토론

조선의 양대 성군으로 알려진 정조와 세종의 소통 리더십을 비교해 보자.

사례 IBM의 4대 의사소통 활성화 전략

IBM 로고와 IBM사

세계적인 초우량기업으로 무노조전략을 취하고 있는 IBM이 노조의 필요성을 그다지 느끼질 못할 정도로 노사 간에 협조적인 관계를 유지해올 수 있었던 4대 커뮤니케이션 시스템을 소개한다. 이 시스템의 핵심은 쌍방적(two way)인 커뮤니케이션이다.

1) 스피크 업(Speak up) 제도

종업원들은 업무를 수행하는 과정에서 의문이나 해결하지 못하는 불만사항이 생기면 스피크 업 함에 적어 넣으면 된다. 이름을 적을 수도 있고 익명으로 할 수도 있는데, 전자의 경우에는 본인에게 그 결과를 알려준다.

2) 오픈 도어(Open Door) 시스템

IBM은 "사장실은 항상 열려 있다"고 말한다. 스피크업 제도로 개선되지 않은 사항이 있다면 언제든 사장이나 중역을 만날 수 있다.

3) 중역 인터뷰(Executive Interview)

대부분의 구성원들은 본인의 직속 상관과는 대화가 가능하나 보다 큰 영향력을 행사할 수 있는 중역들을 만나기는 매우 힘이 든다. IBM은 1년에 한 번 정기적으로 중역 주관으로 면담을 할 수 있는 기회를 부여하여 커뮤니케이션 문제를 해결한다.

4) 종업원 의견조사(Employee Opinion Survey)

이 외에도 IBM은 매년 종업원 전체의 의견조사를 통해 종업원들이 애로사항을 경청하고 이를 해결해준다.

출처 : 김덕로(2014). 현대사회와 리더십

"어떤 사람하고 갈등이 생겼을 때 그 관계를 망치는가
아니면 더 깊은 관계로 발전하는가 하는 것은
전적으로 그 사람의 태도에 달려 있다."

– 윌리암 제임스

2절 갈등관리

1. 갈등의 정의

갈등의 영문표현 conflict는 라틴어의 configere(상대가 서로 맞선다)를 어원으로 하고, 한문표현 葛藤은 칡넝쿨과 등나무 넝쿨이 복잡하게 얽혀 있는 상태를 이르는 것으로, 개인이나 집단 사이에 있어서 생각이나 태도 등이 충돌하는 것을 말한다. 갈등은 상호 간에 이해관계나 가치 척도 등이 다른 경우 발생한다. 갈등으로 인해 발생되는 결과는 갈등의 성질에 따라 다양하게 나타난다. 갈등이 조직에 미치는 영향은 매우 크므로 관리자들이 이를 잘 관리하지 않으면 조직목표달성이 어려워짐을 명심해야 한다.

2. 갈등의 기능

과거에는 조직 내에서 일어나는 갈등을 해로운 역기능으로만 작용하는 것으로 생각했었다. 그러던 것이 근래에 와서는 갈등은 어떻게 관리되느냐에 따라서 조직에 유익하기도 하고 해롭기도 하다는 주장이 제기되고 있다.

1) 갈등의 역기능

갈등은 조직에 해로운 것이므로 그것의 원인 규명과 해결방안을 찾아야 한다는 입장이다.

① 조직 내의 구성원들 간이나 조직과 조직 간 갈등이 생기면 갈등 당사자 간에 대립상태로 놓이기 때문에 조직이나 집단에 불안(不安)을 조성시킨다.

② 조직의 구성원들 서로 간에, 또는 조직과 조직 간에 적대의식이나 분쟁을 격화시킨다.

③ 조직 내에서 갈등이 일어날 경우 집단적 세력을 믿고 위계질서(位階秩序)를 파괴할 수 있다.

2) 갈등의 순기능

어느 정도의 갈등은 집단의 형성 및 집단활동의 유지를 위해 필요한 현상이므로 갈등이 합리적으로 해결되면 쇄신이나 발전과 재통합의 기회가 온다.

① 정책 수립에 있어서 각자 제시한 대안을 놓고 토론과정에서 생겨나는 갈등은 건설적인 갈등이라고 말할 수 있다. 이러한 갈등은 오히려 조직의 발전에 필요한 변화를 촉진시켜주는 원동력이 될 수 있다.

② 갈등은 조직 구성원들로 하여금 선의(善意)의 경쟁을 하도록 함으로써 정체된 사고방식에서 탈피하게 하고 조직의 활성화를 촉진하게 한다.

③ 조직 내에 갈등이 생긴다는 것은 곧 조직 내에 문제점이 있다는 신호의 역할을 한다. 따라서 조직 내에서 갈등이 생겨났을 때 관리자는 그 갈등과 관련된 문제부분을 진단하여 조직의 혁신을 기할 수 있게 된다.

관리자들은 조직 내의 갈등을 모두 방지하고 제거하려고만 할 것이 아니라 적절한 관리를 통해서 효과적인 해결방안을 찾는 것이 중요하다. 적절한 수준의 갈등은 최적의 직무성과를 달성하기 위한 필수요소이기 때문이다.

3) 갈등수준에 대한 관점

[그림 9-2]는 갈등의 정도가 높을 경우는 물론이고 너무 낮을 때에도 문제가 발생하며 적정한 수준일 때 가장 바람직함을 보여 주고 있다. 3개 영역에 대한 특징을 살펴보자.

(1) 갈등이 너무 적을 경우

업무에 대한 적응력이 떨어져 업무가 획일적으로 진행된다. 또한, 무사안일에 빠지기 쉬우며 냉담하고 침체적이어서 변화에 대응하지 못한다. 즉, 창의성이 실종된다. 그러므로 오히려 갈등을 조장하는 전략을 써야 한다.

(2) 갈등이 적당할 경우

생동적이고 변화에 적절하게 대응해 창조적인 활동을 하게 될 뿐 아니라 자신에 대한 비판적인 사고를 가지고 있어 조직발전에 크게 기여하게 된다.

(3) 갈등이 너무 클 경우

혼란과 분열이 생기고 조직에 투쟁을 일삼으며 비협조적이므로 조직분위기 일신을 위해 갈등해소전략을 써야 한다.

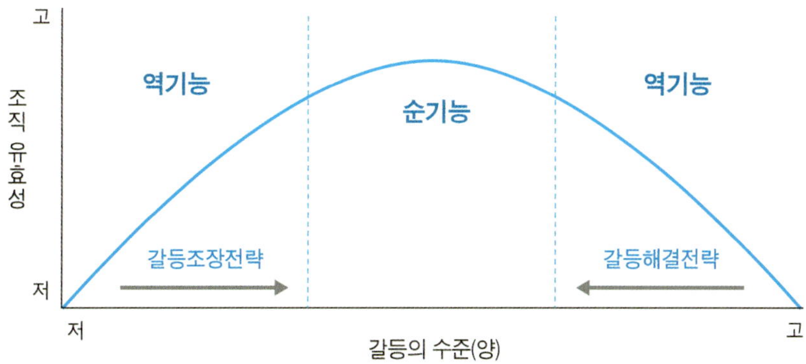

갈등 과소	적정 수준	갈등 과다
• 냉담하고 침체적 • 변화에 무반응 • 창조성 결여	• 생동적 • 혁신적 • 자체 비판적	• 혼란, 분열 • 투쟁, 비협조적

[그림 9-2] 갈등의 정도에 따른 조직 성과

3. 갈등의 유형

일반적으로 갈등의 유형은 갈등분야에 따라 또는 이용목적에 따라 다양하게 구분할 수 있다.

1) 개인 내 갈등(intrapersonal conflict)

개인의 내면적인 상태나 성격문제로 인한 갈등으로 전문적인 카운슬러의 영역에 해당한다. 개인 내 갈등은 선택권도 개인에게 있으며, 어느 한쪽을 선택함으로써 완전하지는 않지만 갈등상황은 끝날 수 있다.

(1) 욕구좌절로 인한 갈등

개인의 목표를 달성하지 못할 때 갈등이 발생하며, 갈등의 결과 스트레스, 우울, 각종 중독, 자살로 이어지기도 한다.

(2) 목표 갈등

서로 양립할 수 없는 목표들 사이에서 의사결정을 하지 못하고 겪는 갈등을 말한다.

(3) 역할 갈등

어떤 사람에게 기대되는 역할에 대한 갈등으로 다음의 경우가 있다.

- 직장에서의 역할과 가정에서의 역할 : 양립하기 어려운 역할의 차이
- 개인목표와 조직목표의 불일치
- 능력에 부적절한 요구

2) 개인 간 갈등(interpersonal conflict)

두 개인이 동일한 문제에 대해 상충되는 견해나 의견을 드러낼 경우에 발생한다. 예를 들어, 같은 학년에 국어를 담당하고 있는 두 명의 교사가 평가에 관점이나 배점에 대하여 서로 다른 의견을 가지고 있을 경우에 갈등이 생긴다.

3) 집단 간 갈등(intergroup conflict)

두 집단이 동일한 문제에 대해 상충되는 의견을 드러낼 경우에 발생하는 갈등으로 개인 간 갈등과 유사한 양상을 드러낸다. 일반적으로 조직 갈등은 조직목표를 성취하는 데 필요한 자원과 편의 등을 둘러싼 배분문제를 두고 나타나는 경우가 많다.

(1) 기능적 갈등(functional conflicts)

각각 다른 기능을 수행하는 부문 간에서 발생되는 갈등이다. 기능 간 갈등은 상호 의존관계에 있는 부서가 자신의 부서목표달성이 다른 부서에 의해 방해받는다고 지각될 때 발생한다. 예로 생산 부문과 마케팅 부문 간의 갈등, 라인과 스태

프 간의 갈등이 있다.

(2) 계층적 갈등(hierarchical conflicts)

조직의 상하계층 간에서 발생되는 갈등이다. 이러한 갈등은 권한의 행사과정에서 나타나기도 하고 보상과 관련되어 유발되기도 한다.

(3) 경쟁적 갈등(competive conflicts)

한 조직 내에서 여러 집단이 유사한 기능을 가질 때에 발생한다. 예로 기업에서 특정고객에 대하여 영업1부와 영업2부가 동시에 판매활동을 벌이게 될 경우 이러한 갈등이 일어나게 된다.

(4) 공식조직과 비공식조직 간 갈등(formal–informal conflict)

공식조직의 규범과 비공식조직의 규범 간에 마찰이 발생한 경우로 일반적으로 공식조직이 비공식조직의 활동을 규제하려 할 때 나타난다.

4. 갈등관리전략

갈등관리(conflict management)란 갈등이 긍정적인 효과를 발휘하도록 갈등의 수준을 감소시키거나 증가시키는 행동을 말한다. 이러한 갈등의 관리는 크게 두 가지로 나누어 볼 수 있다. 하나는 갈등이 너무 심해서 문제를 해결해야 하는 관리문제이고, 다른 하나는 갈등이 너무 낮아서 갈등을 순기능적 수준까지 성공적으로 끌어올려야 하는 관리문제이다.

1) 토마스의 갈등해소전략

[그림 9-3]은 토마스가 제시한 갈등 대응 5가지 유형을 나타낸 것으로, X축에 업무와 관련 있는 타인과의 협력 정도를, Y축에 자기주장의 정도를 표현하고 있다.

이러한 5가지 대응방식은 사람들에게 나타나는 일반적인 경향을 유형별로 나누어 보여 준다. 그러나 상황에 따라 같은 사람이라 하더라도 5가지 방식을 골고루 사용할 수 있다. 따라서 갈등에 대처하는 방식을 보고 '어떤 사람은 어떤 유형이야' 라고 규정짓는 것은 매우 위험한 일이다. 갈등해결을 위해 자신과 타인을 모두 존중하는 방식인 협동, 상생형이 가장 이상적이지만 상황에 따라서 다른 방식을 채택하는 것이 유용할 수도 있다.

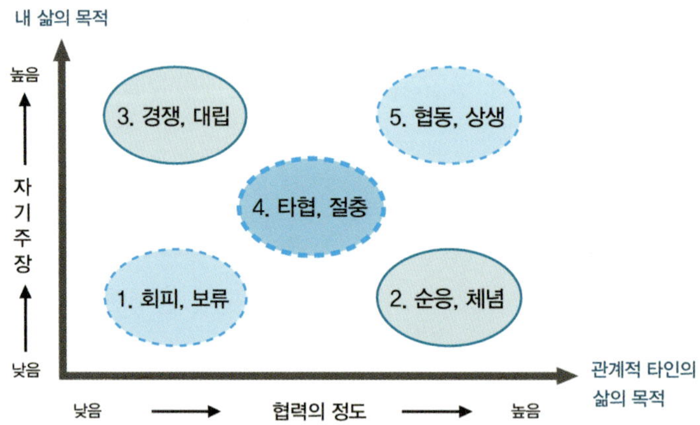

[그림 9-3] 갈등 대응 5가지 유형

(1) 회피, 보류

타인에게 협력하지도, 본인의 의견을 주장하지도 않는 유형, 즉 갈등상태에 대처하지 않고 피하려는 유형을 말한다. 손쉽게 해결하고 외적 갈등의 심화를 막을 수 있는 장점이 있으나 근본적인 해결이 안 되어 내적 갈등이 더욱 심화되는 단점이 있다. 아래와 같은 상황에서 이러한 유형이 유용하다.

- 당면한 일보다 더 급한 문제가 있을 경우
- 자신의 의견을 관철시킬 수 없다고 판단되는 경우
- 갈등에 맞섰을 때 겪는 피해가 갈등이 해결됨으로써 얻는 이득보다 클 경우

(2) 순응, 체념

자신의 주장보다는 상대의 주장을 전적으로 수용함으로써 갈등을 해결하려 하는 유형이다. 시간이 적게 걸리고 타인과 좋은 관계를 유지할 수 있는 장점이 있으나 자신이 원하는 것을 얻지 못하는 단점이 있다. 아래와 같은 상황에서 이러한 유형이 유효하다.

- 자신이 틀리다는 것을 깨닫거나, 더 좋은 의견에 기회를 주고자 할 경우
- 현안문제가 자신보다 다른 사람에게 훨씬 중요할 경우
- 조직 분열을 피하는 것이 특별히 중요한 상황일 경우

(3) 경쟁, 대립

자신의 입장을 고수하며 상대방을 압도함으로써 갈등을 해결하는 유형이다. 강한 추진력과 목표의식이 분명하다는 장점이 있으나 갈등이 오히려 증가하여 관계가 나빠질 수 있는 단점이 있다. 아래와 같은 상황에서 이러한 유형이 유용하다.

- 신속하게 결정해야 하는 상황일 경우(긴급 상황)
- 중요한 사안인데, 조직 이익을 위해서 자신의 생각이 옳다는 것을 확신할 경우

(4) 타협, 절충

양측 모두의 이익을 생각해 어느 정도 만족할 수 있는 선에서 적절한 타협으로 갈등을 해결하는 유형이다. 적절히 이익과 손해를 조절할 수 있는 장점이 있으나 자신이 원하는 것을 일부만 얻게 되는 단점이 있다. 아래와 같은 상황에서 이러한 유형이 유용하다.

- 목표가 중요하긴 하지만 다른 사람과 대립할 만한 가치가 없는 경우
- 동등한 권한을 가진 상대가 서로 배타적인 입장을 고수하는 상황일 경우
- 복잡한 문제에 대해 잠정적인 해결이 필요할 경우

(5) 협동, 상생

자신의 목표를 추구하면서도 상대에 대한 배려를 하여 모두를 만족시켜 갈등을 해결하는 유형이다. 모두가 만족할 수 있는 장점이 있으나 시간과 노력이 많이 소요되는 단점이 있다. 아래와 같은 상황에서 이러한 유형이 유용하다.

- 양측의 의견이 모두 매우 중요해 통합적인 해결책을 찾지 않으면 안 될 경우
- 타인의 의견을 받아들여 의사결정을 함으로써 참여의식을 조성하고자 할 경우

2) 통합적인 갈등해소전략

통합적 해결방법은 일반적인 방법, 구조적인 방법, 전담조직 활용법 등으로 분류할 수 있다.

(1) 일반적인 해결방법

① 대면(confrontation)

가장 보편적인 방법으로 갈등 당사자들이 서로 얼굴을 맞대고 문제가 되는 부분에 대한 논의를 통해 오해를 없애고 갈등을 해소하는 방법이다. 당사자들이 협동적인 문제해결능력을 가지고 있을 때 이 방법이 효율적일 수 있으며, 새로운 쇄신적 대안을 창출할 수 있다.

② 상위목표(superordinate goals) 설정

집단 간의 갈등을 초월하여 서로 협조할 수 있는 상위목표를 설정하는 방법이다. 상위목표는 갈등상태에 있는 행동주체들이 모두 추구하기를 원하는 것이지만 어느 하나의 행동주체가 단독으로는 성취시킬 수 없는 것이어야 한다. 행동주체들의 개별적인 목적추구에서 빚어지는 갈등은 상위목표가 제시되면 상당히 완화될 수 있을 것이다.

③ 공동 적의 설정(identifying a common enemy)

갈등상태의 집단들은 공동의 적, 즉 경쟁조직이나 조직 내 제3의 집단 등에 대항할 힘을 합치기 위해 그들의 견해 차이를 재빨리 좁힐 수 있다. 이와 같이 외부적의 위협은 집단 내부의 응집성을 강화시켜(그에 대한 효과적인 대처를 위해) 집단 간의 의견 차이를 잊게 만든다.

④ 자원 확충(expansion of resources)

집단이나 조직 내의 많은 갈등은 각종 인적·물적 자원이 부족하기 때문에 야기된다. 이 경우 부족한 자원을 추가 확보함으로써 문제를 해결할 수 있다.

그러나 원가절감이 절실한 기업특성상 자원을 풍부하게 공급하는 것은 쉽지 않다.

⑤ 불필요한 경쟁의 회피

비용 및 예산통제, 수익극대화, 성과측정 및 성과에 따른 책임 등과 같은 조직상황은 조직성원과 집단들 간의 경쟁을 촉진시킨다. 이러한 경쟁은 조직목표를 달성하기 위해 리더가 반드시 추구해야 할 기본 전략이다. 그러나 경쟁이 필요 이상으로 과열되거나 잘못된 방향으로 흘러간다면 본래의 오히려 부정적인 효과가 더 커질 수 있다. 따라서 조직에서는 불필요한 경쟁을 회피함으로써 갈등발생을 최소화해야 한다.

⑥ 강압행사

이는 공식적 권한을 가진 상사가 명령에 의해 부하들의 갈등을 해소시키는 방법으로서 갈등 당사자 간의 합의를 전제로 하지 않는다. 당사자는 상사의 결정에 찬성하지 않더라도 정당한 명령에 복종하지 않을 수 없는 것이다. 그러나 이 방법은 원인이 제거되지 않고 단지 갈등행동만을 해소시킨다는 단점이 있다.

(2) 구조적인 해결방법

① 규율이나 절차

가장 간단하고 기본적인 해결방법으로 집단갈등을 사전에 예측하고 이에 대한 규율, 규정, 절차를 설정하여 이것을 집단문제에 적용하는 방법이다.

② 조정

갈등을 빚고 있는 두 집단을 모두 관장하는 관리자가 주어진 조정권한을 발휘하여 문제를 해결하는 방법이다.

③ 계획

관련 집단들이 사전에 계획을 하여 상호 간의 목표와 주요 과업을 중심으로 기능과 역할을 보다 분명히 하는 방법이다.

(3) 전담자(전담 조직) 활용

① 조정 담당자 운영

집단 통합의 가장 간단한 방법으로 리더가 갈등해소 전담자를 지정하여 운영하는 방법이다. 관련 집단 간 정보교환이나 의사소통을 원활히 해주고 상호 간 이해와 화해를 증대시켜주는 장점이 있으나 개인역량 비중이 너무 크다는 한계를 가지고 있다.

② 통합조정부서의 설치

집단 간 상호관계가 복잡해져서 정보 피드백과 상호작용이 대폭 증가할 경우 관련 집단들 간의 상호관계를 조정해주고 이를 결합시키는 통합조정부서를 설치할 수 있다. 상설부서 대신 T/F 팀으로 하여금 주어진 문제를 집중적으로 연구하게 함으로써 문제해결을 모색할 수도 있는데, 이 경우 한시적인 조직이므로 단기간에 조직문화를 바꾸기 어렵다는 한계를 가지고 이다.

3) 갈등조장전략

갈등의 조장전략이란 조직의 활력, 창의와 쇄신을 위하여 순기능적인 갈등을 적절히 조성하는 전략을 의미한다. 즉, 조직 구성원들이 무사안일주의에 젖어 조직이 침체상태에 있을 경우, 의도적으로 갈등을 조성하여 조직 구성원들 간에 선의(善意)의 경쟁을 하도록 함으로써 조직에 활력을 불어넣을 수 있다.

(1) 의사전달경로의 변경

표준화된 공식적 및 비공식적 의사전달경로를 의식적으로 변경시켜 갈등을 조장할 수 있다. 특정한 의사전달경로에 통상적으로 포함되던 사람을 일부러 제외하거나 또는 본래 포함되지 않았던 사람을 새로 포함시키는 것은 의사전달경로변경의 한 예이다.

(2) 의사전달정보의 조작

정보전달을 억제하거나 과다한 정보를 전달함으로써 갈등을 조장하는 방법이다. 정보과다로 인한 혼란은 갈등을 야기하며 나아가 조직 구성원들의 정체된 행태를 활성화시키고 창의성과 자율성을 일깨워 줄 수 있다.

(3) 경쟁강화 또는 견제 유도

조직 내 단위 부서나 집단들 간에 경쟁적인 상황을 조성함으로써 갈등을 일으킬 수 있다. 또한 조직 내의 계층 수나 기능적 조직단위의 수를 늘려 서로 견제시킴으로써 갈등을 조장할 수 있다. 이 경우에 조직단위 간의 의존도를 높이면 갈등이 발생할 가능성이 더욱 커진다.

(4) 이질감의 조성

침체된 조직을 흔들어 활기를 띠게 할 수 있는 방법으로, 기존의 조직 구성원들과는 가치관, 경험, 배경 등이 다른 사람을 투입하는 것이다. 즉, 조직 내에 새로운 사람을 투입하여 기존의 구성원들과 이질감을 조성하게 함으로써 갈등을 야기하는 것이다. 이와 같이 함으로써 조직의 침체된 분위기를 깨뜨리고 조직에 새로운 변화와 활력을 일으키도록 할 수 있다.

(5) 리더십 스타일 변경

리더십의 유형을 변경시킴으로써 조직 구성원의 태도변화를 통해서 갈등을 조성할 수 있다.

(6) 위협적인 정보나 루머 활용

위협적인 정보나 루머를 활용하여 분위기를 흔들어 보는 것도 갈등을 야기시킬 수 있는 방법이 될 수 있다.

사례 원전 공론화를 통한 원전갈등 해소 사례

1. 개요

문재인 대통령은 자서전 《문재인의 운명》에서 "정부가 해야 할 일 가운데 가장 중요한 것 중 하나가 갈등을 조정하는 일이다. 정부가 정책에 확신을 갖고 있더라도, 반대 의견이 있으면 귀 기울이고 설득하는 노력이 필요하다. 반대 의견이 집단적일 경우는 더 말할 나위가 없다"고 말했다. 그러면서 "그런 갈등을 합리적으로 조정하고 중재할 수 있는 시스템 마련이 국가적으로 반드시 필요하다고 느꼈다"고 했다. 문재인 대통령은 자신의 선거공약으로 원전철폐를 내세웠는데 대통령 당선 후 온 국민이 찬반으로 나뉘어 갈등을 빚게 되자 전문가들로 이루어진 원전공론화 T/F 팀을 만들어 토론하게 하였다. 그는 여기에서 나온 결론을 조건 없이 따르겠다고 했으며 실제 이 약속을 지켰다.

2. 원전갈등 해결

신고리 5·6호기 공론화위원회가 신고리 5·6호기 건설은 재개하되 원자력 발전 자체는 축소하는 쪽으로 권고안을 마련하면서 원전정책을 둘러싼 논란을 일단락지었다. 공론화위원회는 최종 조사결과 신고리 5·6호기 건설 재개가 59.5%로 건설 중단을 선택한 40.5%보다 19%P 높게 나타났다고 밝혔다. 오차범위를 크게 벗어난 수준이어서 건설이 중단되어 있는 신고리 5·6호기의 건설 재개를 권고하기로 했다. 공론화위는 또 향후 원자력 발전의 축소, 유지, 확대 등 3가지 정책방향에 대한 조사에선 축소가 53.2%로 유지(35.5%)나 확대(9.7%)를 오차범위 이상 넘어섰다고 말했다. 사회적 논란이 팽팽한 가운데 어느 쪽으로 결론이 나더라도 불만과 갈등이 커질 수밖에 없는 매우 민감한 사안에 대해 '솔로몬의 판결'과 같은 결론을 내린 셈이다. 신고리 5·6호기 건설 재개 여부에 대한 찬반 조사결과가 오차범위 안에 있을 경우 정부·여당으로선 더욱 어려운 결단을 해야 했다. 그렇다고 어느 한쪽으로의 쏠림 현상이 나타난다고 해도 문제는 간단치 않다. 결과에 대한 승복 여부 등 찬반진영 간에 반목과 갈등이 불거지면서 여야 간의 정치권 싸움으로 비화될 가능성이 우려됐던 것이다. 하지만 결과적으로, 장기적으로는 축소, 단기적으로는 재개라는 명분과 실속을 두루 감안한 결정을 공론화위가 내림으로써 이 같은 우려를 피해갈 수 있게 되었다.

이번에 사실상 처음 도입된 '숙의 민주주의' 방식의 공론화위에 대한 시민들의 높은 참여율과 성숙한 참여 태도 등을 통해 성공은 이미 예고됐던 측면이 있다. 시민들의 직접 참여로 이해관계가 엇갈린 세력이 모두 승자로 남을 수 있는 지혜를 모색함으로써 분열과 대립을 넘어 통합과 상생을 추구하는 갈등관리의 모범 사례를 세운 셈이다. 김지형 위원장은 "작은 대한민국으로 불러도 좋을 시민대표이자 우리 시내의 현자 471분 시민참여단 분들은 감동 그 자체였다"면서 "저희에게 치유와 위로라는 큰 선물을 주셨다"고 큰 감사의 뜻을 나타냈다.

출처 : CBS노컷뉴스(2017. 10. 20)

토론

원전을 확대하는 것이 좋은지 아니면 기존 에너지(화력, 수력)를 확대하거나 대체 에너지를 개발하는게 좋은지 토론해 보자.

Chapter

10 팀워크 향상

| 1절 | 팀

| 2절 | 팀워크

| 3절 | 팀제

"같이 모이는 것은 시작을 의미한다.
같이 협력해서 일하는 것은 성공을 의미한다."

– 헨리포드

1절 팀

1. 팀의 정의

팀(team)은 특정한 목적을 달성하기 위하여 상호작용하고 조정하는 둘 혹은 그 이상의 사람들의 단위를 말한다. 특정한 팀의 성원들은 보통 전문화된 지식, 기술, 그리고 집단에 기여할 수 있는 능력을 가지고 있으며, 팀의 성공은 이러한 개별적인 능력을 효과적으로 결집하는 데 달려 있다. 팀과 유사한 개념으로 집단이 있다. 집단은 팀보다 포괄적인 범주의 개념으로 2명에서 수천 명으로 다양한 규모로 존재하는 반면, 팀은 일반적으로 규모가 집단보다는 작아, 보통 4~20명으로 구성된다. 같은 집단에 속하거나 같은 장소에서 서로 협력하고 상호작용을 한다고 해서 모두가 팀이 되는 것은 아니다. 즉, 팀은 상위 조직의 명시적인 공동의 목표를 추구하고, 외부 다른 팀과 구별되는 경계를 가지고 있으며, 팀의 규모, 목표, 활동의 내용 등에서 일정하게 규격화되어 있다는 점에서 집단의 특수한 형태로 간주되고 있다.

우수한 팀의 특징을 열거하면 다음과 같다.

① 목표와 가치가 분명하다.

② 팀원들을 그들의 책임과 역할을 잘 알고 있다.

③ 조직의 전반적인 업무를 서로 신뢰하고 돕는다.

④ 커뮤니케이션이 개방적이다(조직의 모든 데이터를 서로 공유한다).

⑤ 팀원들은 주요 의사결정에 참여할 수 있다.

⑥ 결정된 사항을 열과 성을 다하여 실행에 옮긴다.

⑦ 팀 구조와 절차들은 목표와 모순되지 않고 일치하며 팀원들은 팀 구조와 절차에 따른다.

⑧ 의견 차이를 무시하고 않고 인정하며 잘 관리한다.

2. 팀의 분류

팀은 형성되는 목적이나 분류기준에 따라 다양한 유형이 도출될 수 있다. 많은 학자들이 여러 관점에서 팀을 분류하고 있으나 실제 조직 내에서 보편적으로 활용될 수 있는 팀의 유형은 '기능팀', '기능교차팀', '자율팀'과 같은 오프라인형과 '가상팀'과 같은 온라인형으로 분류할 수 있다[그림 10-1].

1) 기능팀(function team)

기능팀이란 비슷한 업무를 매일 함께하는 사람들로 구성되며, 우리가 일반적으로 접하는 과업을 운영하는 마케팅, 생산, 재무, 회계, 인사 등과 같은 기능적인 부서들을 말한다. 이러한 팀들은 팀 리더와 팀원으로 구성된 개별 업무조직에서부터 최고경영책임자와 고위관리자들로 구성된 팀에 이르기까지 다양하게 구성될 수 있다. 이러한 팀들은 작업의 기획 및 일정 조정, 업무 할당, 작업 속도의 관리, 문제해결을 위한 의사결정, 공급자 및 고객 상대 등의 업무에 이르기까지 매우 광범위한 과업을 수행한다.

2) 기능교차팀(cross-functional team)

기능 교차팀은 보통 태스크포스팀을 생각해보면 쉽게 이해할 수 있다. 즉, 특별한 직무를 완수하기 위해서 다양한 부서에서 다양한 특기(기능)를 가진 멤버를 차출해 구성된 작업팀을 지칭한다. 즉, 한 조직 내에 있는 다양한 영역의 사람들이 정보를 서로 교환하고, 새로운 아이디어를 짜내며, 문제를 해결하고, 복잡한 프로젝트를 조율할 수 있는 효과적인 수단이라 할 수 있다. 현재 대부분의 기업들이 다양하고 복잡한 프로젝트를 조정하기 위해 이러한 기능교차팀을 운영하고 있으며 많은 성과를 거두고 있다. 예로 기능교차팀을 활용한 보잉사의 경우 조직구조의 혁신적 전환을 통해 새 엔진을 설계하고 생산하는 데 소요시간을 50%가량 단축시킬 수 있었다. 기능교차팀의 일종인 문제해결팀(problem-solving team)은 업무 프로세스나 작업방법의 개선에 초점을 두고 대안을 제시하는 팀으로 일정시간 동안 주기적인 모임을 통해 문제에 대한 개선방안을 논의한다. 기능교차팀이 주로 다른 부서의 직원들로 구성된 반면 문제해결팀은 품질관리 분임조처럼 주로 동일한 부서에 소속된 5~12명 정도의 종업원들로 구성되는 경우가 많다.

3) 자율(경영)팀

자율경영팀은 상부로부터 전권을 위임받아 스스로 계획을 세우고 실천하고 통제와 감독까지 맡아 하는 소규모의 팀 형태로 팀원의 선발과 평가도 팀 자율로 하기 때문에 종래의 관리자나 감독자는 역할이 줄어들거나 없어지기도 한다. 자율경영팀은 매우 높은 수준의 임파워먼트를 통해 창의성을 향상시키고 책임감 제고를 통해 기존 팀에서 달성할 수 없는 높은 수준의 성과를 얻고자 하는 팀이다. 그러나 상명하복에 의한 일사불란한 체계가 체질화되어 있는 기업에 무턱대고 적용했다가는 실패하기 쉽다. 이러한 조직이 성공적으로 운영되기 위해서는 당연히 팀운영에 적합한 기업문화조성이 선행되어야 한다.

4) 가상팀(virtual team)

가상팀은 네트워크와 정보통신기술의 발전에 힘입어 대면접촉이 없이 온라인상으로 공동 목표달성을 위해 상호작용하는 팀을 말한다. 가상팀은 온라인으로 기능팀, 기능교차팀, 문제해결팀의 역할을 수행할 수 있으며 문제를 해결하기 위해 며칠 동안만 활동할 수도 있고, 하나의 프로젝트를 완성하기 위해 몇 달 동안 활동할 수도 있으며 지속적으로 유지될 수도 있다. 가상팀과 오프라인팀을 구별하는 주요한 요인은 다음과 같다.

① 대면적 상황에서는 유사언어 또는 비언어(손동작, 표정 등)적 소통이 가능한 반면 가상적 상황에서는 불가능하다.

② 가상팀에는 인간적 접촉과 정서적 교감이 부족하기 때문에 구성원 간 상호작용 만족도가 낮은 것이 문제점 중 하나이다. 즉, 친밀감이나 신뢰 등을 형성하기가 곤란하다.

③ 가상팀에게는 시공간의 제약이 없다. 즉, 물리적 거리나 시간적 차이가 극복될 수 있어 세계 어디에 있어도 작업팀 참여가 가능하다.

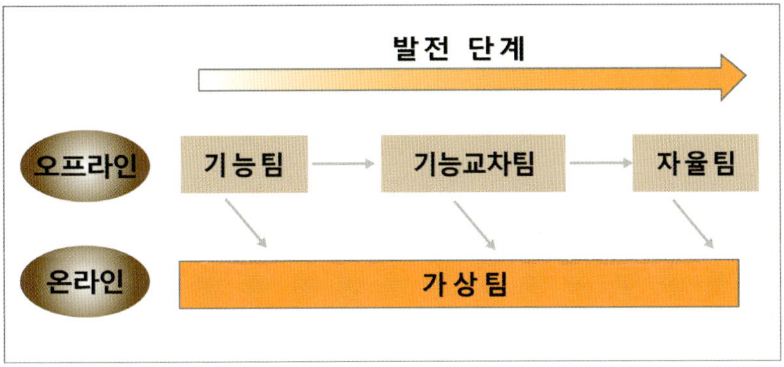

[그림 10-1] 팀의 분류

2절 팀워크(teamwork)

1. 팀워크 개요

팀은 '명확하게 정의된 공통의 목표를 달성하기 위해 상호의존적으로 일하는 개인이 모인 집단'으로, 팀워크는 '팀 구성원이 공동의 목표를 달성하기 위해 각 역할에 따라 책임을 다하고 협력적으로 행동하는 것'으로 정의할 수 있다. 즉, 팀 내의 상호작용을 통해 혼자서는 할 수 없는 일을 창조할 수 있는 잠재력을 발휘하게 된다. 결론적으로 팀의 성공은 여러 개개인의 역량을 얼마나 효과적으로 집결하여 사용하는가에 달려 있다고 할 수 있다. 윤정헌(2000)은 팀워크를 기능적 팀워크와 인간관계적 팀워크로 구분하였다.

1) 기능적 팀워크

조직 구성원들이 조직의 목표를 달성하고 주어진 업무를 수행하기 위해서는 다음과 같은 기능적인 요건이 필요하다.

(1) 팀 구성원의 업무수행능력

조직 구성원 각자는 자신의 업무를 수행하는 데 필요한 충분한 능력을 갖추어야 한다. 그리고 조직 구성원들은 개개인이 갖추지 못한 부분들을 서로 보완할 수 있는 능력을 갖춤으로써 조직 차원에서 조화로운 팀워크가 형성될 수 있다.

(2) 동료 간의 유기적인 업무협조

조직 구성원 각자가 자기 직무를 수행하는 데 필요한 능력과 구성원들 간의 보완적인 능력을 구비했다면 그 다음은 각각의 구성원들이 다른 사람과 얼마나 업무적으로 협조하느냐에 따라 그 결과가 달라진다. 협조성, 의사소통, 상호의존성, 교환성, 공동목표 공유성 등을 들 수 있다.

2) 인간관계적 팀워크

조직에서 구성원들 간에는 다양한 인간관계가 형성되는데, 이때 피상적이고 외형적인 인간관계는 높은 수준의 팀워크를 형성할 수 없으며, 활발한 교류와 진정성이 있고 신뢰할 수 있는 관계 속에서 질적으로 높은 수준의 팀워크를 유지할 수 있다. 조직에서 인간관계적 팀워크의 수준에 따라서 조직의 성과가 달라지는데, 이러한 인간관계적 팀워크를 구성하는 요소로서 구성원 간의 이해성, 평등성, 상호 인간존중, 신뢰성, 교류성, 관심성 등을 들 수 있다.

이러한 인간관계적 팀워크와 기능적 팀워크 두 가지 모두 높은 수준을 유지하면서 하나로 통합될 때 조직은 좋은 성과를 유지하고 목표를 달성할 수 있다. 만약 인간관계적 팀워크가 낮은 상태에서 기능적 팀워크를 강조한다면 일시적으로 팀워크가 강화되는 것처럼 보일 수는 있지만 지속적으로 팀워크를 유지하기는 어렵다. 또한 인간관계적 팀워크는 높은데, 기능적 팀워크가 낮다면 조직이 성과를 내는 데 한계에 봉착할 것이며 목표달성이 불가능할 수도 있다.

2. 팀장의 역할

팀워크의 효과를 잘 이끌어 내기 위해서는 팀 관리자의 역할이 중요한데, 팀 관리자는 [그림 10-2]와 같이 4가지 역할을 한다. “감독자” 역할이란 리더가 수직적인 개념에서 구성원들을 지시하고 감독하는 기능을, “팀워크 촉진자” 역할은 리더가 수평적인 위치에서 구성원들의 업무가 잘되도록 지원해주는 기능을 말한다. “참여자” 역할이란 리더도 구성원과 같은 팀원으로 활동하는 기능을 말하는데, 규모가 적은 팀일 때 적용되는 경우가 많다. “코치” 역할이란 감독자 역할과 상반되는 개념으로 리더가 팀 구성원을 직접 지도하는 것이 아니라 간접적으로 촉진시켜주는 역할을 말한다(7장 코칭 리더십 참조). 이러한 네 가지 역할은 어느 특정한 상황에만 적용되기보다는 대부분의 팀에 같이 존재하며 리더와 업무의 특성 그리고 업무의 상황에 따라 그 비중이 달라진다. 다만, 권한위임, 조직의 수평화, 자율비중의 확대로의 패러다임 변화로 감독자 기능보다 다른 3가지 기능의 비중이 높아져가고 있는 추세이다.

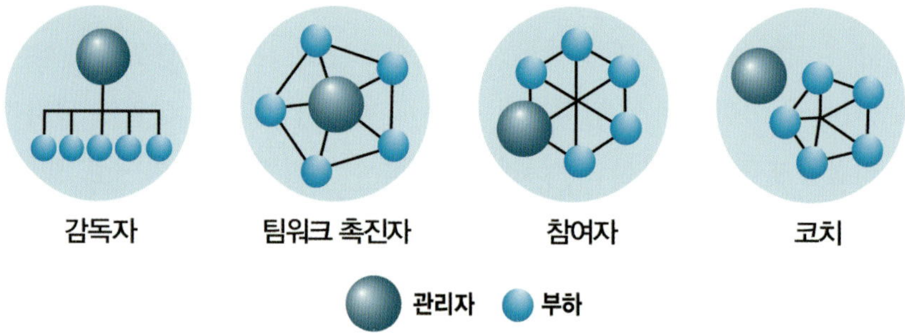

[그림 10-2] 팀 관리자의 역할

출처 : 장영광(2016). 생활속의 경영학. 신영사

3. 팀워크의 중요성

기업을 둘러싼 환경이 변하지 않고 과업이 매우 단순하다면 팀워크는 그다지 중요한 요소가 되지 않을 것이다. 그러나 환경변화는 점점 극심해지고 있으며 이에 따라 과업수행도 점점 어렵고 복잡해지는 현 상황에서 소수의 인력이 과업을 수행하는 것은 불가능하다. 불가피하게 많은 인력이 함께 일해야 하는데 팀워크가 제대로 되지 않으면 당연히 좋은 성과를 거둘 수가 없게 된다. 앤드류 카네기는 "팀워크가 없는 회사는 제대로 운영되지 않는다. 조그마한 사업체라도 반드시 팀워크가 필요하며 기업과 팀워크는 떼려야 뗄 수 없는 요소이다. 성공한 회사들을 분석해 보면 반드시 능률적이고 조화롭게 팀워크가 이루어지고 있으며 성공한 기업에서는 대부분 직원 간 팀워크를 전담하는 부서가 별도로 존재한다."는 말로 팀워크의 중요성을 강조하였다. 미국 프로 풋볼경기에서 만년 꼴찌를 벗어나지 못하던 세인트루이스 팀을 슈퍼볼 우승의 주인공으로 만든 딕 버메일 감독은 "조직을 승리로 이끄는 힘의 25%는 실력이고, 나머지 75%는 팀워크다."라고 말했다. 팀워크 활용의 대표적 성공 사례로 불리는 GE에서는 영업성과를 150% 달성했더라도 팀워크가 미흡한 사람은 즉각 교체 대상이 된다. 만약 그가 팀워크를 적절하게 발휘했다면 150%를 훨씬 넘는 영업성과를 달성할 수 있을 것으로 판단하기 때문이다(한국과학기술원, 2013).

심화학습 동시공학(concurrent engineering, 同時工學)

팀워크의 장점을 잘 활용한 이론이 동시공학이다. 동시공학은 제품을 계획하는 데서부터 사후관리에 이르기까지 제품설계와 관련된 전 수명주기를 동시화하여 생산리드타임을 획기적으로 단축시키는 리엔지니어링에 의한 혁신기법이다. 과거에는 상품기획, 연구개발, 제품설계, 공정설계, 생산설계, 검사설계, 출하설계에 이르는 제품수명주기와 관련된 모든 개발과정이 직렬로 구성되었고 순차적으로 수행되었다. 동시공학은 제품개발이 시작되는 처음부터 제품수명주기의 모든 과정에 관련된 사람들이 참여하여 전 과정을 병렬로 병행하여 개발함으로써 생산리드타임과 비용을 획기적으로 줄이고 동시에 시행착오도 감소시키는 것이다. 이러한 동시공학을 적용한 개발팀은 기능교차팀의 형식을 취하는 경우가 대부분이다[그림 10-3].

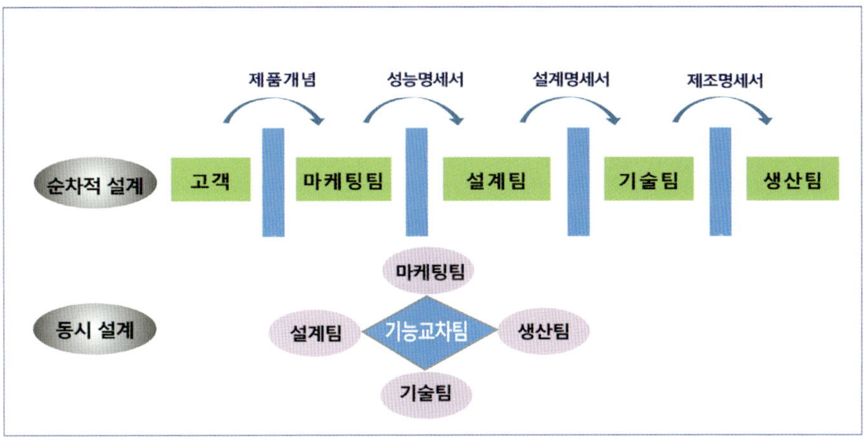

[그림 10-3] 전통공학과 동시공학의 비교

4. 팀워크의 필수 구성요소

그렇다면 팀워크를 효과적으로 수행하기 위한 필수적인 요인에는 어떤 것들이 있을까? 라슨(Larson) 등이 제시한 효과적인 팀워크 요소들 중 핵심내용을 간추려 소개한다.

1) 공통의 목표(common goal)

모든 조직 구성원들이 추구하는 공통적인 지향점은 팀워크를 형성하는 가장 필수적인 요소로 조직 구성원의 단결된 행동을 유도할 수 있다. 이때 구체적, 측정 가능, 도전적 목표를 부여할수록 팀 효과성은 더 높아진다.

2) 훌륭한 구성원(competentteam members)

팀이 효과성을 유지하려면 세 가지 유형의 기술이 요구된다. 전문적인 기술과 지식, 문제해결능력과 의사결정기술, 그리고 마지막으로 인간관계기술 등이 그것이다. 팀의 잠재력과 실질적 경쟁력은 이러한 기술들을 소유한 구성원들을 확보 유지하고 각 능력을 조화롭게 구성할 수 있느냐의 여부에 따라 결정된다. 그러나 팀원의 개인기가 뛰어나도 이를 팀원들이 공유하지 않으면 효과가 떨어진다. 상호 역량을 공유하는 것은 팀워크의 핵심요인이다.

3) 외부적인 지원과 인정

팀이 성공적으로 목표를 달성하기 위해서는 경영진 또는 그에 준하는 그룹들로부터 필요한 지원과 인정을 받아야 한다. 이는 조직 구성원의 사기를 북돋아 주고, 차기 수행과업에 대한 기대감을 준다. 적절한 정보, 적절한 설비 제공, 격려, 기타 경영지원 등이 해당된다.

4) 효과적인 리더십(leadership)

효과적인 리더십은 조직의 기본적인 욕구를 충족시킴으로써 조직 내 팀워크를 향상시키는 데 매우 중요한 역할을 한다. 즉, 리더는 과업수행에 대한 피드백을 제공하고, 조직 구성원 개개인의 관심을 파악하며, 성취감 및 확신을 심어주고, 필요시 조직에 변화를 줌으로써 팀워크를 향상시킬 수 있다.

5) 다양성을 가진 구성원 보유

팀 활동은 여러 가지 기술과 지식을 필요로 한다. 팀 구성원들이 각 전문분야에 대한 다양한 경험을 가지고 있을 때 팀의 적응력은 향상되고 구성원 개인에 대한 의존도가 줄어들 수 있다. 이를 위해서는 다양한 역할들을 성과 있게 수행할 수 있는 종업원들을 선발해야 하며, 팀의 구성원들이 선호하는 직무를 수행할 수 있도록 역할에 맞는 자리에 배치해야 한다. 이로 인해 팀 내에 다양한 갈등이 존재할 수 있지만 일반적으로 다양성의 장점이 갈등의 단점을 압도한다고 알려져 있다.

6) 적합한 팀 규모

일반적으로 팀은 4~10명으로 구성되는 것이 이상적이라고 가정되며 구성원이 많아도 20명을 초과하지 말아야 한다는 것이 정설이다. 팀 구성원이 너무 많으면, 응집성과 책임감이 감소하고, 사회적 태만과 도덕적 해이가 발생하며, 구성원 간 대화의 기회가 적어지기 때문이다. 따라서 너무 큰 작업 단위에서 팀제를 운영할 경우 파트(Part)와 같은 몇 개의 하위팀들로 구성하는 것이 바람직할 수 있다.

7) 성과평가와 보상시스템의 효율적 구축

팀성과에서 개인의 공헌도를 측정하기 어려우므로, 팀 공헌도와 개인 공헌도 모두 공정하고 객관적으로 평가하고 이를 적절히 보상하는 효율적인 체계를 구축해야 한다. 그렇지 않으면 구성원의 동기부여를 시킬 수 없게 된다.

5. 팀워크 역량향상

조직 내 팀워크가 올바로 작동할 경우, 조직 구성원의 상호협력을 통한 역량발휘에 커다란 영향을 미치게 되므로 리더는 특성에 따라 팀워크를 향상시킬 수 있는 다양한 역량향상방법을 모색해야 한다.

1) Cannon-Bowers의 3가지 팀워크역량

캐논-바워스 등(Cannon-Bowers et al., 1995)은 '효과적으로 팀과업을 수행하기 위해 기초가 되는 지식', '효과적인 팀과업 수행을 촉진하기 위한 팀 구성원들의 태도', '팀과업 수행을 위해 요구되는 스킬'을 팀역량이라고 정의하였다.

(1) 팀지식

팀의 성과창출을 위하여 팀 구성원들이 가지고 있어야 할 종합적 지식체계로 크게 3가지로 구성된다.

① 해야 할 과업에 대한 지식(task-specific knowledge)

과업 자체를 수행하는 데 필요한 구체적인 절차, 행동이나 전략들을 의미하며 팀원으로서 가장 기본적으로 지녀야 할 지식이다.

② 팀원에 대한 지식(knowledge of teaming)

효율적인 과업수행을 위해 요구되는 팀원들의 기능적 역할 및 책임에 관한 지식을 말한다. 팀 구성원들이 서로의 선호도, 강점, 약점 등을 알고 있을 때 성과는 최대화될 수 있다.

③ 공유된 신념이나 태도(shared beliefs/attitudes)

팀 구성원들이 비슷한 태도나 신념을 가지고 있으면 업무나 환경에 대해서 서로 모순 없이 조화로운 지각을 하게 되고 결국은 효과적인 의사결정을 할 수 있게 된다.

(2) 팀워크 스킬

팀 지식을 보유하고 있다고 해서 팀워크 향상을 보장받는 것은 아니다. 스킬이 부족하다면 아무리 많은 것을 알고 있더라도 성과를 얻기 어렵다. 스킬이란 직무 조작을 쉽게 그리고 정확하게 수행하는 능력을 말한다.

① 적응성은 팀 과업을 실행하는 데 있어 여러 가지 상황에 잘 적응할 수 있는 스킬을 의미한다.

② 공유된 상황인식은 팀 구성원들이 직무완수를 위해 팀의 내외적 상황에 대한 공유가 필요함을 의미한다. 팀과 팀 구성원이 가진 다양성과 차이를 극복하기 위해서는 팀 구성원들이 팀이 처한 상황을 이해하고 있어야 한다.

③ 성과추적 및 피드백은 팀 구성원끼리 수행한 과업에 대해 성과를 추적하고 피드백을 주고받는 능력으로 이를 통해 구성원들은 과업을 보다 효율적으로 수행하고 팀의 결속력을 높일 수 있다.

④ 대인관계능력은 협력적 행동을 활성화하여 동기강화를 극대화하고, 갈등해소를 통해 팀 내 상호작용의 질을 최적화함으로써 팀 효과성을 높여준다.

⑤ 조정스킬은 팀 구성원들 간 업무상 불균형이 발견되거나 어떠한 형태로든 갈등이 있을 경우 올바른 방향으로 조정하는 스킬을 말한다.

⑥ 커뮤니케이션 스킬은 팀 구성원들 간에 정보가 정확하고, 신속하게 이루어질 수 있도록 하고, 다른 이의 말을 경청하며, 서로 다른 견해를 절충하는 능력을 말한다.

⑦ 의사결정능력은 의사결정에 필요한 정보를 통합, 수집하고, 논리적으로 판단하여 최선의 해결책을 선택하는 능력이다.

(3) 태도

'팀 태도'란 팀이 직면하는 문제를 효과적으로 해결하도록 하는 데 공헌할 수 있는 집단 구성원들 간에 공유된 심리적 특성들의 집합, 즉 팀 구성원 각자가 팀성과를 효과적으로 촉진할 수 있는 적절한 태도로 정의할 수 있다. 효과적인 팀 수행을 위해서는 지식 그리고 행동적 스킬도 필요하지만 태도와 같은 감정적인 부분도 매우 중요하다. 신뢰, 친밀감, 자부심, 응집성, 분위기 측면에서 좋은 태도를 보인다면 보다 높은 수준의 팀워크를 향상시킬 수 있다.

2) 켄 블랜차드의 4가지 팀워크 향상 비결

미국 경영컨설턴트 켄 블랜차드는 《하이파이브(High Five!)》라는 책을 통해 아이스하키 팀의 팀워크를 향상시키는 4가지 비결을 제시하고 있다. 이를 일반 기업에 대입시켜 재해석하면 다음과 같이 요약할 수 있다.

(1) 비전공유와 동기부여

팀원들이 자신의 팀이 지향해야 할 방향을 명확히 알도록 공유시키는 것이 무엇보다 중요하다. 아울러 이러한 목표를 향해 전진할 수 있도록 명확한 동기부여가 이루어져야 한다.

(2) 개인기술 개발

개인기는 팀워크를 이루는 기본 역량이다. 팀의 구성원들이 자신의 능력을 마음껏 펼치기 위해 과업 수행 시 필요한 기술을 자유롭게 습득할 수 있는 환경을 만들어 주어야 한다.

(3) 팀기술 개발

'우리 모두를 합친 것보다 현명한 사람은 아무도 없다.'라는 표어처럼 팀워크는 단순히 구성원 개개인의 능력을 모두 합한 것이 아니라 그것의 총합을 능가한다. 리더는 개인기 향상뿐만 아니라 팀워크 효과를 극대화할 수 있는 팀플레이 기술도 끊임없이 개발해야 한다. 이때 개인기 향상은 개인에게, 팀기술 향상은 리더에게 더 큰 비중이 주어진다는 점을 간과해서는 안 된다.

(4) 보상

자주 포상하고 인정한다. 팀워크가 발휘될 때마다 적극적으로 포상을 해야 하며 물질적인 포상 외에 정신적인 포상, 즉 칭찬도 이루어져야 한다. 칭찬은 고래도 춤추게 한다.

3절 팀제

1. 팀제 개념

팀제(team制 : team system)는 팀을 조직의 기본 단위로 운영하는 제도를 의미한다. 경영환경의 변화에 보다 유연히 대처하기 위해 도입된 경영기법으로 전통적 기능조직과 계층형 구조를 해체, 모든 하위단위들을 팀으로 재편하는 조직체계이다. 즉, 직위(사람) 중심 대신 업무(과제) 중심으로 헤쳐 모이게 되는데, 이로 인해 직위[1]

1) **직위**[職位]와 **직책**[職責] : 직위는 계층상의 등급을 의미하며 직책은 직위와 무관하게 맡고 있는 업무에 초점을 맞춘 것이다. 과장, 부장, 상무, 전무, 부사장 등이 직위이며 이들이 맡고 있는 팀장, 파트장, 팀원(파트원)이 직책에 해당된다. 팀제에서 팀의 크기와 중요도에 따라 과장에서 부사장까지 팀장이 될 수 있으며, 신입사원에서 전무까지 팀원이 될 수도 있다.

와 직책이 분리되어 운영된다. 기존의 부(部), 과(課)를 대신하는 조직체계로 팀장(과장 ~ 부사장)에게 인사권과 결정권 등의 강한 권한과 책임을 부여하는 반면 팀장이 아닌 부장, 과장들은 사원들처럼 팀원으로 근무(관리자의 전성시대 마감)하게 되는 매우 유연하고 동태적인 조직의 한 형태라고 할 수 있다. 즉, 팀제는 연공서열에 따른 기득권 행사가 아니라 업무와 능력 위주로 '팀장'과 '팀원'을 구분한다.

팀제는 피라미드 형태의 거대한 조직을 평평하게 만들고 경직되어 있는 조직을 환경변화에 대응하여 신속하고 효율적으로 변화시킬 수 있는 조직이다. [그림 10-4]는 사장-임원-부장-과장의 4단계로 구성된 전통조직이 사장-팀장의 2단계 팀제로 변화된 모습을 보여 주고 있다.

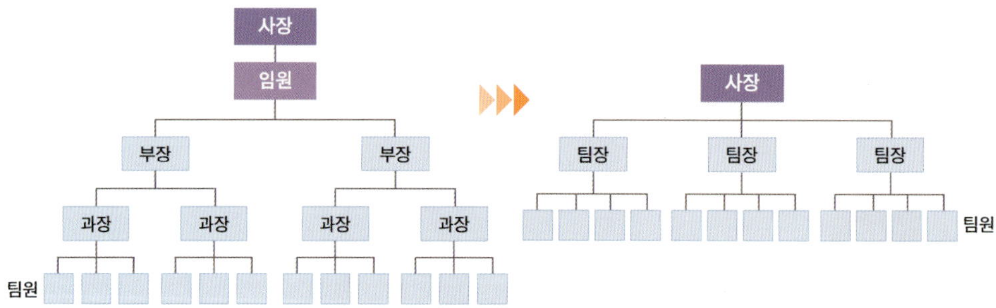

[그림 10-4] 전통적 조직과 팀제의 비교

현재 대부분의 기업들은 팀제를 도입해 운영하고 있으며 그 내용과 방법 또한 매우 다양하다. 조직 내 팀제 도입 시 중요하게 유념해야 할 일은 두 가지로 요약된다.

① 팀의 형태는 정형화된 최적의 모델로 존재하는 게 아니라 여러 가지 구조를 갖는 다양한 모델들이 존재한다.

② 팀작업의 성과가 개별 종업원들의 작업성과의 합에 비해 높아야 한다는 가정을 해야 한다. 만일 그렇지 않다면 팀은 존재 의미가 없어질 것이다.

전통적 조직과 팀제를 구체적으로 살펴보면 〈표 10-1〉과 같다.

〈표 10-1〉 전통적 조직과 팀제의 비교

요소	전통적 조직	팀조직
조직구조	계층적 조직, 개인	수평조직, 팀
목표	상부에서 주어짐(타율적)	스스로 찾음(자율적)
리더	강하고 명백한 지도자	리더십 역할 공유
지시·전달	상명하복·지시·품의	상호충고·전달·토론
정보흐름	폐쇄·독점	개방·공유
보상	개인주의·연공주의	팀능력 위주
책임	개인책임	공동책임
평가	상부조직에 대한 기여도로 평가	팀이 의도한 목표달성도로 평가
업무통제	관리자가 계획·통제·개선	팀 전체가 계획·통제·개선

2. 효과적인 팀제를 위한 조건

팀제를 효과적으로 운영하려면 다음과 같은 전제조건이 필요하다.

① 구성원들은 기존의 기득권을 포기하고 새로운 기능과 역할을 수행할 수 있도록 고정관념에서 탈피하는 의식개혁이 필요하다. 특히, 결정권자, 관리자의 위치에서 중앙 집권적 사고방식을 없애야 한다.

② 팀장의 능력신장과 권한확대가 요구된다. 팀의 운영은 전적으로 팀장의 판단과 책임하에서 수행되므로 팀제운영의 성패는 팀장의 능력에 전적으로 달려

있다. 그러므로 경영진은 팀장의 권한을 대폭 확대하여 팀을 원활하게 이끌어 갈 수 있는 환경을 조성해 주어야 한다. 한편, 팀장은 자신의 팀을 효율적으로 이끌어 갈 수 있도록 끊임없이 능력을 배양하고 이에 대한 리더십을 향상시켜야 한다.

③ 전결규정 등 업무수행에 필요한 제도적 장치를 지속적으로 보완해 주어야 한다. 고객만족에 초점을 두고 가장 효과적인 팀 환경을 이끌어갈 수 있도록 제반제도를 보완해 주어야 한다. 팀을 운영하는 중에 발생하는 모순이나 허점에 대해서도 즉각 보완할 수 있어야 한다.

④ 의사소통을 활성화시켜야 한다. 팀을 이끌어 가는 생명력의 원천은 바로 '대화'이다. 팀의 생명력이란 빠른 의사결정과 민첩성에 있으며, 팀워크로 시너지 효과를 얻는 데 있다. 이러한 환경을 조성하기 위해서는 자유롭게 자기의사를 표현하고 남의 의견을 경청할 수 있는 분위기를 창출해야 한다.

⑤ 내외적인 상황이 변하면 필요에 따라 이에 상응하는 업무의 재배분이 이루어져야 한다. 무엇보다 팀 구성원들이 '자기 일'이라는 생각을 가질 수 있도록 각자의 적성과 능력에 맞게 배정해야 한다.

3. 팀제의 효과

근래 규모가 적은 중소기업을 제외하고 대부분의 기업들에서 위계적·기능별 조직을 폐지하고 팀제 조직구조를 앞 다투어 도입하고 있는 실정이다. 팀 조직의 효과(필요성)를 보다 구체적으로 살펴보면 다음과 같다.

① 환경변화에 유연한 조직(flexible organization)이 된다.
급변하는 경영환경 속에서 기업의 생존과 적응을 위해 조직의 유연성이 필수적으로 요구된다. 팀제는 특정 임무를 맡은 팀장 중심으로 수시로 헤쳐모

여 할 수 있으므로 기존 조직과 달리 환경변화에 신속하고 유연하게 대응할 수 있다.

② 조직계층의 축소(slim organization)를 가져올 수 있다.
기존의 부, 과 단위를 해체시키고 팀단위로 전환함으로써 계층 수가 줄어들어 의사결정의 신속성과 기동력을 가질 수 있으며 관리 직책을 최소화할 수 있다. 또한 관리비용의 증가와 조직 세분화에 따른 낭비 제거가 가능하게 된다.

③ 높은 업무 성과를 올릴 수 있다.
개개인의 역량을 바탕으로 팀의 상호 보완적인 역량을 접합할 수 있다. 또한 인력을 특정 부서에 고정배치하지 않고 필요에 따라 수시로 옮길 수 있으므로 인력활용의 효율화를 기할 수 있다. 결과적으로 공통의 목표를 효과적으로 달성할 수 있게 된다.

④ 인력운영의 소수 정예화가 가능하다. 팀 내에서 업무의 배분과 역할분담이 매우 탄력적으로 이루어지므로 한 개인이 맡은 업무의 범위를 확대하고 업무능력의 개발을 통하여 인력을 소수정예로 운영할 수 있다. 또한, 조직의 운영을 최소 인력으로 유지하여 고정인건비를 감소시킬 수 있으며 교육을 통해 여유인력을 재배치할 수 있다.

사례

포스코는 기존의 '회장(CEO)-사장(COO)-관장임원-담당임원'의 4개 계층으로 이루어진 체제를 '회장(CEO)-부문장'의 2개의 계층으로 이루어진 팀체제로 전환했다[그림 10-5]. 기존 체제는 회장-사장이 경영 전반을 통괄 운영하는 체제였지만 회장을 중심으로 생산기술부문, 마케팅부문, 스테인리스부문, 기획재무부문, 경영지원부문 책임임원을 두고, 각 부문 책임임원에는 사장, 부사장, 전무급을 보임시키는 체제로 전환한 것이다. 이렇게 계층 수를 줄인 팀제로 전환시킨 이유는 부문별 자율책임경영을 통한 전문성 제고, 신속한 의사결정체계 강화 그리고 조직운영의 효율성을 강화하기 위한 차원이다. 이로써 회장의 미래 성장전략 구상, 범포스코 차원의 경영활동이 강화되었고 대부분의 업무가 부문장 보고로 종결되어 의사결정 스피드가 43% 이상 향상되었다. 특히, 부문장 회의를 통해 주요 경영이슈 공유와 실질적 토론이 가능해졌고, 부문 내 조직 간의 시너지 효과가 증대되었다. 이러한 부문장제도는 의사결정 시간을 단축하는 효과뿐만이 아니라 임원 개인들에게 주어지는 책임과 권한이 증가됨으로써 임원 개인 차원의 임파워먼트 효과를 동시에 유발시키고 있다.

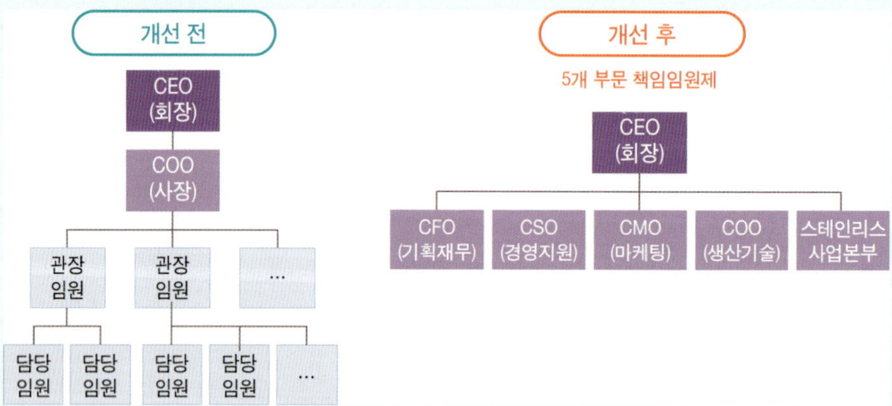

[그림 10-5] 제도 도입 전후 비교

출처 : POSRI 경영연구 제7권 제2호(2007)

4. 팀제의 단점과 팀제 도입 시 고려사항

1) 팀제의 단점

팀제는 장점이 많지만 다음과 같은 단점도 존재한다.

① 팀제를 운영하면 과업상황에 따라 팀조직이 자주 바뀌게 된다. 이때 야기되는 변화에 대한 두려움이 제도 정착의 걸림돌이 될 수 있다. 인간은 항상 새로움을 추구하면서도 현실에 안주하려는 이중적인 본성을 가지고 있다. 특히, 현실에 만족해 있거나 어느 정도 높은 위치에 있는 사람일수록 기득권의 상실 때문에 변화하는 것이 더욱 어렵다.

② 신분이 중시되는 한국사회에서 직위를 상실하여 그저 팀원으로 남아 있는 중간 관리층이 늘어남으로써 사기저하나 불만의 소지가 있을 수 있다. 또한, 많은 중간 관리자를 팀원으로 편입시킨다는 것은 곧 승진의 기회가 감소한다는 것을 의미하기도 한다.

③ 감독과 통제의 어려움이다. 다양한 인력이 빈번하게 해산하고 재통합되기 때문에 감독과 통제가 어려워질 수 있다.

2) 팀제 도입 시 고려사항

팀제가 우리나라의 전통적인 직급체계와 조직의 문제점을 모두 해결할 수 있는 방안은 아니다. 팀제는 기업에 따라 효과적인 조직체계가 될 수도 있고 오히려 더 많은 문제점을 야기시킬 수도 있기 때문이다. 다른 기업이 팀제를 도입하였다고 하여, 우리 기업의 조직도 팀제로 변화되어야 한다는 생각은 잘못된 것이다. 그러므로 팀제로 조직을 바꾸고자 하면 우선 기업의 성격과 특성을 파악하고, 팀제 도입에 있어서 야기될 수 있는 문제점과 기대되는 효과 등을 충분히 검토하여야 한다. 팀제 도입 초기, 팀제를 조직의 문제점을 해결할 수 있는 '만병통치약'으로 받아들여 대기업을 중심으로 대다수의 국내 기업들이 팀제를 도입하게 되었다. 그러나 팀제가 정착하기까지는 많은 시행착오와 초기 부작용을 감당해야 했다. 충분한 검토 후 팀제를 도입하기로 결정하였다면 앞서 언급한 효과는 극대화시키고 단점은 극복, 보완하는 대책을 각 조직특성에 맞게 수립, 운영해야 할 것이다.

사례 팀워크로 스타군단 넘어선 전 퍼거슨 감독(축구)(1941. 12. 31 ~)

Ⅰ. 주요 이력

알렉스 퍼거슨은 영국 스코틀랜드 출신의 전 축구감독이다. 1986~2013년까지 맨체스터 유나이티드 FC의 감독을 맡았다. 애버딘 감독으로 취임하며, 스코틀랜드 리그 3회 우승, 스코틀랜드컵 4회 우승, 1983년 UEFA 컵위너스컵 우승을 하며 감독으로서 큰 성공을 거두었다. 1986년 11월 맨체스터 유나이티드에 취임하였고, 26년 재임 중 프리미어리그 우승 13회, 잉글랜드 FA컵 20회, UEFA 챔피언스 리그 12회 우승 등 총 138회의 트로피를 들어올렸다. 영국 축구 역사상 최초로 1999년 맨체스터 유나이티드가 트레블(리그 우승, FA컵 우승, UEFA 챔피언스리그 우승을 동시에 이루는 것)을 달성 후, 이에 따른 공로를 인정받아 기사작위에 서임되었다. 그는 감독의 평균 재직 기간이 2년이 채 안 되는 영국 프리미어리그에서 25년 넘게 자리를 지킨 역대 최장수 감독이다. 2012~2013 시즌을 마지막으로 팀을 리그 우승시키며 은퇴하였다(네이버 지식백과).

관중의 환호에 답하는 퍼거슨 감독

2. 퍼거슨의 팀워크 중시 경영

우수한 스포츠팀들에는 공통점이 있다. 강한 정신력과 투지 그리고 상대 팀보다 한 발 더 뛰는 체력이 그것이다. 그러나 무엇보다 중요한 것은 그들의 팀워크가 강했으며 그 중심에는 팀워크를 중시하는 명감독이 있었는데, 퍼거슨 전 축구감독이 전형적인 인물이다. 스포츠에는 팀워크를 강조하는 격언들이 유난히 많다. 그중 가장 유명한 것은 알렉스 퍼거슨이 즐겨 쓰던 '팀보다 중요한 선수는 없다'이다. 퍼거슨 감독은 아무리 뛰어난 선수라도 팀워크를 해치면 냉정하게 내친 것으로 유명하다. 데이비드 베컴, 야프 스탐, 로이 킨 등이 퍼거슨에게 반기를 들거나 동료 선수를 비난해 맨유의 유니폼을 벗어야 했다. 그만큼 팀이 승리하기 위해서는 팀워크가 중요하다는 것을 그는 깊이 깨닫고 몸소 실천, 프로 축구 사상 전무후무한 성과를 이루었다.

출처 : 한국경제매거진, 966호(2014. 6)

사례 구글의 팀워크 사례

1. 구글 소개

구글 본사와 구글 로고

구글은 검색 시장을 장악하여 성장한 세계 최고의 IT 기업이다. 게다가 유튜브까지 소유하고 있으니 페이스북+트위터를 합친 것보다도 크다. 경쟁할 수 있는 상대라곤 애플, 아마존닷컴, 마이크로소프트뿐이다. 1996년 스탠포드대학 박사과정에 재학 중이던 래리 페이지(Larry Page), 세르게이 브린(Sergey Brin)은 '페이지랭크'라는 검색기술을 개발했다. 웹사이트의 중요도를 그 사이트로 연결되는 백링크를 따져 결정되도록 한 이 기술이 구글의 시초이다. 이들은 이 기술을 기반으로 1998년 공동으로 구글을 설립했다. 구글은 전 세계 60개국 이상에 지사를 두고, 130개가 넘는 언어로 검색 인터페이스를 제공하고 있다. 구글이란 이름은 10의 100 제곱을 뜻하는 수학 용어 구골(googol)에서 유래했다.

2. 구글 팀워크 사례

1) 구글의 조직문화

구글에서 근무하는 6만 명에 이르는 임직원들은 적어도 팀 하나를 이루고 있으며, 3~70명까지 다양한 인원으로 구성된 팀을 가지고 있다. 팀은 일반적으로 프로젝트 지향적이며 조직에 가장 중요한 요인으로 팀워크를 꼽고 있다. 구글은 혼자만 잘하는 '독불장군' 스타일을 싫어한다. 혼자 아무리 잘해봐야 협업보다 나을 수 없기 때문이다. 그러므로 아무리 똑똑해도 팀워크에 문제가 있을 것 같다면 채용 자체가 안 된다. 많은 사람들은 구글의 강한 팀워크문화를 레고 블록에 비유하여 다음과 같이 설명한다. "모양과 색깔이 다른 6만 개의 블록이 각자의 역할을 하면서 하나의 작품을 완성한다."

2) 구글이 밝혀낸 생산성 높은 팀의 5가지 비밀

구글은 엔지니어, 통계 전문가, 심리학자, 사회학자 등 전문가가 모여 구글 내 180개가 넘는 팀을 분석해 생산성이 좋은 팀의 5가지 비결을 찾아냈다.

① 정서적으로 안정된 팀

가장 중요한 것은 '심리적 안전(Psychological Safety)'이다. 팀원 상호 간 서로 상처받지 않고 자연스럽게 행동할 수 있느냐, 두려워하지 않고 기꺼이 위험을 감수할 수 있느냐 하는 것을 의미한다. 구글은 이 항목이 나머지 4개의 기본이라고 설명한다. 이것이 전제되지 않으면 개인은 역량을 발휘하지 못하며 팀의 신뢰도 무너진다.

② 서로 의존할 수 있는 팀

이는 업무의 질을 높이고 제시간에 마무리할 수 있도록, 그리고 구글이 요구하는 높은 수준을 맞추어 낼 수 있도록 팀원들이 서로 의존할 수 있는 팀 분위기를 조성해야 한다. 서로 의존한다는 것은 자신의 역할을 다하면서 상대방의 협조도 효과적으로 끌어낼 수 있음을 의미한다.

③ 명확한 체계를 갖춘 팀

팀 체계가 명확하다는 것은 팀의 목표와 팀원 개개의 역할, 실행계획 등이 뚜렷하다는 것을 의미한다. 이런 요소가 불분명하거나 명확히 공유되지 않으면 팀의 효율성이 떨어질 수밖에 없다. 구글에서는 팀 매니저가 팀원들에게 세세한 부분까지 일을 지시하기보다 그들 스스로 업무를 수행할 수 있도록 하는데, 이는 팀원 모두 명확한 역할과 계획, 목표를 수행하고 있을 때라야 가능하다.

④ 전체의 목표와 개인의 목표가 일치하는 팀

팀의 목표는 곧 개개의 목표와 연결되어야 한다. 그렇지 않을 경우 개인의 잠재력을 최대한 끌어올릴 만한 동기를 심어줄 수 없다.

⑤ 스스로 중요한 일을 하고 있다고 믿는 팀

마지막은 일의 영향력(Impact)을 깨닫고 내적 동기부여를 하는 것이다. 팀원 개인이 지금 하고 있는 일이 회사와 사회에 얼마나 큰 영향을 주고 얼마나 큰 변화를 가져오는지 안다면 과업에 더욱 몰입하게 하여 좋은 성과를 내는 원동력을 제공하기 때문이다.

Chapter 11

변화관리

"변화를 거부하는 사람은 이미 죽은 사람이다.
만약 목표를 성취하는 데 방해가 된다면 모든 시스템을 뜯어 고치고,
모든 방법을 폐기하고, 모든 이론을 던져 버려라."

– 헨리 포드

"허물을 벗지 않는 뱀은 죽는다."

– 괴테[파우스트]

1절 개요

1. 변화관리의 의의

기업 내외적 환경특성이 바뀔 경우는 물론, 내외적 변화가 없다 할지라도 경영자가 변화가 필요하다고 판단될 경우, 기업은 경쟁적 우위를 확보하기 위해 조직의 전략, 구조, 시스템, 그리고 문화를 바꾸어야 한다. 변화관리란 '조직 구성원의 의식, 행동 그리고 업무수행방식의 변화를 이끌어 내는 혁신과정을 관리하는 모든 행동'을 말한다. 좀 더 구체적으로 말하면, 변화관리란 '변화의 기획단계인 설계에서부터 변화의 목표가 달성되는 시점까지 생성되는 여러 가지 변화요인을 사전에 파악하여 일하는 방법, 조직구조, 제도 및 각종 시스템을 현업에 원활하게 구현시키고, 구성원들이 환경변화에 적극적으로 공감하고 동참할 수 있도록 지원하는 체계적인 활동'을 말한다. 조직의 구성요소들은 상호 조화를 이루며 유기적으로 연결되어있다. 따라서 하나의 구성요소가 변화하게 되면 다른 구성요소들과 불균형

상태에 이르게 되어 기존의 조화상태를 파괴한다. 그러므로 조직의 구성요소들을 변화된 경영환경의 특성과 적합한 방향으로 통합해 상호조화를 이루도록 하는 것이 매우 중요하다.

2. 조직변화에 미치는 내외적 요인

1) 조직변화에 미치는 외부적 요인

많은 외부적 환경적인 힘이 조직에 영향을 미치는데, 이러한 힘의 특성을 인지하는 것이 관리자의 가장 중요한 업무 중 하나이다. 외부적 환경요인에는 경제적 환경의 변화, 사회 · 문화적 환경의 변화, 정치적 환경의 변화, 기술적 환경의 변화가 대표적이다. 예를 들면, 환경오염방지법 제정, 소비자 운동, 교육수준의 상승, 물가상승, 인구 증가나 감소 등이 모두 외부환경에 포함된다.

2) 조직변화에 미치는 내부적 요인

조직목표의 변화, 새로운 전략, 구성원들의 가치나 태도변화 등과 같은 조직 내부요인들의 변화로부터 조직은 변화의 압력을 받을 수 있다.

기업특성에 따라 달라지지만 일반적으로 내부적 요인보다는 외부적 요인의 비중이 큰 것으로 알려져 있다.

3. 변화관리의 중요성

내외적인 환경변화의 시대에 변화를 생활화하고 체계적으로 관리하는 것은 기업의 성장과 더불어 생존에 필수적이다. 드러커(P. Drucker)의 '단절의 시대', 토플러(A. Toffler)의 '제3의 물결' 등은 모두 환경적 변화와 이에 대한 조직의 변화를 강조하는 상징적 표현들이다. 드러커는 '이 세상에서 변화하지 않는 유일한 것은 모든 것이 항상 변화한다는 사실 한 가지'라고 주장했다. 찰스 다윈은 그의 저서《종의 기원》에서 '지구상에서 마지막까지 살아남는 종(種)은 가장 강한 종도 아니고 가장 똑똑한 종도 아닌 환경변화에 가장 잘 적응하는 종이다.'라고 적자생존(適者生存)을 주장했는데, 이를 조직에 대입시켜보면, '21C에 살아남는 기업은 가장 크고 가장 강한 기업이 아니라, 끊임없이 혁신하고 끊임없이 고객을 감동시키는 기업이다.' 라고 "혁자생존(革者生存)"론을 주장할 수 있다. 그 동안 기업에서 변화를 추진하려는 노력이 없지는 않았으나 비효율적으로 추진된 경우가 많았다. 문제는 경영진이 강도 높은 변화를 요구할 때마다, 많은 구성원들이 변화 노력의 요구가 적어도 1년 또는 길어야 2~3년 동안 일시적으로 지속되다가 끝날 것으로 인식하는 데에 있다. 결국 많은 변화의 노력은 실패하거나 소기의 목적을 달성하지 못했다. 따라서 기업은 자신이 처한 환경을 면밀히 분석, 자신에 맞는 변화관리체계를 구축하고 지속적이고 강도 있게 운영함으로써 조직 구성원의 몸과 마음에 베여 있게 해야 한다.

2절 조직변화의 분류

조직변화는 다음과 같이 여러 가지 관점으로 분류할 수 있다.

1. 자연적 변화/계획적 변화

1) 자연적 조직변화

변화를 고안하거나 변화방향에 영향을 줄 수 있는 노력을 수행하지 않음에도 불구하고 자생적으로 일어나는 변화를 말한다.

2) 계획적 조직변화

조직의 변화를 초래하기 위해 개인이든 조직이든 의식적, 계획적으로 개입하여 변화를 기획 · 설계 · 이행하는 것을 말한다. 일반적으로 변화관리는 최고경영자의 의지에 의해 그가 변화시키고자 하는 방향으로 조직을 계획적으로 바꾸는 계획적 변화에 해당된다.

2. 참여적 변화/강압적 변화

1) 참여적 조직변화

경영진의 의지에만 의존하는 것이 아니라 구성원들의 아이디어와 자발적인 참여를 통해 합의적인 통합으로 변화를 시도하는 것을 의미한다. 일반적으로 전 구성원이 협업하여 변화를 시도할 때 가장 좋은 효과를 낼 수 있다.

2) 강압적 조직변화

아래로부터의 자발적이고 합의적인 조직변화를 진행하려 할 경우 구성원 간 또는 부서 간의 무수한 이해관계의 충돌을 일일이 조정하여 합의를 보기가 어렵기 때문에, 결국 미미한 변화에 그치는 경우가 많다. 그럴 때에는 상급 경영진의 권위적인 명령이나 강압적 변화가 효과적이다. 특히, 환경이 급속하게 변화되어 구성원 전체의 빠른 변화가 요구될 때에는 수직적이고 권위적인 강압적 변화가 효과적이다.

3. 점진적 변화/급진적 변화

1) 점진적인 조직변화

서서히 조직의 문화를 변경시켜 단계적인 조직변화를 꾀하는 방식이다. 즉, 하위단계에서 변화시켜 서서히 위로 확산하는 이른바 상향식(bottom-up) 변화를 일컫는다. 예컨대, 토요타에서 실행하여 유명해진 카이젠 시스템(Kaizen system)과 같은 것은 대표적인 점진적, 상향식 조직변화의 사례로 볼 수 있다.

2) 급진적인 조직변화

일반적으로 새로운 변화를 시도할 때 실험적으로 작은 하위단위부터 시행해보고 문제를 보완한 후 점차적으로 확산시키는 방법이 바람직하다. 그러나 환경변화의 속도는 더욱 빨라지고 더욱 복잡한 양상을 띠어가고 있다. 이에 따라 기업은 기존의 시스템 내에서 부분적으로 변화하는 점진적 변화가 아니라, 하향식(top-down) 개혁을 통해 기존의 시스템 자체에 대한 변화를 포함하는 혁신적 변화를 해야 하며 그 빈도나 강도에 있어서도 훨씬 더 높은 수준으로 일어나야 한다. 이 경우 일반적으로 강압적인 성격을 띠게 된다. 전체 업무를 혁신적으로 변화시키는 비즈니스 프로세스 리엔지니어링은 매우 강제적 성격이 짙은 하향적이며 급진적인 조직혁신방식이다.

4. 반응적 변화/예측적 변화

1) 반응적 조직변화

외부환경변화의 촉발 사건이 일어난 후 이에 대응하기 위해 시도하는 변화 전반을 의미한다. 1997년 IMF 위기, 2008년 미국금융 위기 등에 대한 극복활동은 문제발생 사후에 반응적으로 변화한 사례이다.

2) 예측적 조직변화

미래에 예상되는 환경변화에 대비하기 위해 미래지향적으로 조직 변화를 꾀하는 변화를 말한다.

일반적으로 사전에 대비하는 예측적 조직변화가 바람직하지만 실제적으로 문제가 터진 후 대응하는 반응적 조직변화가 많은 편이다.

3절 변화저항과 저항관리

변화에 대한 저항이란 조직의 인위적·물리적 변화에 대항하는 성향, 즉 '변화를 요구하는 압력으로부터 이전 상태를 유지하려 하는 태도'로 정의할 수 있다. 대부분의 조직은 변화를 계획하고 실천하는 과정에서 저항에 부딪힌다. 이러한 저항은 변화과정의 필연적인 반작용이므로 그 본질과 개념을 명확히 파악하여 적절한 대응을 해야 한다. 조직변화에 대한 저항은 어느 특정 단계에서만 일어나는 것이 아니라 변화의 전 과정에서 나타난다. 특히, 변화추진과정에서 발생하는 저항은 예상치 못한 지연이나 비용을 동반하게 되므로 변화계획단계에서 철저히 대비해야 한다.

1. 저항 분류

1) 심리적 저항

저항에 관한 심리적 요소는 변화에 대한 느낌, 즉 '조직변화에 대한 반항적인 느낌, 즉 분위기, 정서 및 교감활동'으로 정의할 수 있다.

2) 행동적 저항

행동적 저항이란 변화에 대한 행동 또는 행동하려는 의향(변화에 대해 불평하기, 다른 사람들에게 변화가 부적절하다고 설득하기)을 의미한다. 이러한 행동적 저항은 항의, 사직, 태업 등과 같이 구성원의 행위적 측면으로 나타난다.

2. 저항원인

1) 새로운 업무방식에 대한 두려움

"내가 이 일을 할 수 있을까?"하는 변화된 업무방식 적응에 대한 두려움을 의미한다. 이에 대한 저항 행동 유형으로는 소극적인 행동이 있다.

2) 안락하고 친숙한 것을 포기해야 하는 본능

인간은 기본적으로 변화를 싫어하는 특성이 있다. 현재 익숙해져 있는 방식을 버리고 굳이 새로운 일을 힘들게 배우기를 싫어한다. 더구나 새로운 상황에 적응할 때까지는 업무량이 과거보다 많아져 힘들어지게 된다. 특히, 현재 일하는 방식이 과거에 성공을 거두었거나 심각한 문제가 있다는 증거가 없다면 사람들은 더욱 저항하게 된다.

3) 기득권 상실

조직의 주요 변화는 개인과 조직단위에서 직위의 이동이 있을 수 있고 심지어 직위가 불필요해지기도 한다. 기존에 가지고 있는 지위와 권력을 잃게 되는 사람들은 변화에 저항할 가능성이 높다. 설사 권력이나 지위를 잃지는 않는다 할지라도 개인적으로 손해를 본다거나 변화에 대한 보상이 부족할 경우에도 저항이 발생한다.

4) 경제적 위협

비록 변화가 조직에는 이익이 될지 몰라도 개인의 수입이나 혜택이 줄거나 직업의 안정성에 문제가 된다면 당연히 저항하게 된다.

5) 변화에 대한 인식의 문제

변화의 필요성을 모를 경우, 변화의 목적이 불명확할 경우는 물론, 변화에 대한 커뮤니케이션이 부족할 경우에도 저항이 발생할 수 있다.

6) 부적절한 여건

변화에 대한 지원이 부족하거나 변화에 대한 규정이 부적합할 때도 저항이 생길 수 있다.

7) 위기의식의 부재

현재 잘 되고 있으므로 향후에도 문제가 없다는 식의 위기의식이 부족할 경우에도 변화를 원하지 않게 된다.

3. 변화에 대한 저항 극복방안

1) 혁신의 필요성 강조, 위기의식 고취

변화관리에 가장 중요한 요소는 구성원들의 생각을 바꾸는 것이다. 변화의 필요성을 구체적으로 설명해야 하며, 무엇보다도 변화를 하지 않았을 때 조직과 개인에게 어떤 위기가 닥칠 것인가를 인식시키는 것이 중요하다.

2) 커뮤니케이션 강화

의사소통의 강화는 구성원들에게 변화의 필요성과 결과에 대한 정보를 제공하여 변화에 대한 헛소문, 오해를 예방한다. 리더가 혁신의 전 과정에서 반복적이고 설득력 있는 의사소통을 할 때 구성원들은 일체감을 갖게 되며 궁극적으로 원하는 변화를 할 수 있다.

3) 구성원 참여 확대

변화의 설계는 물론 시행 전 단계에 구성원들을 참여시킨다. 이러한 방법은 시간을 소모시킬 수도 있지만 구성원 자신들에게 변화를 주도하고 있다는 생각을 심어주게 되어 변화관리에 적극적인 동참을 이끌어 낼 수 있다. 한발 더 나아가 혁신 실행에 대한 아이디어를 적극적으로 요청한다면 그 만큼 더 책임감을 느끼게 될 것이며 혁신의 내용도 더욱 알차지게 될 것이다.

4) 인센티브/페널티 제도 시행

변화관리에 성공한 사람에게는 물질적 · 정신적 포상(인센티브)을 하고, 그렇지 못하는 사람에게는 보상을 줄이거나 질책하는 등의 패널티를 준다. 근래에 들어와 상대적으로 부진한 사람에게 패널티를 주기보다는 인센티브를 주지 않는 것으로 마무리하는 경우가 많다. 패널티를 줄 경우 의기소침해지고 불만을 가져 더욱 변화에서 멀어질 수 있을 뿐 아니라, 굳이 패널티를 주지 않아도 인센티브를 못 받은 것 자체가 상대적인 패널티이기 때문이다(8장 공정성이론 참조).

5) 적극적인 지원

적절한 투입(input)이 없이 좋은 결과(output)를 기대할 수 없다. 리더는 혁신에 필요한 모든 자원, 즉 인력, 자금, 설비 심지어 정신적인 칭찬과 배려까지 아낌없는 지원을 하여야 변화를 성공시킬 수 있다.

6) 강제력 행사

변화를 정착시키기 위해 때로는 강제력 행사가 필요하다. 아무리 저항을 없애려는 노력을 강하게 해도 한계가 있는데, 이는 변화시키려고 하는 지도층의 요구수준과 변화를 당하는 구성원들의 변화 수행수준에 괴리가 거의 모든 경우에 존재하기 때문이다. 예를 들어, 어떤 회사에서 보고서를 전산화할 경우, 처음 정착기에는 예외 없이 업무량이 증가하게 되고 전산화된 보고서가 수작업 보고서보다 매끄럽지 못해 대부분의 사람들은 수작업으로 보고서를 작성하려 한다. 그러나 이를 묵인할 경우 변화관리는 실패한다. 이때 지도자는 이유 여하를 막론하고 전산화된 보고서가 아니면 보고를 받지 않아야 한다. 그래도 효과가 없다면 마지막 수단으로 지도자는 강등, 해고와 같은 위협을 가하여 구성원들의 저항을 극복할 수 있다. 그러나 이런 강경조치는 조직 구성원 간 위화감을 조성할 수 있기 때문에 절박한 경우가 아니면 취하지 않는 것이 바람직하다.

4절 변화관리 성공전략

1. 단계적인 변화관리 성공전략

변화관리는 구체적이고 단계적으로 수행되어야 한다. 하버드대학교 석좌교수인 존 코터(Kotter, J. P.)는 6~8년여 동안 조직의 변화관리를 수행하여 실패하거나 성공한 100여 개 회사들을 집중 분석하였다. 그는 변화에서 성공한 8가지 원인을 규명하고 이를 바탕으로 성공적인 조직변화를 위한 실행기법을 8단계로 체계화하였다 [그림 11-1].

1) 긴박감(위기감) 조성

변화 프로그램에서 긴장감을 조성하는 첫 번째 단계는 매우 중요하다. 자만심을 방치한다면 그리고 동기부여가 없다면 구성원들이 참여도가 낮고 변화관리에 실패할 수 있다. 기업의 50% 이상이 1단계에서 실패한다. 그러므로 현재, 그리고 향후 다가올 위기를 구성원들에게 정확히 전달하여 변화에 적극 참여하도록 하여야 한다.

2) 강력한 변화 선도팀 구성

강력한 추진 구심체를 갖추지 못한 변화의 노력은 단기간의 가시적인 진전을 보일 수 있지만, 변화에 대한 저항세력이 결집되면, 개혁은 바로 중단되고 만다. 변화의 구심체는 기존 조직체가 아닌 특별조직을 구성하는 것이 일반적이다. 이때 리더는 이 조직이 경영진이 추구하고자 하는 변화의 구심체가 될 수 있도록 강한 힘을 실어주어야 한다.

3) 올바른 비전 정립

비전은 기업의 변화에 성공했을 때의 모습이라 할 수 있다. 변화에 실패할 경우 보편적으로 개혁의 절차, 방법 등은 상세히 구성되어 있으나 기업의 비전이 결여된 경우가 많다. 비전은 종업원을 결집시킬 수 있도록 5분 안에 설명할 수 있는 간결한 문장이 필요하다.

4) 비전공유을 통한 자발적 변화 참여 요청

비전을 정립했어도 이를 전 구성원들에게 공유시키지 않을 경우, 즉 사장이나 간부만 비전에 심취하고 대부분은 무관심할 경우 비전은 무용지물이 된다. 그러므로 비전의 전달과 확산을 통해 공동체를 구축하여야 하며 이를 위해 모든 의사소통 채널을 활용해야 한다. 의사소통은 말과 행동에 의해 이루어지는데, 행동은 가장 강력한 의사소통의 수단이다. 핵심인물들의 말과 행동의 불일치보다 더 크게 변화를 저해하는 요소는 없다. 만약 경영진이 비전을 선포하고 선포한 비전과 반대되는 행동을 한다면, 조직문화는 냉소주의에 빠지고 신뢰도는 떨어지게 될 가능성이 있다.

5) 장벽 제거와 권한 위임

비전달성에 방해되는 장애물이 발견되면 이를 제거시켜 주어야 한다. 또한, 적극적인 권한 위임을 통해 구성원들이 새로운 시도, 새로운 아이디어를 개발할 수 있는 여건을 마련해주어야 한다.

6) 단기간의 가시적 성과 창출

변화를 이루기 위해서는 오랜 시간이 필요하며, 변화를 위한 노력은 성취할 만한 단기목표가 없으면 추진력을 잃게 될 수도 있다. 대부분의 구성원들은 1~2년 내에 변화 노력의 결과가 가시화되지 않으면 변화의 대열에서 떨어져 나간다. 큰 꿈에만 사로잡혀 단기적 성과를 보여 주지 못하면 많은 사람들이 변화를 쉽게 포기하거나, 변화에 저항하는 사람들이 생기게 되는 것이다. 그러나 단기성과를 보여 준다면 변화 가능성을 믿고 적극적으로 변화에 동참할 수 있을 것이다.

7) 변화 추진 가속화

단기적인 성과로 형성된 신뢰를 활용해서 보다 큰 과제에 도전한다. 즉, 성공에 대한 자만과 안주를 경계하고 후속변화에 과감히 도전함으로써 변화를 가속시킨다. 또한 초기보다 더욱 방대한 새로운 변화 프로그램을 도입하며, 변화 노력이 몇 달이 아니라 몇 년이라는 긴 시간을 필요로 한다는 점을 숙지시키는 것이 필요하다.

8) 변화 정착 : 새로 도입된 제도를 기업문화 차원으로 승화

변화는 일하는 방식이 바뀌고, 그것이 기업 내에 구체화되었을 때 정착된다. 새로운 행동이 사회규범과 조직 내의 공유가치로 뿌리내리지 못하면, 변화 압력이 제거되자마자 조직은 원상복귀하게 된다. 마지막 단계는 위의 7단계가 확고한 조직문화로 정착되도록 필요한 모든 조치를 하는 단계이다. 이를 위해서는 체계적인 의사소통이 필요하다.

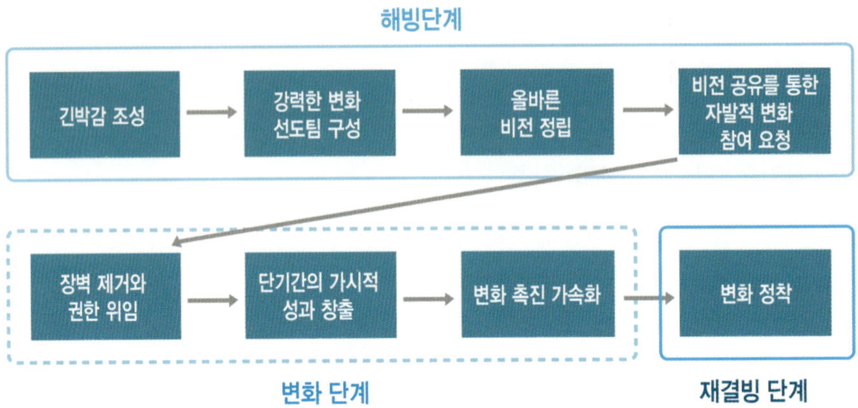

[그림 11-1] 존 코터(Kotter, J. P.)의 변화관리 8단계

2. 계층별 변화관리 성공전략

최고 경영자부터 말단 조직원까지 모두 변해야 궁극적인 목표를 달성할 수 있다. 변화관리를 성공적으로 수행하기 위한 계층별 전략을 소개한다.

1) 직급별 중점관리

(1) 최고 실권자 : 강력하고 효과적인 리더십 발휘

어떤 조직이건, 어떤 일이건 성공 여부는 최고 지도자의 의지에 달려 있다고 봐야 한다. 왜냐하면 최고 지도자가 모든 구성원들의 인사권을 가지고 있기 때문이다. 조직 구성원들은 자신을 평가하는 사람의 생각이 틀려도 인사권력 때문에 그의 의지를 따르는 속성을 가지고 있다. 최고 실권자는 변화로 인해 발생하는 효과를 직원들에게 충분히 인지시키고 변화관리의 궁극적인 비전을 제시해 주어야 한다. 더 나아가 현재 진행되고 있는 변화관리과정의 현 위치를 알려주어야 할 뿐 아니라, 변화과정에 대한 구체적인 방향도 제시해 주어야 한다. 최고 경영자 본인 스스로 철저하게 결과를 관리해야 한다. 어디에서 성과가 우수하며 어디에서 성과가 저조한지, 어떠한 지원을 해주어야 하는지 본인이 깊숙이 이해하고 직접 현장에 대처해 나가야 한다.

(2) 변화 주도팀 : 변화의 구체화

최고 경영자는 고도로 숙련된 변화전문가로 구성된 변화관리 전담 태스크포스팀을 설치해야 한다. 변화 전담팀은 조직의 변화활동을 성공적으로 이행할 수 있는 세부실행계획을 수립하고 이를 충실히 전개해야 하며, 변화에 따른 문제점을 해결해 나가야 한다. 변화 주도팀 설치 시 가장 중요시해야 하는 점은 현업 부서에서 가장 능력 있는 핵심인력을 변화 주도팀 인력으로 차출해야 한다는 것이다. 일반적으로 각 부서장들은 현업에 급급하여 핵심인력 대신 능력이 떨어지는 인력을 차출시키는 경향이 있다. 현업에서 가장 뛰어난 소위 A급 인력을 차출하지 않으면 변화관리는 반드시 실패한다. 작업의 질도 나쁘지만 조직원의 신뢰를 얻지 못하기 때문이다.

(3) 중간관리자 : 변화의 실행

변화관리의 전략을 수립하는 건 최고 경영진이지만, 최고 경영자와 구성원들 사이에서 변화를 조직에 스며들게 하는 것은 중간관리자의 몫이다. 전체 구성원들을 잘 독려하여 변화를 이끌어 나가야 하며 최고 지도자의 지시와, 구성원들의 애로사항 사이에서 갈등을 풀 수 있는 가교역할을 해야 한다. 무엇보다 직원들을 변화로 이끌어 내기 위해서는 중간관리자의 솔선수범이 가장 중요하다.

(4) 구성원 : 전 직원의 참여

변화가 진행되는 동안 꾸준히 전 직원의 참여를 유도해야 한다. 변화관리 성공의 핵심요소 중 하나는 직원들의 제안을 듣고 이를 변화 프로그램에 반영시키는 것이다. 최고 주도자와 변화전담팀에서 아무리 좋은 변화 프로그램을 개발했다 할지라도 구성원들이 등을 돌린다면, 설사 등을 돌리지 않는다 할지라도 변화의 내용을 모르면 원하는 변화를 기대할 수 없기 때문이다. 그렇기 때문에 상의하달식 커뮤니케이션을 지양하고, 다양하고 효과적인 커뮤니케이션 채널을 활용하여 모든 계층에서 소통이 자유롭게 이루어질 수 있도록 해야 한다.

2) 직급별 교육실시

성공적인 변화관리를 위해 교육은 필수다. 직접 시범을 보이고 가르쳐야 효과적인 변화관리를 추진할 수 있기 때문이다.

(1) 변화 주도팀 요원교육

새로운 혁신을 시작하기 위해서는 제일 먼저 변화관리 주도 태스크포스 팀원들을 대상으로 변화관리교육을 해야 한다. 변화 주도팀에 대한 교육은 일반적으로 해당분야 외부 전문가의 도움을 받는 게 좋다. 주요 교육내용은 혁신의 틀, 변화관리방법 그리고 조직원을 변화의 장으로 이끌어 내는 방법 등이다.

(2) 경영자교육

최고 경영자를 포함한 경영자교육도 필수적이다. 혁신의 주요 내용, 경영자가 해야 할 임무에 관한 교육을 실시하되 상세한 내용보다는 핵심내용 중심으로 교육시키는 것이 효과적이다.

(3) 관리자교육

사원들과 가장 많이 접촉하고 영향력을 행사하는 계층은 관리자이다. 관리자는 사원을 가르치고 프로젝트를 실행하고 그 결과를 창출하는 계층이기 때문에 혁신의 방법을 정확하고 상세하게 교육시켜야 한다. 또한 회사의 표준 교안을 만들어 변화에 대한 실무적인 지식을 전달할 수 있도록 해야 한다.

(4) 사원교육

변화를 실제 업무에 적용하는 사원교육은 구체적이고 지속적으로 실시해야 한다. 변화된 업무에 대한 상세한 내용은 물론 이러한 변화를 위하여 무엇을 해야 하는지에 대한 구체적인 행동방법 등이 포함되어야 한다.

3. 벤치마킹을 통한 변화관리 성공전략

1) 벤치마킹의 정의

벤치마킹에 대한 정의는 매우 다양하나 일반적으로 "최고수준의 경쟁력을 확보하기 위하여 제품, 서비스 및 프로세스의 수준을 경쟁업체 또는 업계를 선도하는 선진기업의 수준과 비교 분석하고 격차 극복을 위한 전략을 수립하여 실행하는 일련의 개선활동"이라고 정의된다. 좀 더 요약하면, 벤치마킹이란 "경쟁상대의 우위 요소를 분석하고 모방하여 단기간에 역량을 끌어올리는 행위"이다. [그림 11-2]에서 보는 바와 같이 최고수준의 경쟁사를 자기 힘으로 따라잡으려면 많은 시간을 할애해야 하나 경쟁사의 우수한 프로세스를 배워 자사에 뿌리내리는 변화관리를 하면 단기간에 경쟁사와 비슷한 수준까지 다다를 수 있다.

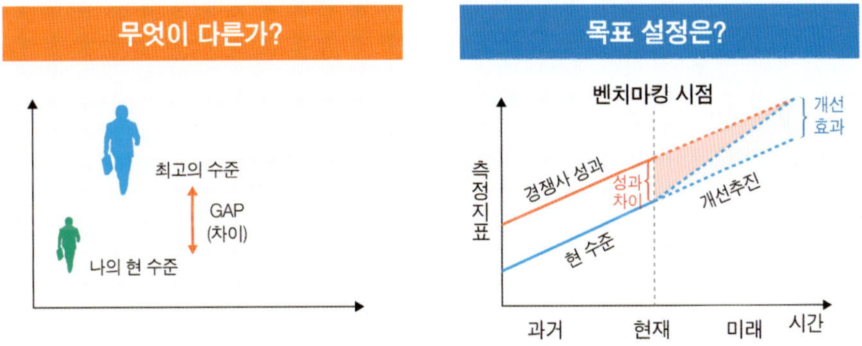

[그림 11-2] 벤치마킹 전후 비교

2) 벤치마킹의 필요성

벤치마킹은 경쟁사와의 갭(gap)을 단기간에 줄이는 가장 효율적인 경영혁신방법이다. 따라서 벤치마킹은 단순한 모방이 아니라 본격적인 경영혁신 전에 수행해야 할 필수적인 요소라고 할 수 있다. 벤치마킹은 이미 중요한 경영혁신방법으로 인정받고 있는데, 미국의 기업을 대상으로 한 조사보고서에 따르면, 미국 대기업의 60~70%는 이미 일상적인 경영활동으로 수행하고 있다. 초기에는 제조기업에서 주로 제품을 대상으로 한 경쟁력 분석 차원에서 실시하였으나 점차 핵심프로세스를 개선하고자 하는 차원으로 확대된 이래 이제는 서비스 업체에까지 보편화되었으며 일부 정부기관에서도 벤치마킹을 도입하기 시작하였다. 우리나라에서도 이미 벤치마킹에 대한 관심이 매우 높고 실제 벤치마킹을 통해 좋은 성과를 거둔 예도 많이 있다. 그러나 아직은 개념파악 정도이거나 형식적인 도입수준인 경우가 많아 벤치마킹을 통한 경영혁신을 더욱 가속해야 할 시점에 와 있다.

3) 변화관리와 벤치마킹의 연관관계

그렇다면 변화관리와 벤치마킹과는 어떤 연관이 있을까? 벤치마킹을 통해 단기간에 경쟁사와의 갭을 좁히고 이를 바탕으로 경쟁사를 넘어설 수 있는 수준에 도달할 수 있으므로 벤치마킹은 변화관리의 시발점이 된다고 할 수 있다. 즉, 동종 최고 수준의 기업보다 높은 경영능력 확보는 변화관리의 목표가 될 수 있으며 갭을 따라잡는 벤치마킹 행위는 변화관리의 1단계가 될 수 있을 것이다. 1단계 성과를 바탕으로 2단계로 자사에 맞는 변화관리, 즉 경영혁신을 통해 경쟁사를 압도하는 성과를 창출할 수 있다. 경쟁사와 격차가 큰 기업이 벤치마킹 과정없이 스스로의 힘만으로 경쟁사를 따라잡는 것은 불가능에 가깝다고 할 수 있다.

4) 벤치마킹의 실행 절차

(1) 벤치마킹 대상 분야 설정

무엇을 벤치마킹할 것인가. 또는 벤치마킹을 통하여 무엇을 얻을 것인가를 결정하는 단계로 전체 벤치마킹 과정 중 매우 중요한 부분이다. 일반적으로 각 비즈니스 단위의 존재 목적과 역할을 파악한 뒤 그 역할을 수행하는 하부 구조를 파악함으로써 문제가 되는 주요 기능(벤치마킹 대상 분야)을 판단할 수 있다.

(2) 벤치마킹 목표기업 선정

목표기업은 자사와의 관련성 정도, 자료 수집의 용이성, 혁신적 운용방식의 발견 가능성 정도를 고려하여 선택하게 된다. 세계는 이미 글로벌 경쟁시대이므로 가능한 국내 경쟁사가 아닌 글로벌 경쟁사 중에서 최고 수준의 기업을 선정하는 것이 바람직하다.

(3) 대상업체에 대한 사전 분석

벤치마킹 대상기업이 벤치마킹에 적극적으로 대응해주지 않기 때문에 대상업체에 대한 사전 분석을 통해 대부분의 내용을 미리 파악하고 업체 방문 시에는 파악이 안 된 부분만 짧은 시간에 취하는 전략이 필요하다. 사전 분석용 자료를 입수하는 것은 매우 중요하나 구하기는 쉽지 않다. 대다수 경쟁자들은 경쟁사에게 자신의 중요한 정보를 제공하지 않으려 하기 때문이다. 원하는 자료를 손쉽게 얻을 수 있는 정도(正道)는 없다. 기본적으로 조사자의 끈기와 탐구심이 요구되는 부분이다. 본격적인 수집활동에 앞서 조사목적에 가장 부합될 수 있도록 자료원 선정 및 자료내용과 관련된 체계적이고 합리적인 계획이 선행되어야 한다. 이 단계에서 대상 업체와의 갭도 파악해야 한다. 갭의 형태는 일반적으로 정량적 형태를 띠게 된다. 그러나 정량적 분석에 앞서 왜 갭이 생기는가에 대한 정성적 분석이 반드시 필요하다.

(4) 벤치마킹 실행

경쟁사와의 갭을 좁히는 방법에 대해 배우는 과정으로 전체 프로세스 중 가장 어려운 과정이다. 왜냐하면 대부분의 경쟁사들이 자신의 강점을 보여 주지 않으려 하기 때문이다. 이를 극복하기 위한 방법의 하나로 자신이 경쟁사보다 우위에 있는 부분에 대해 경쟁사에게 역벤치마킹해주는 소위 쌍방향 벤치마킹도 고려해 볼 수 있다.

(5) 벤치마킹 결과를 자사에 적용

이 단계는 벤치마킹 시 배운 것들을 자사에 이식시켜 자사의 수준을 향상시키는 단계이다. 이 단계에서 주의할 점은 경쟁사가 입던 옷을 그대로 입지 말고 자신의 몸에 맞게 고쳐 입어야 한다는 것이다. 즉, 경쟁사에서 배운 내용을 그대로 적용하지 않고 자사의 실정에 맞게 수정 적용해야 한다.

(6) 목표의 재설정과 지속적 혁신

벤치마킹은 지속적으로 최고를 추구하는 과정이다. 벤치마킹을 통하여 어느 정도의 수준에 도달하였다 하더라도, 벤치마킹 대상기업이나 기타 경쟁기업들 또한 끊임없이 성장하기 때문에 또 갭이 벌어지게 된다. 그러므로 새로운 목표의 재설정을 통한 지속적인 벤치마킹 노력이 필요하다. 또한 벤치마킹 효과를 바탕으로 자사의 혁신을 가속화하여 벤치마킹했던 경쟁기업을 뛰어넘을 수 있어야 한다.

사례 〈벤치마킹 성공 사례〉 제록스

1. 제록스의 위기

제록스는 미국에 본사를 둔 세계적인 문서관리기기 회사로 복사기, 프린터, 디지털복합기, 디지털인쇄시스템 제품, 프로젝터 등을 제조, 판매하며 문서관리 솔루션과 서비스도 제공하고 있다. 제록스에 1970년대는 고난의 시대였다. 1970년에 캐논이 보통지 복사기 시장에 뛰어들자 리코(RICOH Company)와 미놀타(Minolta)가 그 뒤를 이었고, 1975년에는 미국 기업의 소송으로 기껏 취득한 특허가 의미를 잃고 말았다. 그 결과 제록스의 시장 점유율은 급락했고, 1982년에는 13%까지 떨어졌다. 압도적인 포지셔닝의 강점을 순식간에 잃어버린 10년이었다.

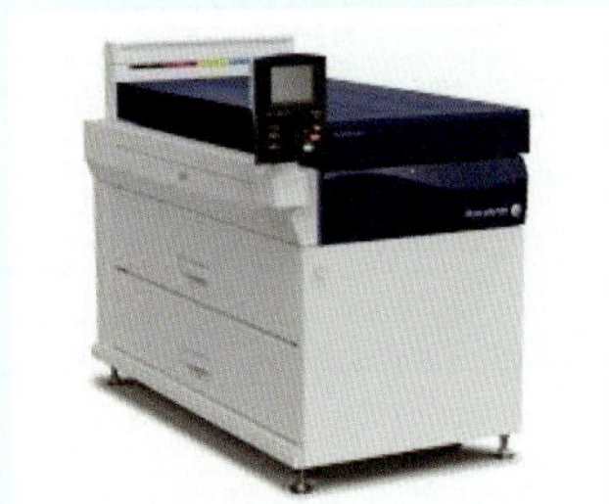

제록스 로고와 복사기

2. 벤치마킹 성공 사례

제록스는 일본 기업이 무의식중에 하고 있던 개선활동을 '벤치마킹'이라는 이름으로 체계화해 일본 기업에 대한 반격을 개시했다. 그 결과 1989년에는 시장점유율을 1982년의 3.5배인 46%까지 끌어올렸다.

① 1979년, 제록스는 먼저 '저렴하고 품질이 우수한' 경쟁사의 제품을 분해해 조사했다. 조사결과를 통해 경쟁사 제품의 품질과 단가에 놀란 경영진은 당혹감을 감추지 못했다. 경쟁자의 개발, 생산, 판매 프로세스를 조사한 제록스는 자신들이 '시장 이전에 공장 현장수준에서 이미 패배한 상태'임을 깊이 깨달았다. 곧바로 회사 전체의 모든 활동에 걸쳐 '벤치마킹'을 실시하였으며 그 결과 눈부실만한 성과를 거두게 되었다.

② 제록스는 경쟁 상대의 상품을 분해해 비밀을 파헤쳐 원가를 절감하고 품질을 향상시키는 '제품 벤치마킹'에서 출발해 일하는 방법을 개선하는 '프로세스 벤치마킹'으로, 경쟁사를 벤치마킹하는 '경쟁적 벤치마킹'에서 출발해 계열회사 또는 자신의 내부조직으로부터 배우는 '내부적 벤치마킹'으로 발전시켰다.

③ 제록스는 창고 업무를 아웃도어 용품 판매 회사인 L. L. 빈(L. L. Bean)으로부터 배웠다. 다품종화가 진행된 어패럴 관련 회사의 창고에서는 피킹 리스트가 자동으로 작성되고 짐수레의 위치가 지정되며 적재순서나 상자의 크기도 지정되는데, 이것을 응용함으로써 제록스는 200만 달러 분량의 재고를 줄이는 등의 성과를 올렸다.

④ 제록스는 청구업무를 아메리칸 익스프레스로부터 벤치마킹하여 고객 만족도를 38% 높였을 뿐만 아니라 간접 사무비를 50%, 자재 조달비를 40% 절감하는 데 성공했다.

출처 : 미타니 고지(2013). 경영전략 논쟁사. 엔트리(메가북스)

토론

스마트폰의 선도자(First Mover)인 애플을 따라잡기 위해 벤치마킹을 했던 추격자(Follower)들의 노력에 대해 토론해 보자. 그리고 진정한 가장 빠른 추격(자Fast Follower)는 어느 기업인지 이야기해 보자.

사례 GE의 경영혁신(변화관리)

1. GE 개요

1876년 토마스 에디슨이 설립한 에디슨 전기로 출범한 GE는 설립 후 세계 최대 전기회사로 발전하여 미국의 국민기업으로 성장하였다. 1970년대 말까지 사업 다변화를 통한 성장과 기업안전성 확보전략을 추구해 온 결과, 150개가 넘는 방대한 사업분야로 다변화된 복잡하고 거대한 사업집단을 형성하게 되었다. 당시의 존스(Jones) 회장은 1980년대에 닥쳐올 격심한 기술경쟁과 가격경쟁의 시기를 예견하고 이러한 경쟁에서 계속 경쟁우위를 유지하기 위해서는 GE 전체사업의 과감한 재편성과 대대적인 개혁이 필요하다고 판단하였다. 따라서 그는 보수적인 선임 부회장들은 제쳐놓고, 기술산업을 일으킨 경력을 가진 공학박사 출신의 가장 젊고 과감한 성격의 웰치(Welch)에게 GE를 개혁할 후임 회장으로서의 중책을 넘겨준 뒤 은퇴하였다.

2. 잭웰치(1935. 11. 19 ~) 주요 이력

그는 1935년 11월 19일 매사추세츠 주의 살렘시에서 철도기관사였던 존 웰치와 가정주부였던 그레이스 웰치 사이에서 태어났다. 1960년에 일리노이 대학교에서 박사학위를 취득한 같은 해에 제너럴 일렉트릭사에 엔지니어로 입사했다. 1972년에 부사장으로 승진, 1979년에는 부회장직을 맡았으며, 1981년에는 제너럴 일렉트릭 역사상 최연소 회장 겸 최고 경영자가 되었다. 1999년에는 〈포춘〉잡지에서 "20세기 최고의 경영자"로 선정되었다.

3. GE의 변화관리

GE는 변화관리를 2단계로 시행하였는데 외부로 드러나는 H/W 혁신(사업과 조직 혁신)과 내부적인 S/W 혁신(의식과 업무 수행능력 혁신)이 바로 그것이다.

1) 1단계 혁신(Hardware 개혁)

사업분야의 재편과 조직 재정비로 설명되는 GE의 하드웨어 혁신은 다음과 같은 5가지 전략으로 구성되었다.

① No.1 or No.2전략 : 객관적 평가에 따라 경쟁력이 세계에서 1위 또는 2위인 사업(500억 달러 규모)만을 남겨놓고 나머지는 처분하였다.

② 3가지 주요 사업에 역량집중 : 사업을 유기적인 다변화로 재편성하였는데, 시너지 효과를 높이기 위해 핵심사업, 서비스사업, 첨단기술사업의 3Circle에 포함되지 못하고 유기적 관련이 적은 사업들은 처분하거나 정리하였다.

③ 적극적 감량경영 : 불필요한 기구를 통폐합하고 적극적이고 창의적인 간부에게는 최대한의 책임과 성장기회를 제공하는 반면 무사안일한 자세의 간부는 정리하였다. 이 기간 동안 GE의 총 인원은 40만 명에서 30만 명으로 감축되었다.

④ 관리계층의 단순화 : 최고 경영자와 평사원 간의 계층간격을 10~15개 계층에서 평균 4계층으로 극소화하였다.

⑤ 자율경영체제 구축 : 대기업의 강점(기술력, 인력, 자금)을 최대한 활용하되 각 사업부의 경영은 중소기업방식으로 운영하여 신속성과 신축성을 추구하였다.

이러한 일련의 활동을 통해 1981~1990년 사이에 1인당 생산성이 320% 성장하였고 150개가 넘던 사업분야를 13개 사업그룹으로 재편하여 전통적인 핵심사업의 비중이 크게 줄고 기술산업과 서비스 산업부분이 확대되는 결과를 가져왔다.

2) 2단계 혁신(Software 개혁)

GE는 사업재편성과 조직의 재정비 작업이 완성단계에 들어가면서 동시에 기업풍토 혁신운동을 전사적으로 추진하게 되었는데, 이것이 경영풍토 혁신운동인 2단계 소프트웨어의 개혁이다. 이 기간 동안 GE를 지구상에서 가장 비관료적이고 장벽이 없는 조직으로 변신하게 함으로써 가장 경쟁력 있는 기업으로 만들기 위해 점진적인 기업체질 변화보다 급격하고 혁신적인 변화의 방법을 선택하게 되었다. GE가 채택한 변화관리 중 대표적인 3가지를 소개한다.

① 의식개혁 : 타운마켓팅(Town Meeting)과 워크아웃(Work-Out)

타운미팅이란 사원은 상사에게 직접 제안하고 상사는 되도록이면 그 자리에서 즉각 답할 수 있고 자유롭게 이야기할 수 있는 분위기를 만들어 주기 위한 방법이다. 이것은 시의 유력자와 지역주민과의 대화의 장을 제공하는 뉴잉글랜드의 타운미팅에서 힌트를 얻은 것이다. 워크아웃이란 무의미한 습관을 제거하고(workout) 사원들의 노력(work-out)을 통해 업무상 불필요한 부분을 없애고 문제를 제거(workout)하는 것, 즉 업무에 내재되어 있는 그릇된 습관을 퇴치하는 것이다.

② 적극적인 벤치마킹

우수경쟁사는 물론 GE 내 우수 부서를 대상으로 적극적인 벤치마킹을 실시하게 함으로써 단기간에 관리수준을 향상시켰다.

③ 변화의 가속화 : CAP(Change Acceleration Program)

조직원들에게 변화가 자신들의 힘으로 일어날 수 있고 추진할 수 있다는 것을 교육하여 혁신이 조직의 상하좌우에서 동시에 이루어지게 하는 것이다. 워크아웃이 현재의 문제를 해결하는 방안이라면 CAP은 향후에 발생할 수 있는 문제를 현재에 고민하여 이를 해결하는 것이다.

출처 : 월간 인재경영(2008. 6). 변화관리 사례연구

PART 4

리더와 팔로워와의 관계

| Chapter 12 | 팔로워십

Chapter

12 팔로워십

"남을 따르는 법을 알지 못하는 사람은
좋은 지도자가 될 수 없다."

– 아리스토텔레스

1절 개요

1. 팔로워십의 이해

조직을 구성하며 리더의 지시를 따르고 그를 도와 조직의 긍정적인 발전을 유도하는 사람들을 '팔로워(follower)'라고 하며, 그러한 사람들이 공통적으로 가지고 있어야 한다고 요구되는 성향이나 행동방식 또는 사고체계 등을 포괄적으로 '팔로워십(followership)'이라고 한다. 팔로워십은 리더십과 비교개념으로 사용된다. 리더십이 상사가 부하에게 영향력을 행사하는 과정이라면, 팔로워십은 부하로서의 바람직한 특성과 행동을 의미한다. 일반적으로 바람직한 부하는 상사가 바람직한 리더십을 발휘하도록 유도하고 지원해야 하며, 상사의 지시에 대한 동의뿐만 아니라 건전한 비판도 함께 해야 한다[그림 12-1].

우리는 제1장 '리더십 개요'에서 리더십 개념을 협의로 해석하면 리더가 부하에게 영향력을 끼치는 '상향적 리더십'이나, 광의로 해석하면 동료 간의 '수평적 리더십', 부하가 상사에게 영향을 끼치는 '상향적 리더십'으로 확대할 수 있다고 하였는데, 팔로워십은 바로 상향적 리더십과 일맥상통하는 개념이라 할 수 있다.

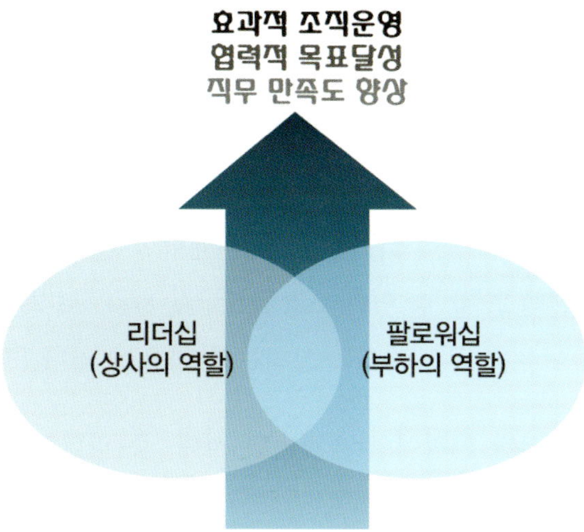

[그림 12-1] 리더십과 팔로워십 개념 비교

2. 팔로워십의 중요성

팔로워 없는 리더는 존재하지 않으며 모든 조직에서 팔로워는 매우 중요한 존재이다. 축구와 같은 운동 경기의 예를 보아도 리더는 방향 제시의 역할을 할 뿐 실제 상대와 싸워 득점을 내는 것은 팔로워의 역할이기 때문이다. 팔로워십을 배제하고 리더십만 강조하는 것은 맹목적인 순종주의를 낳는다.

지금까지의 리더십에 관한 연구들은 팔로워를 리더십 발휘의 주체가 아닌 대상으로만 인식하였기 때문에 팔로워십의 중요성은 그 만큼 경시되어 왔으며, 팔로워십에 관한 연구도 리더십과 관련되어서만 이루어졌다. 그러나 조직에는 팔로워의 숫자가 리더의 숫자보다 비교가 안 될 정도로 많다. 또한 조직의 성공에 있어서 리더가 기여하는 것은 많아야 20% 정도이고 그 나머지 80%는 팔로워(Follower)들의 기여로 볼 수 있으며, 아무리 직급이 높은 리더라 하더라도 리더로 일하는 시간보다 팔로워로 일하는 시간이 더 많다(Kelly,1994). 또한, 시대의 변화에 따라 팔로워가 꾸준히 강해지고 있는 데 반해 리더십은 자꾸 약화되고 있으며 이로 인해 팔로워와 리더의 역할이 더 이상 과거처럼 확연하게 구분되지도 않는다. 이러한 점에 비추어 팔로워십에 대한 연구의 중요성과 인식의 전환이 필요하다고 생각한다.

팔로워십이 중요해지고 있는 현상에 대해서는 '셀프 리더십(self-leadership)' 개념을 통해서도 설명할 수 있다. 강한 자부심과 자기 성취욕을 가지고, 적극적이고 도전적으로 행동하며, 남의 간섭보다는 자기가 스스로 하는 것을 좋아하고, 자기관리를 바탕으로 스스로를 이끌어 나가는 새로운 개념의 셀프 리더십은 모범적인 팔로워십으로부터 나온다고 할 수 있다(제5장 셀프 리더십 참조). 조직에서 팔로워의 역할이 중요하게 되는 이유를 구체적으로 살펴보면 다음과 같다.

① 과거 기업을 둘러싼 환경이 안정적이던 시대, 즉 리더의 독단적인 결정대로 일사불란하게 움직이던 시대에는 팔로워들이 창의성을 발휘하지 않아도 큰 문제가 되지 않았다. 그러나 현대와 같이 기업환경이 급변하는 시대에는 팔로워들의 창의성 향상이 필수적이며 이를 위해서는 팔로워 중심의 경영이 불가피하게 되었다. 리더의 지시에 의해서만 움직이는 팔로워로 구성된 조직은 급변하는 환경 속에서 살아남을 수 없으며, 능력도 최대한 발휘하거나 개발할 수 없게 된 것이다.

② 정보통신기술의 향상으로 리더만이 가졌던 제한된 정보를 팔로워도 쉽게 공유하게 되었으며, 이를 바탕으로 현장에서 팔로워가 독자적인 의사결정과 능동적인 행동을 할 수 있게 된 것도 팔로워의 중요성을 부각시키는 요인이 되었다고 할 수 있다.

3. 팔로워십와 리더십의 관계

훌륭한 리더십을 갖춘 사람이 있더라도 따르는 자가 없다면 리더라고 볼 수 없듯이 리더를 만드는 데에는 반드시 팔로워가 필요하다. 즉, 좋은 팔로워가 있기에 좋은 리더가 존재하는 것이다. 리더가 존재하는 이유가 바로 팔로워이다.

늘 리더인 사람은 없다. 늘 팔로워인 사람도 없다. 지금 존재하는 리더 역시 누군가의 팔로워였을 것이며 지금 존재하는 팔로워도 결국 누군가의 리더로 성장할 것이다. 즉, 우리는 모두 리더이며 팔로워이기도 한 것이다. 리더십과 팔로워십은 별개의 개념이 아니며 훌륭한 리더십과 모범적인 팔로워십이 조화를 이룰 때 더욱 큰 성과를 이룰 수 있다. 결국 팔로워십을 잘 발휘하는 팔로워가 훗날 훌륭한 리더가 될 수 있을 것이다. 즉, 리더십과 팔로워십은 상호보완적 파트너 관계에 있다고 할 수 있다.

헬러와 반틸(Heller & Van Til, 1982)은 리더십과 팔로워십의 관계를 다음과 같이 정리하고 있다.

① 어느 조직에서도 대부분의 구성원이 리더와 팔로워 역할을 동시에 수행하므로 리더십과 팔로워십은 서로 다른 개념이 아니라 상호 보완적인 개념으로 볼 수 있다. 따라서 팔로워는 리더나 조직에 의존하는 수동적인 존재가 아니라 리더를 보좌하는 1차적인 보조자로서, 실질업무를 수행하고 리더와 조직의 성공을 좌우하는 사람이라고 할 수 있다.

② 리더와 팔로워 상호 간의 역동성 측면을 고려해볼 때, 리더십을 효과적으로 발휘하기 위해서는 팔로워들을 잘 이끄는 것도 중요하지만 팔로워들이 잘 따라 주는 것도 중요하다.

③ 리더와 팔로워가 평등한 관계를 추구하는 것이 필요하다고 해서 양자의 역할 구분이 필요 없다는 것은 아니다. 리더와 팔로워 간의 거리를 너무 줄이거나 제거하게 되면 리더는 통제력을 유지하는 데 필요한 많은 방어벽들을 상실할 수 있고, 반대로 리더와 팔로워가 극단적으로 독립적일 때는 양자 간의 협업 효과는 상실될 수 있다.

④ 리더십과 팔로워십은 계속적으로 숙련 가능한 기술이므로 끊임없이 개발해야 한다.

[그림 12-2]는 조직 구성원이 상황에 따라 리더 혹은 팔로워의 역할을 수행하고 있음을, 즉 최상위의 임원과 최하위의 구성원을 제외하고는 대부분 리더이자 팔로워임을 보여 주고 있다.

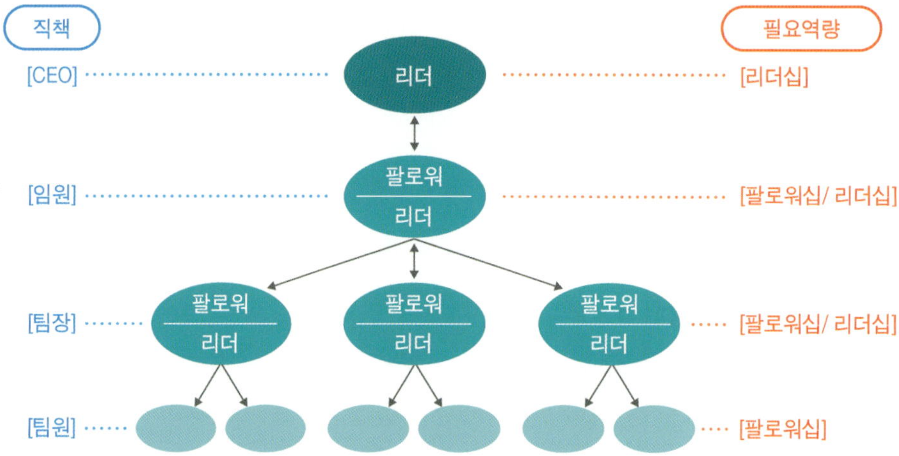

[그림 12-2] 리더십과 팔로워십의 관계

2절 팔로워십의 유형

팔로워십 이론은 여러 학자들을 통해 연구되어 왔으나 켈리(Kelley, 1988)에 의해 비로소 일반적인 개념을 정립하기에 이르렀다.

1. 팔로워십의 요소

켈리는 팔로워십의 유형을 구분하기 위해 팔로워의 '사고'와 '행동' 두 가지 핵심 기준을 가지고 분류하였다.

1) 사고 : 독립적이고 비판적 사고 대 의존적이고 무비판적 사고

첫 번째는 팔로워의 '사고요인'으로 구성원이 독립 · 비판적인 사고를 하느냐, 의존 · 무비판적인 사고를 하느냐를 말한다. 바람직한 팔로워는 스스로 생각하고, 건설적인 비판을 하며, 자기 나름의 개성이 있고, 혁신적이며 창조적인 개인들로 묘사된다. 이와 상반되는 팔로워는 할 일을 지시받아야 하고, 일을 스스로 알아서 처리하지 않는 의존적이고 무비판적인 부류들이다.

2) 행동 : 팔로워의 적극적인 참여 대 수동적 참여

두 번째 기준은 팔로워의 '행동요인'으로 구성원이 일에 적극적으로 참여하는가, 수동적으로 참여하는가를 말한다. 바람직한 팔로워는 솔선수범하고 주인의식을 가지고 있으며, 적극적으로 참여하고 자발적이며 맡은 일 이상을 한다. 이와 상반되는 팔로워는 게으르고, 늘 재촉과 감독을 받아야 되며, 책임을 회피하는 수동적인 부류들이다.

2. 팔로워십의 유형

그는 상기 두 가지 특성 중 2)항을 X축에, 1)항을 Y축에 설정하여 네 가지 팔로워 유형으로 구분하고, 이 두 가지 속성이 뚜렷하지 않은 중간 유형을 별도로 구분하여 모두 다섯 가지의 팔로워 유형을 제시하였다[그림 12-3].

1) 순응형(예스맨 형) 팔로워

순응형 팔로워는 조직의 일에는 적극적으로 참여하지만 업무에 대해 독립적·비판적인 사고는 부족한 유형으로 일반적으로 조직 구성원의 약 20~30%를 차지한다. 리더의 판단에 지나치게 의존하고 리더의 권위에 순종하며 자기 위에 누군가가 있는 것에서 위안을 찾는다. 일반적으로 독재적인 리더들은 그들의 권력욕을 충족하기 위해 순응형 팔로워를 장려한다.

2) 소외형(불순종형) 팔로워

리더에 대해 독립적이고 비판의식이 있으나 역할수행에는 소극적인 유형이다. 능력은 있으나 리더의 의견에 대하여 불평불만이나 부정적 의견을 늘어놓으면서도 조직에 무관심하여 조직의 문제점과 부족한 점을 개선하려는 노력을 기울이지 않는다. 일반적으로 조직 구성원의 15~25%를 차지하며 피해의식을 가지고 부당한 대우를 받고 있다고 생각하기 때문에 불만족을 해소하기 위해 대결자세를 취하게 되는데, 이로 인해 리더나 조직으로부터 배척당하는 경우가 많으며 조직의 잠재적 위험요인이 된다.

3) 모범형(창조적) 팔로워

모범형 팔로워는 조직 내에서 독립적이고 비판적인 사고를 가지며 조직의 일에 독립적이며 능동적으로 참여한다. 일반적으로 조직 구성원의 약 5~10% 정도를 차지한다. 주인의식을 가지고 있으며, 집단과 리더를 도와주고 조직의 이익을 위해서는 상사와도 의도적으로 맞서는 용기를 가지고 있다. 또한 솔선수범하고 자기가 맡은 일보다 훨씬 많은 일을 하고자 한다. 소외형과 순응형의 장점만을 취하는 모범형 팔로워가 5가지 팔로워십 중에서 조직에 필요한 '진짜' 팔로워라 할 수 있다. 즉, 독립심이 강하고, 혁신적이고 독창적이며, 건설적인 비판을 내놓는 등 상황에 바람직한 행동을 취하는 팔로워가 진정한 팔로워이다.

4) 수동형(기계적) 팔로워

조직 구성원의 약 5~10% 정도를 차지하고 있는 수동형은 모범형과 정반대이다. 비판적 사고도 없고 참여도 없는 팔로워로서 책임감이 결여되어 있어, 솔선수범하지 않을 뿐 아니라 상사로부터 지시받은 업무만 처리하며 통제 및 감독하에서만 업무를 수행한다.

5) 실무형(생존형, 실용주의형) 팔로워

실무형은 위의 모든 요소를 조금씩 전부 갖추고 있다가 상황에 따라 가장 유리하고 위험이 적은 행동을 취하는 경향, 즉 안전제일주의를 행동 원칙으로 삼는다. 일반적으로 조직 구성원의 약 25~35%를 차지하고 있으며 조직의 운영방침 등의 변동에 민감하고 자신의 이익을 위해서 다른 사람과 조직을 교묘히 이용하기도 한다. 실무형은 의견대립을 최소한으로 억제하고 어떤 실패에 대해서도 변명할 수 있는 준비를 주도면밀하게 마련해놓고 있다. 그들은 목표를 낮게 잡고, 반드시 자기보다 남이 먼저 책임을 지게 만든다. 주로 관료주의에 젖어 있는 공공조직에서 나타나며 조직이 침체기에 접어들 때(기업의 경우 경영상태가 나빠질 때) 주로 나타난다.

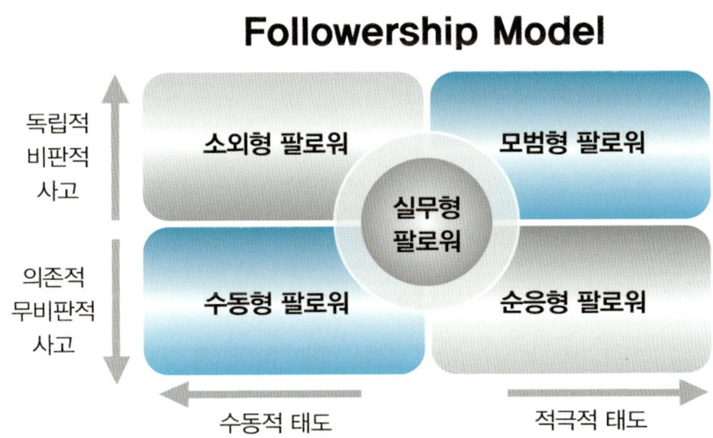

[그림 12-3] 켈리의 팔로워십 유형

출처 : Kelley(1992)

3절 바람직한 팔로워가 되기 위한 전략 : 팔로워의 노력

바람직한 팔로워가 되기 위해서는 팔로워 자신의 노력이 우선되어야 한다. 먼저 '바람직한 팔로워가 가져야 할 특성개발전략'을 설명하고 이어 스티븐 코비가 주장한 '효과적인 팔로워 잠재력 개발전략'을 소개한다.

1. 바람직한 팔로워 특성 개발

1) 자기관리

자기관리란 개인이 자기 스스로의 문제에 대해 주체적(主體的; subjective)으로 활동하는 것으로 효과적인 팔로워가 되기 위해 가장 먼저 전제되어야 할 조건이다. 자기관리가 잘 되면 자기자신을 자율적으로 잘 관리하여 궁극적으로 조직목표에 부응하는 성과를 내는 밑거름이 된다.

2) 리더의 보완

일반적으로 리더의 목표는 조직의 목적과 비전에 일치하므로 리더의 목표를 달성하도록 하는 행위는 곧 조직목표를 달성하려는 행위이다. 팔로워의 기본 소임은 리더의 목표가 달성되도록 리더의 부족한 점을 적극 보완해주어야 한다. 또한 조직이 길을 잃고 헤매는 경우, 리더가 그 상황에서 갈피를 잡지 못한다면 팔로워들이 대안을 제시할 수 있어야 한다. 이와 반대되는 유형은 리더에 대한 불만을 여기저기 퍼뜨려 리더의 부정적인 이미지를 형성함으로써 조직 안팎에서 리더십을 훼손하는 불평 불만형 팔로워이다. 이런 팔로워 유형이 미치는 가장 큰 부정적 영향은 구성원들의 리더에 대한 신뢰 형성을 막을 수 있다는 점이다. 특히, 리더에 대한 사전적인 정보가 없는 신입이나 외부 고객들에게 리더에 대한 부정적인 이미지를 심어줄 경우, 리더는 물론, 회사나 팔로워 자신에게도 도움이 되지 않는다. 자신이 팔로워 본연의 역할을 하기보다는 마치 리더인 양 생각하고 행동하는 팔로워도 있다. 이들은 상당한 수준의 역량과 경험을 근거로 강한 자신감과 자존심을 가지고 있기 때문에, 자신이 리더보다 못한 것이 없다고 생각한다. 그 결과, 이들은 리더가 내리는 의사결정에 대해 대안 제시를 위한 비판보다는 무조건적인 비판을 걸기도 한다.

3) 직언

리더 역시 사람이기 때문에 잘못된 선택을 할 수 있고 부당한 지시를 내릴 수 있다. 그럴 때는 단호히 잘못된 것을 지적해야 한다. 당장은 거부감을 보일수 있겠으나 시간이 지나 팔로워의 진심을 알게 된다면 팔로워에 대한 신뢰는 더 깊어질 것이다. 리더가 팔로워에게 충고해줄 것을 먼저 요구하면 팔로워는 리더에게 유익한 충고를 해주기 수월하다. 자신의 견해와 윤리적 기준을 정하고 자신이 믿는 바에 대해서는 자신의 입장을 주장하는 팔로워의 경우, 윤리적인 문제가 있는 상사에게는 대단히 다루기 어려운 부하가 된다. 이에 반대되는 팔로워는 리더에게 항상 듣기 좋은 말만을 하거나, 리더나 회사에 대한 부정적인 정보를 의도적으로 차단함으로써 리더를 현실로부터 괴리시키는 예스맨(Yes-man)이다. 예스맨 유형은 리더의 바른 생각과 합리적 경영을 가로막거나 자신의 이익만을 챙기므로 팀워크를 저해하게 된다.

4) 책임감

리더와 팔로워는 하나의 목표를 정해두고 일하는 파트너이다. 팔로워들 각자가 책임감을 가지고 맡은 일을 완벽하게 한다면 리더에게 큰 힘이 된다는 것을 잊어서는 안 된다. 이와 반대되는 유형은 시키는 것만 하는 팔로워이다. 이들의 가장 큰 특징은 책임감 부족과 소극적인 태도라 할 수 있다. 이들은 충분한 역량을 가지고 있으면서도 조직에 대한 주인의식이나 리더에 대한 애착이 부족하여 '이 정도 하면 나머지는 리더가 알아서 해주겠지' 등의 생각을 한다.

5) 헌신

조직은 팀워크로 운영되므로 팔로워들이 자신의 이익만을 추구하게 되면 팀의 효과는 크게 떨어지게 된다. 효과적인 팔로워는 자발적인 참여를 통해 조직의 발전을 자신의 발전으로 여기며 매사에 최선을 다한다.

6) 자기 계발

제아무리 조직을 위해 헌신적으로 일한다 해도 능력이 부족하면 원하는 목적을 달성할 수 없다. 따라서 지속적인 교육을 통해 끊임없이 역량을 향상시켜야 한다.

2. 스티븐 코비의 팔로워 잠재력 개발전략

팔로워들은 개인적 삶과 일을 통해 팔로워십 잠재력을 개발할 수 있다. 스티븐 코비는 《성공하는 사람들의 7가지 습관》에서 개인의 잠재력은 다음의 7가지 습관을 기름으로써 계발된다고 역설했다.

1) 팔로워십 발전 3단계

그는 팔로워십 발전 단계를 다음과 같이 3단계로 구분하였다.

① **의존성 단계** : 팔로워가 책임감을 느끼지 못하고, 솔선적인 모습도 보이지 않으며, 다른 누군가가 자신을 보살펴주기를 기대하는 단계이다.

② **독립성의 단계** : 팔로워가 책임감을 스스로 느끼며 원하는 것을 노력하여 성취하는 단계이다.

③ 상호 의존성의 단계 : 다른 사람과 협동하는 것이 중요함을 깨닫는 단계다. 이 단계에서 팔로워는 다른 사람들과 가깝고 좋은 관계를 많이 경험함으로써 삶의 질을 향상시키고 일의 성과를 높인다.

[그림 12-4] 팔로워 잠재력 개발도

2) 팔로워십 잠재력을 계발시키는 7가지 습관

팔로워의 성숙은 [그림 12-4]에서 보는 바와 같이 팔로워십 발전 3단계로 나아가는 성숙의 연속선을 따라 이어지는 7가지 습관으로 이루어지는데, 어느 하나의 습관을 실천하고 개선할수록 나머지 습관을 실천하는 능력도 증가되어 의존성에서 독립성으로, 독립성에서 마침내 상호 의존성 단계로 발전되어 나간다.

(1) 1단계 : 개인의 승리(의존 → 독립)

다른 사람을 효과적으로 이끌려면 개인은 먼저 자기 자신부터 효과적으로 이끌 수 있어야 한다.

① 자신의 삶을 주도하라(습관 1) : 개인 비전의 원칙

외부 환경반응에 대해 대응적 반응을 하지 않고 주도적으로 본인 스스로가 주체가 되어 행동하는 것을 말한다. 즉, 외부에서 주어진 환경을 극복하고 내부 상황을 통제하며 '할 수 있다'는 결의에 집중하도록 자기 자신을 바꾸어야 함을 강조하는 원칙이다. 주도적인 사람은 충동보다 가치를 우선한다. 반면, 반사적인 사람은 기분, 분위기, 조건, 주변 여건에 따라 행동한다.

② 끝(목표)을 생각하며 시작하라(습관 2) : 개인 리더십의 원칙

세계적인 운동선수들뿐만 아니라 우수한 업적을 달성한 사람들 대부분이 훌륭한 상상력을 가졌다. 이 습관은 그들처럼 어떠한 일을 행하기 전에 마음속에 그 결과를 그려보고, 느끼며, 경험한 후 행동을 개시하라는 원칙이다. 자신이 무엇을 원하며 중요하다고 생각하는 것이 무엇인지를 알아야 개인적인 비전에 기여할 수 있는 방향으로 매일매일 집중하여 살아갈 수 있게 되기 때문이다. 이를 위해서는 자기사명서(개인헌법)를 만드는 게 좋다.

③ 소중한 것부터 먼저 하라(습관 3) : 개인관리의 원칙

우선순위가 높은 일에 집중해야 함을 강조하는 습관으로 우리의 활동을 결정하는 두 가지 요소인 '긴급성'과 '중요성'을 기준으로 활동영역을 네 가지로 나눌 수 있으며 가장 우선적으로 해야 할 일은 당연히 I 상한, 즉 긴급하고 중요한 일이다 〈표 12-1〉.

〈표 12-1〉 시간관리 매트릭스

구분	긴급함	긴급하지 않음
중요함	Ⅰ. 상한 • 위기 • 급박한 문제 • 기간이 정해진 프로젝트 • 회의, 준비	Ⅱ. 상한 • 예방, 생산능력, 활동 • 인간관계 구축 • 중장기 계획, 진정한 여가 • 오락, 새로운 기회 발굴
중요하지 않음	Ⅲ. 상한 • 불시 방문, 일부 전화 • 일부 우편물/보고서, 회의 • 눈앞의 급박한 상황 • 인기 있는 활동	Ⅳ. 상한 • 바쁜 일, 하찮은 일 • 일부 우편물 • 지나친 TV 시청 • 성과 없는 일

출처 : Stephen R. Covey 외, First things first(1994) p.66.

(2) 2단계 : 대인관계의 승리(독립 → 상호의존)

다른 사람을 서로 보살펴주고 생산적인 관계를 조성해줌으로써 독립적인 단계에서 상호의존적인 단계로 성숙하게 된다.

① 승-승(win-win)을 모색하라(습관 4) : 대인관계 리더십의 원칙

조직 구성원 상호 간에 이익을 추구하는 Win-Win의 사고로, 나도 이기고 상대방도 이기는 것을 추구하는 습관을 말하는데, 상호이익이 없이는 조직목표를 달성할 수 없다는 전제에서 출발한다. 상호이익을 추구하라는 것은 상호만족을 위해 끊임없는 합의를 하고 문제를 해결하려는 정신과 마음을 갖는 것이다. 만약 서로 수용할 만한 해결책을 찾지 못한다면 의견일치에 도달할 때까지 노력하여 자신은 물론 상대방까지 만족할 수 있는 해결책을 찾아야 한다.

② 먼저 이해(경청)한 다음에 이해시켜라(습관 5) : 공감적 커뮤니케이션 원칙

공감적 커뮤니케이션이란 말 그대로 남의 말을 먼저 들으라는 것으로 나보다는 상대방을 존중한다는 발상이다. 즉, 다른 사람의 관점을 통해서 사물을 보는 것을 말한다. 상대방의 말을 먼저 경청하는 것만으로도 개인적 · 직업적 관계 속의 갈등, 오해, 언쟁이 해소된다. 이와 반대되는 습관은 자기 말을 앞세우거나 들으면서 충고하고, 응수하고, 고치고, 판단하고, 분석하고, 단정 짓는 행위를 말한다.

③ 시너지(Synergy)를 활용하라(습관 6) : 생산적 협조의 원칙

시너지란 상호 간에 힘을 합하면 개별적으로 사용한 힘을 합한 것보다 훨씬 큰 힘을 얻을 수 있음을 의미한다. 시너지의 본질은 차이점을 인정하는 것, 즉 서로의 차이점을 존중하며, 강점은 활용하고 약점에 대해서는 서로 보완을 하는 데서 나온다. 어떤 사안에 대해 구성원들이 각자 다른 관점을 가지고 있을 때 바람직한 방향으로 의견이 모아지지 않는다면 시너지 효과를 거둘 수 없다. 열린 마음으로 자신의 입장을 표명하기 전에 상대방의 관점을 반영하고 최적의 안이 나올 때까지 새로운 아이디어를 제안하며 다듬을 경우 진정한 시너지 효과가 발생될 수 있다.

3) 3단계 : 지속적 발전(습관화)

① 끊임없이 쇄신하라(습관7) : 균형적인 자기쇄신의 원칙

이 습관은 우리가 가진 최대의 자산인 자기 자신을 유지 및 향상시키는 역할을 하는데, 4가지 차원(신체적 차원 : 운동/영양, 영적 차원 : 종교/명상, 정신적/지적 차원 : 독서/글쓰기, 사회적/감정적 차원 : 가족/회사/친구/단체/봉사)을 끊임없이 그리고 균형적으로 쇄신함으로써 이루어진다.

4절 효과적인 팔로워 육성전략 : 리더의 노력

바람직한 팔로워가 되기 위해서는 팔로워 자신의 노력이 우선되어야 하지만 리더가 이를 지원해주지 않으면 실패할 수 있다. '임파워먼트를 통한 팔로워십 육성 프로그램 전략"을 소개한다.

1. 임파워먼트를 통한 팔로워십 개발

1) 임파워먼트(empowerment)란?

임파워먼트를 단어 그대로 해석하면 '파워(Power)를 부여하는 것'이라고 말할 수 있다. 임파워먼트란 권한부여, 권한위임의 의미로 '자주적이고 주체적인 체제 속에서 방향을 설정하고 일정한 가이드라인을 제시한 상태에서, 관리자들이 지니고 있는 권한을 실무자에게 위임함으로써 그들이 보유하고 있는 잠재능력 및 창의력을 최대한 발휘하도록 하는 방법'이라고 말할 수 있다.

2) 임파워먼트의 효과

리더는 팔로워들이 스스로 이끌어 가도록 임파워먼트함으로써 효과적인 팔로워를 육성할 수 있다.

① 팔로워에게 자율관리의 기회를 주어 그들이 문제의식을 갖고 스스로 생각하고 행동하도록 유도한다. 자율관리 리더십을 발휘하는 리더는 팔로워의 행동을 통제하지 않고 팔로워가 성취하려는 목표와 과업에 대한 사고와 판단을 잘 내릴 수 있도록 도와준다. 리더는 팔로워가 효과적으로 임무를 수행하는

데 필요한 정보를 제공해주고 조직의 비전과 직무를 이해하도록 도와준다.

② 업무수행상의 문제점과 그 해결방안을 가장 잘 알고 있는 실무자들이 고객들에게 적절한 대응을 하게 됨으로써 품질과 서비스 수준을 제고할 수 있다.

③ 지시, 점검, 감독, 감시, 연락, 조정 등에 필요한 노력과 비용이 줄어들기 때문에 코스트가 절감된다.

다만, 임파워먼트의 최종 목적은 성과증진이므로 자질이 떨어지는 팔로워에게 통제 없는 지나친 자율성을 주는 것은 자칫 혼란을 초래하기 때문에 본래의 목적에 부합되지 못함을 명심해야 한다.

2. 임파워먼트를 통한 팔로워십 육성교육 프로그램 개발

1) 팔로워 교육 프로그램의 필요성

행동 분석에 관한 보고서에 따르면, 리더십 개발과정을 이수한 리더는 새롭게 습득한 지식 및 스킬을 현업에 적용할 준비를 갖추게 된다고 밝히고 있다. 그들은 리더로서의 권한을 부여받아 책임 있게 회사를 운영할 준비를 갖춘 것이다. 그러나 리더십 교육 프로그램을 개발하는 데는 많은 시간을 할애하면서 팔로워 교육 프로그램 개발은 등한시하는 실정이다. 그러므로 리더는 팔로워 지원교육 프로그램에 충분한 자원을 투자함으로써 팔로워들이 성과향상에 실질적 지원을 제공할 수 있는 스킬 및 툴을 갖추도록 해야 한다.

2) 교육 가이드라인 : 리더와 팔로워 병행 프로그램

리더십 개발 프로그램을 성공으로 이끌기 위해서는, 리더와 팔로워를 함께 참여시키는 모델을 개발해야 하며 이 두 프로그램은 서로를 보완할 수 있어야 한다. 예를 들어, 리더를 위해서는 '임파워먼트(업무위임) 스킬'과 '성과 피드백 제공' 과정이, 팔로워를 위해서는 반대되는 개념, 즉 '업무위임 제대로 받기 및 상사와의 효과적 협력', '성과피드백 제대로 받기' 과정이 준비되어야 한다.

(1) 효과적으로 임파워먼트 주고받기

임파워먼트(업무위임) 교육과정을 이수하고 나면, 리더는 효과적으로 위임할 방법을 습득하게 된다. 반면, 팔로워들은 효과적으로 업무위임을 받고 관리자와 협력하는 방법에 대해서 학습한다. 이 과정을 이수하고 나면, 팔로워들은 훌륭한 팀원으로서의 행동방법 및 효과적인 커뮤니케이션 스킬을 활용하여 위임된 업무를 성공적으로 마무리할 수 있는 방법에 대해 터득하게 된다. 뿐만 아니라, 관리자들이 위임하지 못하는 업무는 무엇이며 그 이유에 대해서도 파악할 수 있게 된다.

(2) 효과적으로 성과 피드백 주고받기

'성과 피드백 제공' 교육과정을 이수하게 되면 리더는 구체적이고 세부적인 피드백을 제공하는 방법을 학습하게 된다. 또한, 리더는 부하직원이 받아들이기 쉽게 피드백을 제공하고 부하직원의 자존감을 키워줄 수 있는 방법들을 배우게 된다. 반면, '성과피드백 제대로 받기' 교육과정을 통해서, 팔로워는 피드백을 토대로 성과를 향상시킬 수 있는 방법, 피드백을 제대로 받는 방법, 어려운 상황을 인식하고 문제를 해결할 수 있는 방안들을 학습할 수 있다.

이 두 가지 학습과정을 통해, 리더와 팔로워는 한 가지 공통된 목표를 달성하기 위해 서로 효과적으로 협력하는 방법에 대해서 학습할 수 있다.

팔로워 교육 프로그램과 리더십 프로그램의 한 가지 매우 중요한 요소는 파트너십을 배양하는 것이다. 각각의 프로그램은 상대방의 견해를 고려하여 개발되어야 한다. 팔로워십이 존재하지 않는다면 리더십도 존재하지 않기 때문이다.

사례 **아돌프 아이히만**(1906. 3. 19 ~ 1962. 6. 1)

아이히만의 현역시절과 재판 시절

1. 주요 이력

아돌프 아이히만은 제2차 세계대전 홀로코스트(유대인 대학살)의 전범으로, 유대인 문제에 대한 '최종 해결', 즉 유대인 박해의 실무 책임자였다. 1932년 나치당에 가입하여, 독일 및 독일 점령하의 유럽 각지에 있는 유대인의 체포 및 강제 이주, 학살을 계획·지휘하였고, 수용소에 500만 명이 넘는 유대인을 열차로 수송했으며 총 600만 명을 학살했다. 독일의 항복 후 미군에 체포되었으나 가짜 이름을 사용해 포로수용소에서 탈출했고, 1950년 가족과 함께 아르헨티나로 도망쳐 가명으로 은신하던 중 1960년 5월 이스라엘 정보기관 모사드에 체포돼 이스라엘로 압송되었다. 1961년 12월 예루살렘 법정의 공개 재판에서 나치가 저지른 유대인 600만 명의 학살 책임을 물어 1962년 6월 1일 교수형에 처해졌다(네이버 지식백과).

2. 아돌프 아이히만의 팔로워십 : 무작정 상사의 명령을 따르는 위험

유대인 학살에 대한 긴 재판과정에서 아이히만은 "나는 명령에 따랐을 뿐"이라고 반복했다.

그는 자신이 권한이 없는 배달부에 불과했다고 주장하면서 "나는 아무것도 한 것이 없다. 아돌프 히틀러나 기타 상급자의 지시에 아무것도 덧붙이지 않고 성실히 업무를 수행한 것이 전부다."고 주장했다. 독일 태생의 유대인 한나 아렌트는 잡지 〈뉴요커〉의 특별 취재원 자격으로 예루살렘으로 가서 재판과정을 참관한 뒤 "다른 사람의 처지를 생각할 줄 모르는 생각의 무능이 말하기의 무능을 낳고 행동의 무능을 낳는다."며 "그가 유죄인 명백한 이유는 아무 생각이 없었고 바보였기 때문이다. 그는 스스로 생각하기를 포기하고 명령만 따랐던 것"이라고 서술했다. 아이히만이 유태인 학살을 의도적으로 하였다는 검사 측의 주장에도 어느 정도 일리가 있으나, 단지 상관의 명령만 수행했다는 아이히만의 주장도 역시 설득력이 있다. 분명한 것은 그가 상관의 명령을 거부하지는 못했다할지라도 학살의 부적절함을 호소하거나 축소를 건의할 수도 있었으며, 명령을 따르면서 직권으로 학살을 최소화할 수도 있었다는 것을 생각해 보았을 때 무작정 리더의 명령을 따르는 팔로워가 조직에 얼마나 커다란 위험을 안겨주는지를 실감시켜주는 사례가 되고 있다.

출처 : 이예지(2017). '악의 평범성' 개념으로 본 아돌프 아이히만. 시네21

사례 **위징**(580 ~ 643)

1. 주요 이력

위징은 당나라 초기의 대신이자 사상가, 문학가, 사학자로 시호는 문정(文貞)이다. 그는 본래 무양군승 원보장(元寶藏)의 속관이었는데, 원보장이 이밀(李密)과 호응하여 군사를 일으켜서 주로 이밀의 상주문을 대필하였다. 뒤에 이밀과 위징도 당나라에 투항했다. 벼슬은 태자세마(太子洗馬), 첨사주부(詹事主簿), 상서좌승(尚書左丞), 시중(侍中) 등을 역임했고, 정국공(鄭國公)으로 봉해졌다. 그는 재임 중에 당태종(唐太宗)을 잘 보좌하여 그를 중국 최고의 성군으로 만드는 데 결정적 공헌을 하였다(네이버 지식백과).

위징

2. 위징의 팔로워십 : 직언을 통한 바람직한 리더십 유도

위징은 독단적이고 향락적으로 흐르기 쉬운 절대 권력자인 황제에게 목숨을 건 직언을 서슴없이

하여 당 태종을 중국 역사상 최고의 리더로 추앙받게 한 팔로워이다. 최고 권력자인 황제에게 무려 300번이나 "그것은 아니 되옵니다."를 외쳤다. 그럼에도 그는 이 살얼음판을 걷는 듯한 최고 권력자와의 위험한 관계를 잘 유지했고 살아서도, 죽어서도 충신으로 기록되었다. 직언은 황제로서의 공무에서부터 사생활까지 광범위한 분야에서 이루어졌다. 물론 몇 번의 위기가 있었다. 위징의 깐깐한 간언에 분노한 당 태종이 "위징을 끌어내어 참하라."라는 말을 수없이 했고 무사들에게 끌려 나가는 순간 채 10걸음도 지나지 않아 "그만 두어라."라고 외치는 순간이 많았다고 한다.

몇 가지 사례를 들어보면 다음과 같다.

① 위징은 태종에게 "윗사람의 행실이 바르면 명령하지 않아도 일이 순리대로 저절로 실행이 됩니다. 하지만 행실이 바르지 못하면 명령을 내려도 이해되지 않고 그 명령은 제대로 실행이 되지 않습니다. 고로 폐하께서는 인격수양에도 게을리 하시면 안 됩니다."라는 개인적인 충고까지도 했다.

② 한번은 태종이 봉선대례를 치를 것을 지시했다. 봉선대례는 천지신명에게 황제가 직접 제사를 지내는 것으로 만천하에 진정한 황제로서의 위엄과 정통성을 부여받는 국가적인 큰 행사였다. 하지만 위징은 반대했다.
"이제 전란이 끝난 지 10여 년밖에 되지 않았습니다. 사람으로 치면 겨우 걸음마를 할 정도입니다. 백성들은 농사를 짓지만 아직 창고에는 곡식이 쌓이지 않았고 황제의 덕정이 전국에 미치지 못하고 있습니다. 이러한 시기에 많은 돈과 인력이 소요되는 봉선대례를 하는 것은 국가적인 낭비이며 진정한 황제의 도가 아닙니다." 태종은 위징의 간언을 받아들여 봉선대례를 취소했다.

③ 태종은 국경지대를 정벌하기 위해 16세 이상의 남자를 군대에 입대시키는 법안을 지시했다. 이때도 위징은 제일 먼저 반대했다.
"지금 폐하의 지시는 연못을 말려 물고기를 잡고 수풀을 태워 짐승을 사냥하고, 닭을 잡아 달걀을 꺼내는 것과 다를 것이 없습니다. 병역은 숫자보다 질이 관건인데, 나이도 안 찬 어린 남자들을 징병하면 그 원성이 하늘에 다할 것입니다." 이번에도 예외 없이 태종은 위징의 말을 받아들였다.

④ 하루에도 몇 번씩이나 태종에게 간하는 위징을 보면서 태종은 일종의 '위징 울렁증'이 생길 정도였다. 한번은 사냥을 위해 수레와 말을 준비시켰다가 '위징이 반대할 것 같다'고 생각하고 스스로 이를 취소시킬 정도였다. 태종은 매를 좋아했다. 하루는 좋은 매를 진상받고 감상하고 있는데, 위징이 들어왔다. 태종은 본능적으로 매를 품 안에 숨겼다. 위징은 이런저런 국사를 보고하고 시간을 끌었다. 한참을 있다가 위징이 드디어 물러가자 태종은 품 안의 매를 꺼냈지만 매는 이미 질식해 죽어 있었다고 한다.

이렇게 충심으로 태종을 보좌했던 위징은 643년 죽었다. 태종의 슬픔은 이루 말할 수 없었다. 태종은 3일간 식음을 전폐하고 위징을 애도했다. 그리고 묘비를 세우고 묘비의 조문도 직접 썼다. 그리고 위징에 대해 이렇게 평가했다.

"구리로 거울을 만들면 의복을 바로 입을 수 있다. 옛 일을 거울로 삼으면 나라의 흥망성쇠를 알 수 있다. 또한 사람을 거울로 삼으면 세상사는 이치와 이해득실을 알 수 있다. 나는 이 세 가지 거울을 가지고 스스로의 잘못을 막으려 했다. 이제 위징이 죽으니 거울 하나가 없는 셈이다."

위징의 충직한 간언과 태종의 충언을 잘 받아들이는 자세 덕분에 당나라는 큰 번영을 누렸다. 이 태평성대의 시기를 역사상에서는 '정관의 치(貞觀之治)'라고 한다. 당태종은 3차례의 고구려 정벌에 실패하고 죽음을 맞이하면서 말했다. "위징이 살아 있었다면 나로 하여금 이 전쟁을 하게 하지는 않았을 것이다. 고구려 정벌을 포기하라."

PART 5

리더십 개발

Chapter

13 글로벌 리더십 개발 프로그램

"일단 리더가 되고 나면 그 사람의 성공은
다른 사람을 어떻게 키우느냐에 좌우된다."

– 잭 웰치 GE 전 회장

1절 개요

1. 교육, 개발, 훈련의 차이

교육(education), 개발(development), 훈련(training)이라는 말이 혼용되고 있으므로 간략히 그 차이를 살펴보기로 한다. 훈련은 직무 중심이고, 교육은 개인 지향적이며, 개발은 조직 지향적이다. 실천적인 측면에서 훈련은 개인의 직업상의 책임을 충족시키는 데 도움이 되는 활동이고, 교육은 개인의 역량 향상을 준비하는 데 초점을 맞추며, 개발은 조직, 산업체 공동체에 관한 새로운 통찰력을 이끌어 내 주는 데 주안점을 두고 있다(김정일, 2003).

2. 리더십 역량개발의 개념

1) 역량의 정의

역량이란 '특정한 상황이나 직무에서 탁월한 성과를 내게 하는 개인의 내적 특성', 또는 '효과적 성과자와 비효과적 성과자를 구별하는 행동'으로 정의된다. 역량이 가지고 있는 개념적 특징은 다음과 같다.

① 역량은 외적으로 관찰 가능하고 측정 가능한 개인의 내적 행동특성을 규명한 것이다.

② 역량은 지속적으로 관찰되는 행동을 중심으로 정의된다.

③ 역량은 우수한 성과를 전제로 성립되는 개념이다.

2) 리더십 역량개발의 정의

우리는 수많은 학자들에 의해 연구된 다양한 리더십 이론을 접할 수 있다. 다양할 뿐만 아니라 각각의 이론들은 서로 모순되거나 상이한 면도 적지 않다. 따라서 이러한 이론들을 모두 적용할 수가 없다. 사람은 모두 개성이 다르고 자신이 처한 환경도 다르며 자신이 하는 일도 다르기 때문에 이에 맞는 이론을 취하여 자신에 맞게 적용해야 한다. 적절한 이론을 취한 게 다가 아니다. 채택한 이론을 실생활에 적용해가면서 몸과 마음으로 습득하여 습관화하는 노력도 필요하다. 그러므로 리더십 역량개발이란 '개인적인 특성뿐 아니라, 하는 일, 조직, 환경 등의 특성까지 고려한 리더십 이론을 개발하여 이를 발전시키며 각각의 상황에 맞게 체득하는 과정'이라고 정의할 수 있겠다.

오늘날 경영환경의 급격한 변화에 따라 기업에서 요구되는 리더십도 변화하고 있으며 이에 따라 필요한 역량도 변화하고 있다. 즉, 기업구조가 과거의 위계적 조직에서 팀에 기초한 수평적 조직으로 변화가 이루어지면서, 경영자, 관리자의 리더십 역량개발에만 집중되던 것이 구성원 개개인의 리더십 역량개발로 확대되고 있는 실정이다.

3. 리더십 개발의 필요성

리더는 타고날까? 아니면 육성되어질까? 리더의 역량과 자질에 따라 가정이나 조직은 물론이고, 심지어는 국가의 운명까지 좌우되기 때문에 이 주제는 리더십을 연구하는 학자들 사이에서 매우 중요한 이슈이다. 인류 역사상 뛰어난 리더들이 타고난 능력만으로 또는 효율적인 교육훈련만으로 성공을 이룰 수 있었을까? 상당수 리더십 개발론자들은 인간능력의 약 30%는 타고 나지만, 나머지 약 70%는 환경과 교육에 의해 결정된다고 보고, 리더십 훈련을 통해 상당히 많은 효과를 볼 수 있다는 입장이다. 끊임없이 변화하는 사회는 새로운 지도자를 원하고 있으며, 여기에 맞는 지도자는 개발될 수 있는 것이다. 실패한 회사와 성공한 회사의 차이는 무엇일까? 성공한 회사들은 매년 수익과 자산이 증가하나 실패한 회사는 그렇지 못하다. 성공한 회사들을 자세히 들여다보면 예외 없이 각계각층에 뛰어난 리더들이 존재하고 있으며 그들은 리더십 제고를 최고의 가치로 믿고 끊임없이 리더십 역량을 개발하고 있다. 이렇게 조직 구성원들을 위한 리더십 역량개발노력이 기업 경쟁력을 결정짓는 원천으로 부각함에 따라 리더십 역량개발에 대한 필요성이 높아지고 있다.

리더십을 개발하기 위해서는 많은 시간이 필요하며 훌륭한 교육 프로그램, 도전적 과제 수행, 많은 경험 그리고 리더의 후원이 필요하다.

2절 리더십에 필요한 역량

1. 계층별 리더십 역량

카츠(Robert L. Katz)의 리더십에 요구되는 스킬 모델에 의하면, 조직 구성원은 각 계층에 따라 요구되는 리더십 스킬이 [그림 13-1]과 같이 서로 다르다.

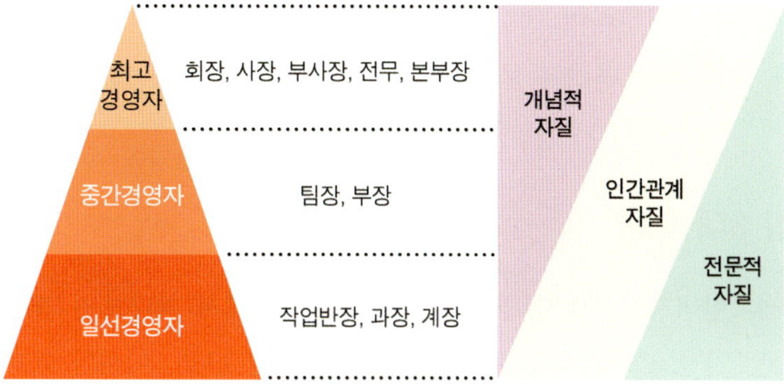

[그림 13-1] 계층에 따라 요구되는 리더십 스킬

1) 개념적 스킬(상황판단능력 : conceptual skills)

'조직'에 초점을 둔 리더십 스킬로, 조직 전체를 파악하고 장기적인 모든 분야를 동시에 고려하며, 복잡하고 애매한 문제를 분석하고 핵심과제를 찾아내어 창의적인 해결책을 제시할 수 있는 능력을 말한다.

2) 인간관계 스킬(대인관계능력 : human relationship skills)

'사람'에 초점을 둔 리더십 스킬로, 구성원들과 원만한 관계 유지와 사기 앙양, 구성원 간의 조정 및 협조를 유도하는 능력을 말한다.

3) 전문적 스킬(현장실무능력 : technical skills)

'업무'에 초점을 둔 리더십 스킬로, 업무적 자질, 기술적 자질이라고도 하며 맡고 있는 업무수행을 위한 전문적 지식을 말한다.

계층별 경영자에게 필요한 3대 자질을 요약해보면 직급이 높아질수록 전문적 자질이 덜 중요해지고 개념적 자질은 더 중요해지는 데 비해 인간관계 자질은 전 계층에 걸쳐 모두 중요하다. 즉, 인간관계에 상대적으로 큰 비중을 두고 있는 리더십은 조직에 처음 입문하여 정상에 오를 때까지 매우 중요한 리더십 역량이라고 할 수 있다. 리더십을 다루는 본 교재는 당연히 인간관계에 많은 비중을 두었다.

2. 리더십 3대 역량

카츠가 제시한 3가지 리더십 역량과 좀 다른 각도에서 쳐다보면 '제10장의 팀역량 요소'처럼 '지식, 스킬, 태도'로 나눌 수 있다[그림 13-2]. 이러한 리더십 역량은 '신념, 가치관, 성격, 흥미, 동기 또는 욕구, 적성 등의 자아개념이나 심리적 특성'을 바탕으로 이루어지며 이러한 역량은 최종적으로 '리더십 행동'으로 표출된다. 많은 리더십 프로그램이 종종 리더십 스킬에 많이 치중하게 된다. 스킬에만 치중하는 리더십은 완전한 프로그램이 되지 못한다. 현장에서 보면 리더십 발휘과정에서 부족한 것이 스킬만이 아니기 때문이다. 온전한 리더십이라면, 지식, 스킬(Skill), 태도를 균형감 있게 갖추어야 한다. 이들 3대 역량에 대해 기술하면 다음과 같다.

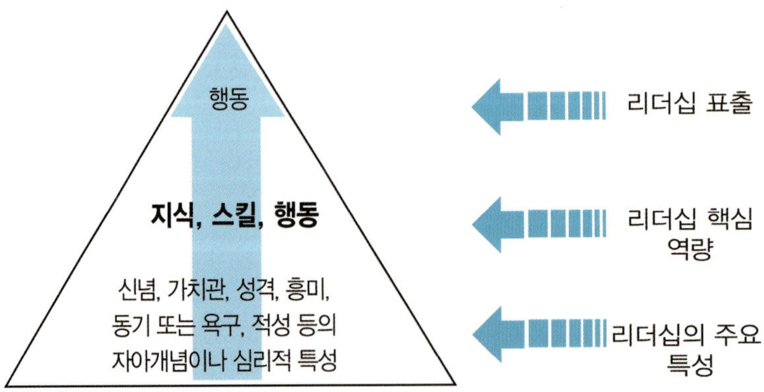

[그림 13-2] 리더십 역량체계도

출처 : 황정선(2002). 리더십 개발과 실천

1) 지식

제품지식, 사업지식, 재무지식 등 업무를 수행하는 과정에서 사용되는 지식이나 실무적인 절차나 방법, 관련 법규 및 사규, 표준, 관련 정보, 기준 등 실질적으로 과업수행에 활용되는 지식을 말한다.

2) 리더십 스킬

해당 과업수행 및 그 과정에 중요하게 활용되는 기자재, 문건, 자료, 도구 등을 다루거나 관리하면서 직접적인 행동으로 드러나는 실질적 업무수행능력을 말한다. 즉, 리더의 역할을 잘 발휘하게 하는 기능에 대한 것으로 전략적 사고, 효과적 커뮤니케이션, 전략적 의사결정, 스피디한 실행, 효과적 갈등관리, 비전제시능력, 코칭스킬 등을 들 수 있다.

3) 리더십 태도

리더십 태도라는 것은 리더로서의 마음가짐과 자세에 해당하는 부분이다. 리더가 아무리 뛰어난 지식과 스킬을 구비했다고 하여도 그것이 구성원들의 공감대를 형성하지 못하거나 비윤리적이라고 한다면 온전한 리더십이라 하기 어렵다.

3절 리더십 개발 단계

그렇다면 리더십 역량은 어떤 절차를 통해 개발될까? 일반적인 3단계 개발과 이를 확장한 5단계 개발을 살펴보기로 한다.

1. 3단계 개발

일반적으로 리더십 역량 개발 프로세스는 [그림 13-3]과 같이 3단계로 이루어진다.

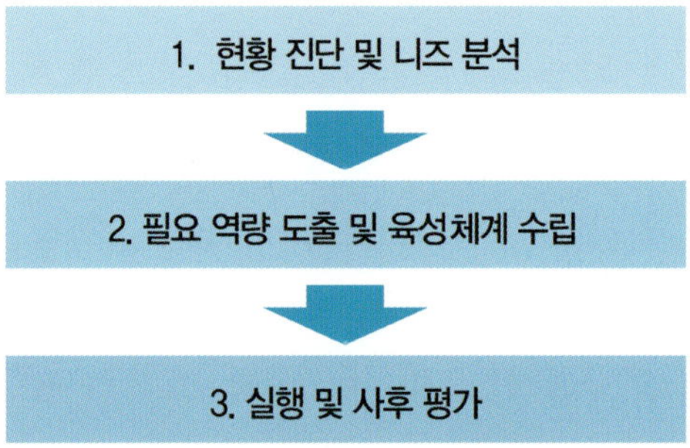

[그림 13-3] 리더십 개발절차

1) Step 1. 조직 내외부 현황진단 및 니즈 분석

이 단계에서는 환경변화와 새로운 사업 기회의 등장 등 기업 외부적 그리고 내부적 니즈를 분석한다.

① **외부 니즈 분석** : 시장조사를 통해 사업환경 관련 자료를 검토하고 외부 환경을 이해한다.

② **내부 니즈 분석** : 경영진 및 임직원 인터뷰 등을 통해 그들의 니즈를 파악하고 조직의 강/약점 등을 분석한다.

2) Step 2. 필요역량 도출 및 육성체계 수립

Step 2는 자사에 무슨 역량이 필요한지를 파악하고 이러한 역량을 육성하는 체계를 확립하는 단계이다. 이때 외부의 자문에만 의존하기보다는 내부 전문인력도 적절히 활용한다. 외부 인력은 현상을 객관적으로 볼 수 있는 장점이 있으나 내부 상황은 잘 모르는 단점을, 내부 인력은 내부 상황은 잘 아나 너무 주관적으로 흐를 수 있는 단점이 있기 때문에 적절한 혼합이 필요하다.

① 조직에 필요한 리더십 역량이 무엇인지, 혹은 성공적 리더의 특성이 무엇인지를 구체적으로 파악한다. 시장, 기술 등의 면에서 미래에 발생 가능한 환경 변화에 능동적으로 대응할 수 있는 리더십 역량을 도출한다.

② 전략과 연계한 리더십 역량 모델을 구축하고 어떤 방식으로 리더십 역량을 끌어올릴 것인지, 즉 리더십 역량 육성체계를 수립한다.

3) Step 3. 실행 및 사후 평가

규명된 필요 역량을 이행하고 이행 정도를 평가하는 단계로 리더십 개발 프로세스의 핵심 단계이다.

① 리더로 하여금 선택된 과제를 수행하는 과정에서 경험하고 학습하면서 역량을 습득하도록 유도한다.

② 리더십 육성 프로그램을 적용한 후에는 반드시 그 효과를 평가한다. 즉, 교육 참가자의 반응, 지식 습득의 정도, 행위 변화, 사업성과의 창출 정도 등을 평가하고 피드백한다.

2. 5단계 개발

최은수(2016)가 제시한 5단계 리더십 개발 프로세스는 다음과 같다.

1) 나의 핵심가치와 상황에 적합한 리더십 정의하기

먼저 리더가 되고자 하는 사람은 자기자신에 대한 이해와 자신이 당면한 상황에 대해 가급적이면 자세하게 파악하고 명확화할 필요가 있다. 나는 어떤 성격을 가진 사람인가? 나 자신이 삶에 있어서 중요하게 생각하는 핵심가치와 미래에 되고자 하는 비전은 무엇인가? 나의 업무적 특성과 내가 처한 상황은 무엇이고, 의욕과 능력적인 면에서 어느 정도의 성숙한 사람들과 함께 일하고 있는가 등에 대한 이해가 필요하다.

2) 나의 리더십 진단하고 의식적으로 행동하기

다음은 내가 정의한 바람직한 리더십을 근거로 하여 현재의 나의 리더십을 진단하는 것이다. 리더십 진단을 통해서 현재 상태의 리더십 수준을 확인할 수 있다. 이러한 진단과정에서 발견된 리더십 문제에 근거하여 의식적으로 필요한 리더십 행동을 수행하는 것이다. 예를 들어, 진단결과 자신의 리더십 행동이 과업 중심적이었다면 의식적으로 직원과 대화시간을 갖고 그들의 말을 경청하는 행동을 시도해 보는 것이다.

3) 리더십 발휘에 필요한 기본적인 스킬을 개발하기

다음 단계는 리더십 개발을 위해서 기본적인 스킬과 역량을 개발하는 것이다. 예를 들어, 상대방 말을 경청하는 기술, 효과적으로 말하고 설득하는 기술, 공동의 이해를 기반으로 창의적으로 문제를 해결하고 합의를 이끄는 기술, 상황을 파악하고 문제의 우선순위를 정하는 기술, 당면한 사안에 대하여 효과적으로 의사결정을 하는 기술, 다양한 지식습득을 통해 미래를 예견하는 기술, 일을 위임하고 사람들의 참여를 촉진하는 기술, 사람들에게 피드백을 하거나 코칭하는 기술 등이다.

4) 현장에서 리더십을 경험하고 그 결과를 반성하고 성찰하기

다음은 리더십 스킬을 현장에서 시행하고 그 결과를 경험해 보고 성찰하는 것이다. 리더십이 이해되고, 리더십 스킬이 개발되었다 할지라도 리더십을 현장에서 발휘해보지 않으면 자신의 리더십이 효과적인지 그렇지 않은지를 알 수 없다. 효과적이지 않다고 판단되면 상황을 재파악하여 자신의 리더십 발휘에 무슨 문제가 있는지를 분석할 수 있다. 이를 통하여 자신에게 적합한 리더십을 개발하기 위한 개선점을 찾을 수 있다. 이때 경험한 것을 성찰할 수 있는 시간적 여유를 갖는 것이 아주 중요한 일이다.

5) 타인으로부터 또는 상호적으로 피드백 받기

다음은 다른 사람으로부터 피드백을 받는 것이다. 리더가 안다는 것은 결국 자신이 인식하고 관심을 갖고 있는 한정된 부분에 관한 것일 뿐이다. 그렇기 때문에 여러 가지 이유로 자신이 깨닫지 못하고 있는 부분에 대해 누군가로부터 평가받고 조언받아야 한다.

4절 리더십 역량개발

리더십 역량개발방법은 자신이 직접 몸으로 부딪혀 시행착오를 범하면서 습득하는 '직접경험을 통한 방법'과 비직접적으로 습득하는 '간접경험을 통한 방법'으로 나눌 수 있다.

1. 간접경험을 통한 리더십 역량개발

간접경험을 통한 리더십 역량개발훈련은 대학, 컨설팅, 회사연수원 등 다양한 기관에서 수행되고 있다. 김정일(2003)이 분류한 공식적 훈련(formal training), 개발활동(developmental activities), 자습활동(self-help activities)으로 나누어 간접경험을 통한 리더십 역량개발을 소개한다.

1) 공식적 훈련

대체로 정해진 시간에 실시되며, 교육 참가자들이 현업을 떠난 상태에서 교육전문가의 교육을 받게 된다.

① '강의'는 리더십에 대한 지식을 제공하는 가장 일반적인 방식이다. 강의는 학습과정이 토의와 같은 방식보다도 빠르게 진행될 수 있을 뿐 아니라 다른 훈련방법에서 놓치기 쉬운 생각들의 분석이 가능하며, 다양한 매체를 통하여 보다 효과적으로 전달될 수 있다. 강의의 구체적인 장점으로는 다량의 지식을 체계적으로 전달할 수 있고, 내용의 수준 및 분량을 적절하게 조정할 수 있으며, 전체적이고 종합적인 시각을 유지하며 진행할 수 있다는 점이다. 반면 이론에 치우쳐 현장적용 효과에 회의적이라는 시각도 존재한다.

② 다양한 리더십 상황을 묘사한 '사례 토의'를 통해 리더십 역량을 끌어올리는 방식도 있다. 사례연구는 특정 사안에 대해 간접적 경험을 통해, 즉 서로의 의견을 주고받는 과정을 통해 효과적으로 리더십 역량을 습득할 수 있는 장점을 가지고 있다.

③ 강의실을 하나의 드라마 연출장으로 설정하여 참여하는 모든 사람에게 별도의 역할을 부여하여 연기하도록 배정하는 '역할놀이'도 있다. 조직상황에서 실제로 생길 수 있는 다양한 상황에서 서로의 행동을 관찰하고 건설적으로 비판함으로써 자신의 행동이나 사고를 숙고하는 행위를 실제로 해보기 때문에 문제해결능력 향상에 효과가 높은 편이다.

2) 개발활동

개발활동은 여러 형태를 띠고 있는데, 대표적인 것이 컨설팅과 피드백을 통한 개발활동이다.

① '컨설팅'은 외부 전문 상담자의 도움을 받아 조직이나 조직 내 집단 간에 발생하는 과정을 개선하려는 방법이다. 개인적 행동이나 집단 내 인간관계 등 조직 전반적인 운영과정에서 나타나는 당면문제를 분석하고 그 해결능력을 향상시킴으로써 자신의 능력을 개발할 수 있다.

② 구성원들을 대상으로 조직문제에 대한 질문지를 통하여 얻은 피드백 자료를 활용하여 구성원들로 하여금 조직문제를 해결하도록 하는 '피드백 개발기법'도 있다. 피드백 과정을 통한 리더십 역량개발 성공을 위해서는 전 과정에 걸친 구성원들의 관심과 참여가 있어야 한다.

컨설팅

3) 자습활동

개인 스스로 수행하는 독서, 관련 동영상 시청, 기술개발을 위한 컴퓨터 프로그램 사용 등과 같은 학습활동을 말한다.

2. 직접경험을 통한 리더십 역량개발

경험학습은 지식전달 위주의 형식적이고 추상적인 교육으로부터 경험에 기초한 교육으로 전환하려는 시도로 시작되었다. 현장에서 몸으로 부딪히면서 얻은, 즉 직접경험을 통한 리더십 역량습득은 간접경험을 통한 방식보다 효과가 큰 장점을 가지고 있으나 시간이 많이 걸리고 이에 따라 비용도 많이 드는 단점이 있다.

1) 콜브의 경험학습 모형

콜브(Kolb)는 대표적인 경험학습 연구자이다. 그의 경험학습이론을 구체적으로 살펴보면, 학습자가 구체적인 경험에 대한 분석적인 관찰과 반성을 통하여 이들 경험으로부터 추상적 개념화를 시도하고 이런 추상적인 개념화를 통해 일반 행동원리를 도출한다. 이런 원리를 바탕으로 새로운 경험을 계속적으로 추진하면서 학습자의 행동변화와 성장을 가져오게 되는 학습의 과정을 말한다.

즉, 진정한 학습은 [그림 13-4]와 같이, '구체적 경험(concrete experiences)' → '반성적 성찰(reflective observation)' → '추상적 개념화(abstract conceptualization)' → '능동적 실험(active experimentation)'의 네 과정으로 이루어진다고 보았다. 다음 각 항목 밑에 서술한 사례는 간호학과 학생들이 병원 현장견학을 통해 간호 관련 지식을 습득하는 과정이다.

(1) 구체적 경험(Learning by feeling)

실제적인 경험을 하는 단계로 일반적으로 새로운 경험에 직면했을 때, 개방적으로 몰입하며 체계적으로 접근하기보다는 느낌에 의존하는 경향이 강하다.

사례

간호에 대한 병원현장 견학을 통해 구체적인 경험을 한다.
이때 체계적인 접근보다는 느낌에 의해 체득되는 경향이 강하다.

(2) 반성적 성찰(Learning by watching)

서로 다른 관점에서 즉, 다양한 시각에서 앞선 경험들을 꼼꼼히 분석하는 단계이다.

사례

병원 견학에 대한 여행일지 혹은 일기 작성을 통해 배운 내용을 정리한다. 이때 스스로 관점을 바꿔보고 다른 학생들의 의견도 들어본다.

(3) 추상적 개념화(Learning by thinking)

자신의 관찰과 분석결과를 논리정연하게 이론화한다.

사례

학생들은 자신의 경험을 통해 개념화한 것들을 다른 사람도 이해할 수 있도록 체계적으로 이론화한다.

(4) 능동적 실험(Learning by doing)

위의 세 가지 단계를 거치면서 정립한 이론을 의사결정하고 문제를 해결하는 데 적용해본다. 이 단계에서 필요시 이론의 수정이 발생할 수 있다.

> **사례**
>
> 마지막으로 학생들은 요양병원 등과 같은 다른 장소로의 현장견학을 실시하여 새로 체득한 지식을 검증하게 되는데, 이때 필요시 이론의 수정도 발생할 수 있다. 이를 통해 간호 관련 지식을 습득할 수 있으며 이러한 학습 사이클은 다른 간호와 관련된 경험을 하게 됨으로써 반복 학습으로 이어진다.

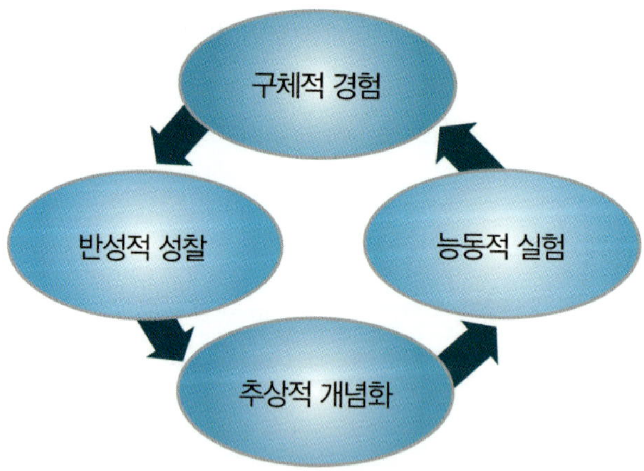

[그림 13-4] 콜브의 경험학습 모형

학습자는 자신이 선호하는 학습방식을 순환과정의 어느 위치에서나 시작할 수 있지만, 의미 있는 학습을 수행하기 위해서는 네 단계 모두를 거치는 것이 바람직하다.

2) 경험학습이론을 활용한 리더십 개발 모형

리더십 개발 역시 다음과 같이 콜브의 학습경험 모형 이론과 같은 과정으로 이루어진다고 볼 수 있다.

① **구체적 경험** : (특정한 상황에서) 리더십에 대한 경험을 한다.

② **반성적 성찰** : 리더십 경험에 대해 상세히 정리해본다. 이때 자신의 관점도 바꿔보고 다른 사람의 생각도 들어본다.

③ **추상적 개념화** : 동료들, 상사 또는 부하들과 리더십에 대해 새로 알게 된 내용을 토론하여 논리정연하게 이론화한다.

④ **능동적 실험** : 새로 알게 된(개념화된) 리더십 관련 지식을 다른 환경에 적용해보고 새로 배운 지식을 확실한 개념으로 정립한다. 이때 전에 습득한 지식에 대한 수정사항이 발생할 수 있으며 이 경우 앞서 배운 지식을 재정립한다.

이러한 사이클을 반복하면서 리더십에 대한 개념을 심도 있게 학습한다.

3. 리더십 역량개발 시 고려해야 할 사항

지도자는 리더십 역량 개발 시 다음의 몇 가지 전제를 고려할 필요가 있다.

① 상황에 따라 리더에게 요구되는 행동이 달라지게 되는데, 이에 따라 요구되는 리더십 역량도 달라져야 한다.

② 리더십 개발을 위해 리더십 역량 모델은 현재뿐 아니라 미래에 요구되는 역량에도 초점을 맞추어야 한다.

③ 리더십 역량 모델은 조직의 미션이나 전략목표와 연계되어야 한다.

④ 리더십 역량 모델은 리더십 평가 또는 진단과 연계되어야 한다.

⑤ 리더십 개발은 장기적인 관점에서 구성원들에 대한 투자라는 점을 중요하게 인식하고 기업의 가치와 일치하는 방향으로 이루어져야 한다.

4. 리더십 역량개발의 실패요인 및 개선방향

오늘날 많은 기업들은 리더십 개발의 중요성을 실감하고 나름대로 이를 실천하고 있다. 그러나 방향이 바람직하지 않다면 하지 아니함보다 못하다. 많은 경영자들이 흔히 범할 수 있는 우(愚)와 이에 대한 바른 방향을 제시해보기로 한다.

1) 리더십 역량개발 시 이론에 중점을 둔다

리더십 역량개발의 출발점이 관련 이론임을 부정할 수는 없으나 조직현장과 격리된 이론 중심으로만 개발할 경우 현실과의 괴리로 원하는 결과를 얻기 어렵다. 그러므로 이론을 바탕으로 하되 철저히 현장을 고려해야 한다. 백 번 듣는 것보다 한 번 보는 게 낫고(百聞不如一見), 백 번 보는 것보다 한 번 해보는 게 낫기(百見不如一行) 때문에 업무진행 중에 시행착오를 범하면서 경험을 통하여 이루어질 때 가장 큰 효과를 얻을 수 있음을 간과해서는 안 된다.

2) 리더십 개발의 주권을 회사가 쥐고 있다

회사 또는 교육 주관부서가 전권을 가지고 그들의 논리대로 리더십 역량을 개발하고 콘텐츠를 선정할 경우 다양화 요구가 넘쳐나는 분권화된 조직들에게 매우 비효과적이다. 그렇다고 모든 주권을 현업 부문에 떠넘겨서도 안 된다. 리더십 개발의 내용을 모든 이해관계자와 공유하고 이에 대한 상호책임의 문화를 정착시켜야 하므로 교육 프로그램의 주권은 현업부서가 가지고 교육 담당부서는 이를 전폭적으로 지원하는 형태가 바람직하다.

3) 눈앞에 보이는 현상만을 보완하는 프로그램을 단시간에 만든다

리더를 육성하는 프로그램을 하루 이틀만에 급조해서는 안 된다. 반 년만에 추수하여 적은 수익을 낼 수 있는 벼를 심지 말고, 5년이 걸려도 많은 수익을 낼 수 있는 과일 나무를 심어야 한다. 자신의 짧은 임기 내에만 효과를 거두려는 단기 성과주의 리더십 개발 프로그램은 반짝 효과밖에 내지 못한다. 당연히 시간이 걸리더라도 근본 원인을 파악하여 실질적인 성과를 낼 수 있는 리더십 프로그램을 개발해야 한다.

4) 다른 회사가 성공한 사례를 그대로 도입한다

남에게 잘 맞는 옷을 그대로 입지 말고 자신에 맞게 고쳐 입어야 한다. 즉, 타사가 성공한 내용을 벤치마킹은 하되 자사의 실정에 맞게 수정, 보완해야 한다. 프로그램의 효과는 그 회사의 조직문화와 사업특성에 따라 달라지기 때문이다. 회사의 전략적 이슈와 부합하지 못한 채 잘나가는 프로그램들을 무비판적으로 수용할 경우 좋은 결과를 기대하기 어려워짐을 명심해야 한다.

5) 조직의 고위층이나 고객을 대상으로 한 보여 주기식 리더십 역량을 개발한다

보여 주기 위해 포장만 그럴듯하게 만들어진 리더십 역량 프로그램은 돈과 시간 낭비이다. 당연히 조직 구성원들에게 실질적으로 효과를 발휘할 수 있는 내용이어야 한다. 제대로 된 프로그램을 만들기 위해서는 프로그램 운영 결과에 대한 평가척도도 제대로 만들어야 한다. 연수원 가동률, 강의 일수, 교육인원 등이 효과를 측정하는 잣대가 되어서는 안 된다. 진정한 리더십 역량개발 측정을 위한 계량적 측정지표를 개발해야 하며 아울러 객관적으로 인정되는 정성적 측정방법도 강구해야 한다.

사례 GE의 리더십 프로그램 개발 및 운용

전 세계의 기업 중 핵심인재교육에 가장 많은 투자를 하고 있는 기업은 어디일까? 대부분의 조사결과에서 단연 1위를 차지하는 기업은 GE이다.

그들은 어떻게 리더십 양성 프로그램을 개발하고 운영하는지 '리더십 파이프 라인'과 '5가지 리더십 개발 프로그램'에 대해 살펴보자.

I. GE의 리더십 파이프라인

GE의 리더십 파이프라인은 GE 인재 양성 시스템의 핵심이라 할 수 있다.

리더십 단계마다 필요로 하는 스킬이나 역량을 분류, 정의하고 다음 리더십 단계로 나아가려는 직원들에게 필요한 리더십 역량을 체계적으로 교육시킴으로써 개인이 지닌 잠재력이나 능력을 리더십 파이프라인의 요건과 부합시키도록 유도하는 프로세스이다. 이러한 리더십 파이프라인은 직원들로 하여금 전체 리더십 체계 안에서 자신이 어느 위치에 있는지 깨닫게 해줘서 자신이 추구하거나 개발해야 할 다음 단계 리더십의 목표와 방향을 알게 해 준다. 출발점에서 시작하여 마지막 지점까지 여섯 번의 전환점을 거치도록 한다〈표 13-1〉.

〈표 13-1〉 리더십 파이프라인 단계별로 갖춰야 할 리더십

단계 전환[1]	필요한 리더십
자신관리 → 초급관리자(과장)	• 모든 일을 혼자 처리하지 말고 부하들로 하여금 일을 해내도록 함 • 부하들이 일을 효율적으로 하도록 시간을 적절히 배분하는 기술 연마
초급관리자 → 초급관리자의 관리자(부장)	• 관리자들의 발전 정도를 측정하고 조언해주는 업무능력 습득
초급관리자의 관리자 → 기능부문 관리자(임원)	• 자신이 관리하는 영역뿐 아니라 회사 전체의 목적달성을 위한 기능을 수행하는 전략가가 되어야 함

1) 단계전환의 과장 – 부장 – 임원 – 사업부장 – 사장 – 회장은 필자가 편의상 붙인 명칭임.

기능부문 관리자 → 사업총괄관리자(사업부장)	• 계획과 제안들을 사업영역의 관점에서, 그리고 장기적 관점에서 평가하고 분석해야 함 • 효율적으로 의사소통을 해야 하며 단기적 사고와 장기적 사고 사이에 균형을 유지해야 함
사업총괄관리→ 그룹관리자(사장)	• 자신이 관리하는 사업들이 살아남기 위해서 필요한 핵심적 요소들을 제대로 갖추고 있는지 냉철하게 분석할 수 있어야 함(사회, 산업계, 정부, 의례적인 행위와 같은 환경적 요인들까지 고려)
그룹관리자→ 기업관리자(회장)	• 장기적인 비전을 갖추어야 함은 물론이고 기업 외부의 여러 가지 환경요인을 주도적으로 관리해야 함 • 지엽적인 것들은 모두 믿고 맡기는 대신 전체에 초점을 맞추어야 함

2. 5가지 리더십 프로그램

GE는 기존의 리더십 개념을 극복하기 위해 다양한 리더십 프로그램을 운영하고 있는데, 이 중 가장 대표적인 5가지 리더십 프로그램을 소개한다.

1) 경력가속화(Career Acceleration)의 과정

직원들의 경력과 능력을 조기에 향상시키는 제도다.

FMP, IMLP 등 리더십 프로그램, 전 세계 GE의 사업장을 철저하게 감사하는 글로벌 감사요원(Corporate Audit Staff)제도, 6시그마 품질요원 자격, 그리고 전사적으로 실시하는 특정 이니셔티브 추진요원 자격 등을 통해 직원들의 능력을 단기간에 향상시키는 것이 목표이다.

2) 글로벌 경험과정

책상머리에서 도표를 분석하는 능력도 필요하지만 해당국가에서 직접 근무기회를 갖는 것은 더 중요하다. 이 기회를 제공함으로써 글로벌 시장을 분석하는 시각을 구체화시킨다. 또 다양한 업무에 대한 경험을 쌓게 한다.

3) 멘토링 과정

경영자를 비롯 경험 많은 직원을 멘토(Mentor)로, 인재양성 대상자를 멘티(Mentee)

로 지정하여 멘티의 업무능력 향상과 네트워크를 제공하는 멘토링 프로그램이 활성화되어 있다. 그 외에도 리더십 향상기회를 경험할 수 있는 리더십 포럼, 고위경영진들과 직원들 사이에 솔직하고 개방적인 대화로 리더십을 향상시키는 라운드 테이블 등은 GE만의 강점이다.

4) 스트레치(Stretch) 과정

동기부여를 통해 개인의 자발적인 의지로 창의적 능력을 극대화시켜 자신이 달성할 수 있는 직무와 목표를 최고로 확장하게 함으로써 잠재능력을 개발한다.

5) 사업부문 간 순환 근무

GE는 11개의 서로 다른 사업부문에 근무기회를 제공한다. 산업과 지역 및 제품과 서비스 등에 대한 폭넓은 경험을 제공함으로써 원만한 상호 커뮤니케이션을 바탕으로 업무를 추진할 수 있는 합리적 리더가 되도록 한다. 한편, GE는 중역 이상을 대상으로 하는 교육의 경우 반드시 미국에 있는 '크로톤빌 연수원'에서 실시하고 있다.

출처 : 심재우(2006). GE의 핵심인재는 어떻게 단련되는가. 스마트비즈니스

사례 포스코의 리더십 개발 사례

포스코 현장과 로고

급변하는 철강산업의 경영환경의 변화 속에서 자사에 맞는 리더십 프로그램을 개발하여 운영 중인 포스코의 사례를 살펴본다.

I. 계층별 리더십 교육과정의 개발과 실행

계층별, 즉 고급 경영자, 중간 관리자, 일반 직원별로 구분한 리더십 교육과정을 개발하고 교육을 실행하였다.

1) 토요학습 : 고급 경영자 대상

계층별 리더십 교육 프로그램들 중 가장 먼저 개발하여 실행한 것이 임원, 부장/실장 대상의 토요학습이었는데, 이는 경영층과 고급관리자들부터 교육에 솔선하여 참여함으로써 전사적인 차원의 학습 분위기를 고취하기 위한 조치였다. 2006년도부터 토요학습은 5대 핵심 교육분야를 중심으로 리더십스쿨, 평생학습과 연계되어 실행되었고, 사외 강의와 사내 강의의 비중을 50 : 50으로 설정하였다.

2) 리더십 스쿨 : 중간 관리자 대상

리더십 스쿨의 학습 프로세스는 '3단계 학습 모형'에 따라 개발되었다. 교육분야별로 '기본 학습'은 기본적 지식과 정보를 숙지하는 학습단계이고, '본 학습'은 사전학습에서 나아가 참여와 실습을 통한 문제해결과 실천의 방법을 체득하기 위한 학습단계이며, '사후 학습'은 현업 복귀 후 사전 학습과 본 학습에서 교육받은 내용을 현장에 실제로 적용하고 실천하는 학습 단계이다. 사후 학습 단계에서는 교육분야별 전임교수와 교육 부서를 중심으로 현장실천활동을 지원해 주었다. 예를 들어, 일반 직원들의 반응을 모니터링하고, 분야별 리더십 발휘의 수준을 측정하여 피드백(feedback)해주었으며, 현장 방문과 코칭(coaching), 온라인 질의응답, 우수 실천 사례 발굴 및 공유, 현장용 교안 제공 등의 활동을 수행하였다.

3) 평생학습 : 중간 관리자 이하 일반 직원 대상

회사는 교육 방침을 제시하고 필요한 교육 자원을 제공해 주었으며, 각 부서는 1인당 연간 최소 40시간에서 최대 80시간의 범위에서 현장의 실정에 맞게 자율적으로 운영하였다. 2006년부터는 전사적인 리더십 교육 프로그램 시행의 일환으로 평생학습의 3가지 학습형태 중에서 가치공유 학습은 리더십 스쿨의 5대 핵심교육분야와 연계하여 운영하였다. 이로써 직책 보임자들이 리더십 스쿨에서 학습한 내용을 평생학습교육시간을 활용하여 직원들에게 전파하고, 업무와 일상생활을 통해 직원들의 학습과 참여 실천을 지원하도록 한 것이다.

2. 효과적 리더십 교육을 위한 변화관리

계층별 리더십 교육과정을 효과적으로 개발하고 실행하기 위해 다음과 같은 변화관리를 추진하였다.

1) 전사적 협의체 구축

기존에 현업 부서별로 수시로 시행하던 교육들을 전사적인 차원의 리더십 교육 프로그램으로 전환하기 위해서는 관련 부서들과의 긴밀한 협력이 반드시 필요하였다. 전사적인 차원의 교육에 직접적, 간접적으로 관여된 11개 부서들의 부서장들이 협의위원으로 위촉되었고, 부서별 교육책임자와 교육과정 개발요원, 사내강사 등이 구성원으로 참여하였다. 전사교육협의회는 부서별 교육 니즈를 수시로 수렴한 후 분기마다 정례적으로 공식적인 협의회를 개최함으로써 리더십 교육과정 개발, 강사 양성, 교육운영 등과 관련된 각종 계획과 실행방안들을 조정하고 결정하였다.

2) 사내 교수단 운영

토요학습과 리더십 스쿨의 기획과 실행 전반에 걸쳐 주도적으로 참여할 수 있는 강사의 양성과 확보는 계층별 리더십 교육 프로그램의 성공적 실행에 있어 핵심적인 관건들 중 하나였다. 이를 위해 5대 핵심교육분야별로 '사내 교수단'을 설치하여 운영하였다. 사내 교수단은 교육분야별로 고급 수준의 전문성과 경험을 갖춘 우수 직원과 직책 보임자들 중에서 선발되었고, 심층적인 교육내용 연구와 교육과정 개발 및 강의스킬 향상교육을 통해 양성되었다. 이들은 교육의 니즈 파악에서부터 사전 학습과정개발과 강의, 집합교육 교재개발과 강의, 사후 학습지원활동 등에서 주도적인 역할을 수행하였고, 토요학습, 리더십 스쿨과 평생학습을 긴밀하게 연계하여 운영하는 데에 크게 기여하였다.

출처 : 김현주(2007). 포스코의 계층별 리더십 교육 프로그램 개발 사례

참고문헌

■ 단행본

강수진, 2017, **한걸음을 걸어도 나답게**, 인플루엔셜.
강주헌, 2009, **서번트 리더십**, 참솔.
김광수(제임스 C. 헌터 원저), 2006, **서번트 리더십 실전 매뉴얼**, 시대의창.
김경섭(원저자 스티븐 코비), 2017, **성공하는 사람들의 7가지 습관**, 김영사.
김덕로 외, 2014, **현대사회와 리더십**, 문영사.
김성수, 2011, **글로벌 리더십 개발**, 탑북스.
김성수, 2016, **혁신적 리더십**, 탑북스.
김영순(존 휘트모어 원저), 2007, **성과 향상을 위한 코칭 리더십**, 김영사.
김윤호 외, 2015, **리더십의 이해**, 형설.
김종식, 2011, **타타그룹의 신뢰경영**, 랜덤하우스 코리아.
김종현, 2008, **힐러리의 슈퍼 리더십**, 일송포켓북.
백기복, 2017, **한국형, 리더십**, 북코리아.
변상우, 2016, **리더십 글로벌 시대의 리더가 갖춰야 할 역량**, 청람.
송기도 외, 1999, **권력과 리더십**, 인물과 사상사.
심재우, 2006, **GE의 핵심인재는 어떻게 단련되는가**, 스마트비즈니스.
안성호 외, 2010, **현대 리더십의 이해**, 신광문화사.
오화석, 2013, **100년 기업의 힘 타타에게 배워라**, 매일경제신문사.
유영만 외(원저자 John P. Kotter), 2009, **위기감을 높여라**, 김영사.
윤혜건 외, 2009, **여성주의 리더십**, 이화여대 출판부.
이민희, 2012, **과학적인 리더십**, 시그마프레스.
이원복, 2003, **먼나라 이웃나라(한국 편)**, 김영사.
이원우 외, 2006, 경영학 원론, Robert. L. Kats의 역량 모델, 박영사.
이영희(Harberleither 원저), 2002, **코칭리더십**, 국일증권 경제연구소.
이장우, **창발경영**, 21세기 북스.
이재희, 2016, **리더십 프레임**, 한올출판사.
이종인(Robert Rosen 원저), 2001, **글로벌 리더십의 조건**, 세종서적.
이학종 외, 2004, **조직행동론**, 박영사.
이희경, 2005, **코칭입문**, 교보문고.
이태석, 2013, **친구가 되어주실래요?**, 생활 성서사.
장수용, 2005, **팀제의 이해 및 운영**, 미물.
장영광 외, 2016, **생활 속의 경영학**, 신영사.

정종권, 2009, **싱가포르 지도자 리콴유**, 사람과 책.
조천제 외(켄 블랜차드 원저), 2001, **하이파이브**, 21세기북스.
차동욱(Maxin Dalton 원저), 2004, **글로벌 리더십**, 위즈덤 아카데미.
최은수, 2016, **리더십 개발 프로그램**, 공동체.
최찬기 외, 2004, **글로벌 기업의 CEO리더십**, 탑북스.
한정곤(John P. Kotter 원저), 2007, **기업이 원하는 변화의 리더**, 김영사.
홍윤주, 2004, **최강의 리더십**, 청림출판.

■ 논문, 보고서

강성길, 2012, 동기부여를 통한 GWP 향상 사례연구, 경북대학교.
강재구, 2013, 상사와 부하 감성지능이 변혁적 리더십, 팀 긍정정서, 팀 창의성, 팀 효율성 및 팀 성과에 미치는 영향, 동국대학교.
고경섭, 2000, 팔로워십 특성별 리더십 유형이 조직 유효성에 미치는 영향, 상지대.
고재웅, 2014, 등소평, 모택동의 리더십과 경영전략, 삼성경제연구소.
김규리, 2013, 컬러테라피 프로그램을 통한 성인학습자 감성리더십 개발과정, 숭실대학교.
김동환 외, 2006, 서번트 리더십에 관한 선행연구고찰, 산업경영연구.
김성동, 1994, 관리자의 조직적 갈등관리방안에 대한 연구, 광주대학교.
김영성, 2003, "히딩크 리더십"을 통한 부대관리향상 방안, 동국대 경영대학원.
김정일, 2003, 평생교육을 위한 리더십 프로그램 개발 연구, 한국성인 교육학회.
김태백, 2006, 병원종업원의 팀웍과 리더십유형이 조직유효성에 미치는 영향, 인제 대학원.
김현주, 2007, 포스코의 계층별 리더십 교육 프로그램 개발 사례, 한국산업교육학회.
김홍국, 1999, 리더십 패러다임 전환과 리더의 역할, 인적자원 개발 연구.
박종훈, 2003, Kolb의 경험학습 모형, 서울대학교.
박효정, 2013, 학교장의 감성리더십이 집단창의성에 미치는 영향, 경북대학교.
삼성경제연구소, 2010, 긍정에너지를 끌어내는 힘, 감성리더십.
삼성경제연구소, 2002, 히딩크식 기업환경 경영.
송유림, 2004, 팔로워십 유형에 따른 비서의 직무만족과 조직몰입, 이화여자대학교.
신유근, 2002, 한국기업 최고경영자의 행동특성과 리더십 스타일, 노사관계연구.
예지은, 2010, 긍정 에너지를 끌어내는 힘, 감성 리더십, 삼성경제연구소.
윤수경, 2007, 팀워크가 사회복지사의 조직몰입에 미치는 영향에 관한 연구, 연세대학교.
윤정헌, 2000, 호텔기업 종업원의 팀웍에 대한 다차원적 접근, 관광레저연구.
이란희, 2015, 조직구성원의 팔로워십과 리더십 유형 및 상응관계 탐색, 연세대학교.
이상욱, 2004, 팀제, 조직혁신연구소.
이춘우, 2005, 팀 역량의 구성요소모델과 측정지표 개발연구, 조직과 인사관리 연구.
이춘우, 2007, 팀역량과 팀성과 간의 관계에 관한 연구, 서울시립대학교.

장태관, 2005, 코칭을 통한 리더십 향상 방안에 관한 연구, 중앙대학교.
정민주, 2011, 서비스직원의 감성능력이 팀워크역량 및 창업의지에 미치는 영향, 경기대학교.
정용주, 2006, 갈등관리유형이 리더 신뢰와 이직의도에 미치는 영향, 경기대학교.
정효현, 2001, 갈등관리전략에 대한 연구, 고려대 대학원.
주영태, 2011, 원전건설 전문 인력의 동기부여요인이 직무성과에 미치는 영향, 숭실대학교.
주현미, 2012, 대기업 팀의 응집력과 학습행동, 상사의 리더십행동 및 성과의 관계, 서울대.
진세우, 2014, 신뢰경영이 조직몰입에 미치는 영향에 대한 연구, 동명대학교.
천형성, 2011, 켈리의 효과적인 팔로워십 특성이 조직성과에 미치는 영향, 고려대학교.

■ 정기 간행물

경총 경영계 78호, 2008, 오바마의 감성 리더십.
매일경제신문, 2016. 1, '당 태종의 거울'이라 불린 재상 위징, 주군에게 300번이나 'NO'를 외친 신하.
머니투데이, 2013. 2, 팀워크구축의 4가지 비결.
시네21, 2017. 3, '악의 평범성' 개념으로 본 아돌프 아이히만, 이예지.
시사뉴스피플, 2008. 12, 기업가 정신 집중탐구 : 정주영 현대회장의 돌파경영.
신한 FSB 리뷰, 2006, 이달의 CEO 스티브 잡스.
연합뉴스, 2017. 11, 우리나라의 윤리수준.
월간 인재경영, 2008. 6, 변화관리 사례연구, GE 사례.
중앙일보, 2016. 10. 15. 구글의 팀웍문화.
중앙일보, 2016. 3, EQ(감정적 지능지수)가 높은 사람들의 10가지 특징.
한국과학기술원, 2013. 8, 팀웍을 높이는 방법.
한국경제매거진 966호, 2014. 6, 스포츠 명장들의 팀워크경영.
CBS노컷뉴스, 원전 공론화 사례, 2017. 10.
POSRI 경영연구 제7권 제2호, 2007, 임파워먼트를 위한 조직구조와 제도.

■ 인터넷 사이트

http://afrivoices.egloos.com/v/1402500, 위대한 독재자, 히틀러.
http://chulsoosaid.tistory.com, 2014. 3, 세종대왕의 소통 리더십.
http://ch.yes24.com/Article/View/13434?Scode=050_001, 직원들과 사랑에 빠진 CEO - 허브 켈러허, YES24 문화웹진 채널예스.
http://dongaclub.com/, 효과적인 동기부여를 위한 학습 성공사례, 동아출판공식블로그.
http://www.econote.co.kr/예병일의 경제 노트, 2005. 2. 14, 남을 따르는 법을 알지 못하는 사람은 리더가 될 수 없다.
https://ko.wikipedia.org/wiki, 위키백과, 윤리적 리더십.
https://m.blog.naver.com/PostView.nhn?blogId, 2016. 11, 강수진의 셀프 리더십.

http://nerdstory.tistory.com/445, 2009.3, 서번트 리더십에서 변화 리더십까지 위기대처, 예능 MC를 배워라.

http://nlearners.org/gnuboard4/bbs/board.php?bo_table=nlearning&wr_id=1208, 2017. 4, 한국 리더십 교육의 문제점, 윤정구.

http://shootier.tistory.com/25, shootier's scope, 조영탁의 ceo의 리더십 탐구, 종업원은 파트너, 하워드 슐츠.

http://shrstory.tistory.com/?page=50, 2018. 10, 리더십 개발과 실천, 황정선.

https://slidesplayer.org/slide/14047032/, 2018.9, 사우스웨스트 항공사 동기부여 프로그램 사례 분석, 정원우.

https://terms.naver.com/entry.nhn?docId=1395781&cid=43773&categoryId=43776, 시대를 앞서가는 변화의 리더십 리콴유.

http://www.chogabje.com/board/view.asp?C_IDX=6155&C_CC=AZ, 2005, 박정희 리더십 12계명, 조갑제.

http://www.prism.go.kr/.../downloadResearchAttachFile.do;jsessionid... 국민안전처 사이버 콘텐츠 교안.

http://www.sigmapress.co.kr, 효과적인 팀 구축, 핵심 조직행동론.

■ 국외저서

Alderfer, C. P.(1972). Existence, Relatedness, and Growth: Human Needs in Organizational Settings, New York : The Free Press.

Blake, P. R. & Mouton, J. S.(1978). *The new managerial grid*, TX : Gulf Publishing Compay.

B. M. Bass.(1990). From Transformational Leadership: Learning to Share the Vision, Organizational Dynamics, 18(Winter).

Ciulla, J. B.(2004). Ethics, the heart of leadership. Quorum, Westport, USA.

Cannon-bowers, J. A.(1995). Defining competencies and establishing team training requirements. In Guzzo, San Francisco : Jossey-Bass.

Conger, J. A. & Kanungo, R. N.(1988). Charismatic Leadership, San Francisco: Jossey-Bass

Daft, R. L.(2008). *The leadership experience*(4th ed.), Mason, Ohio : Thomson South-Western

Drucker, P. F.(1985). Innovation and Entrepreneurship, Practice and rinciples, Harper Collins.

Fiedler. F. E.(1967). *A Theory of Leadership Effectiveness*, New York : Mcgrow-hill,

Gallwey. W. T.(1997). The inner game of tennis: the classic guide to the mental side of peak performance. Random House Trade.

Gini, A.(1998). Moral leadership and business ethics. In J. B. Ciulla(Ed.), Ethics, the heart of leadership, Westport, CT : Quorum Books.

Goldberg, L. R.(1990). An alternative "description of personality": big-5 factor structure. Journal of personality and social sychology.

Goleman, Daniel(2002). Primal Leadership: Learning to lead with emotional intelligence. Harvard Business School Press.

G. A. Yukl.(1994). *Leadership in Organizations*, 3rd ed. Englewood Cliffs, NJ: Prentice Hall.

G. A. Yukl.(2004). *Leadership in Organizations,* 4rd ed.

Greenleaf, R. K.(1970). Servant as leader. Republished in 1991 by The Robert K, Greenleaf Center in Indianapolis, Indiana USA.

Heller, T., & Van Til, J.(1982). Leadership and followership: Some summary propositions. The Journal of Applied Behavioral Science

Herzberg. F.(1966). Work and Nature of Man, World Publication. Handbook of Industrial and Organizational Psychology. Chi Rand MeNally. 130.

Heroes and Sidekicks(2010). Ensuring Proper Followership.

Hersey, P. & Blanchard, K. H.(1993). Management of Organizational Behavior. 6th ed. Prentice-Hall International. Inc.

House. R. J., & Avolio. B. J. Toward the integration of transformational, charismatic, visionary leadership, In Chemers, M. M. & Ayman, R.(eds.), Leadership Theory and Research: Perspectives and Directions, CA: Academic Press.

John M. Keller. Springer. Motivational Design for Learning and Performance.

J.S. Adams(1984). "Beyond Equity Theory", *Journal of Applied Psychology.*

Kelley, R. E.(1992). *The power of Followership*. New York: Bantam Doubleday Dell Pub. Inc.

Kohlberg, L.(1969). Stage and sequence: The cognitive-developmental approach to socialization. McNally, Chicago, USA.

Kolb, D. A.(1984). Experiential learning-experience as the source of learning and development. Englewood Cliffs, NJ: Prentice Hall

Larson, C. E. & LaFasto, F. M. J.(1989). Teamwork: What must go right/ what can go wrong. Newbury Park, CA: Sage.

Likert. R.(1967). T*he Human Organization*, NY, McGraw Hill,

Livovich, M. P.(1999). "An investigation of servant leadership in public school superintendents in the State of Indiana", Indiana State University.

Locke E. A.(1976). The Nature and Cause of Job Satisfaction, Handbook of industrial and Organizational Psychology, *Rand Mcnally College Publishing Company*, 355-377.

Maslow, A. H(1943). "A theory of Human Motivation," *Psychological Review.*

Manz, C. C., & Sims, H. P.(2001). The new super leadership: Leading others to lead themselves. San francisco, CA

Manz, C. C., & Sims, H. P.(1995). Business without bosses: How self managing teams are building high performing companies. Austin, TX: University of Texas Press.

Northouse, P. G.(2007). *Leadership: Theory and practice* (4th ed.). CA : Sage, Thousand Oaks, USA.

Peters T. J.(1985). A Passion for Excellence, the leadership difference, NY : Random Hoise.

Schutermeister, R. A.(1976). *People and Productivity*, N.Y.: McGraw-hill.

Spears, L. C.(1995). Insights on leadership : Service, stewardship, spirit, and servant-leadership. New York

Stowell, J. S.(1986). "Leadership & Coaching," University of Utha.

Trevino, L. K., & Harrison, D. A.(2005). Ethical leadership: A social learning perspective for construct development and test.

Thomas, K.(1976). *Conflict and conflict management. In M. Dunnette* (Ed.), Handbook of industrial and organizational psychology. Chicago, IL : Rand-McNally.

Victor, H. Vroom(1964). *Work and Motivation*, New York : John Wiley & Sons, Inc.

Weber, Max.(1958). H. H. Gerth and C. Wright Mills, ed. From Max Weber. New York: Oxford University Press.

Whitmore, J.(2002). *Coaching for performance*(3rd ed). UK, London: Micholas Brealey Publishing.

저/자/소/개

■ **한은미**(韓銀美)

New York University Studio Art(MA)
대만국제신학대학교 명예철학박사
백남준미술관 관장(2006~2015)
개인전 20회, 그룹전 54회(미국, 구 소련, 프랑스, 일본, 중국, 한국 등)
저　서 : 세계 리더들이 꿈꾸는 Destinations
　　　　한은미의 영화 일기
　　　　리더십의 이해〈공저〉
　　　　사례를 중심으로 한 리더십〈공저〉
작품집 : 멀티미디어전, 아트카 퍼포먼스
현) 백남준연구소 소장
　　김천대학교 교수

■ **서영복**(徐永福)

경희대학교 산업공학사
경북대학교 경영학석사
금오공과대학교 컨설팅학박사
저　서 : 리더십의 이해〈공저〉
　　　　사례를 중심으로 한 리더십〈공저〉
삼성전자 상무
경북대 겸임교수
(주)이노뱅크(경영컨설팅 회사) 대표이사
현) 한국산업기술평가원 과제평가위원
　　김천대학교 교수

■ **이용규**(李鎔奎)

경북대학교 경영학석사
금오공과대학교 산업공학박사 과정
저　서 : 리더십의 이해〈공저〉
　　　　사례를 중심으로 한 리더십〈공저〉
삼성전자 근무
경남도립거창대학교 교수
현) 김천대학교 교수

마음을 움직이는

글로벌리더십

1판 1쇄 인쇄 — 2019년 2월 25일
1판 1쇄 발행 — 2019년 2월 28일

저　　자 - 한은미 · 서영복 · 이용규
발 행 인 - 강성민
발 행 처 - 수양재
주　　소 - 경기도 파주시 검산로 173번길 29-20
전　　화 - 031-946-3863(代)
팩　　스 - 031-946-3864
이 메 일 - syjpub@naver.com
출판등록 - 2016년 6월 3일 제 406-2016-000069 호

ISBN 979-11-89457-03-7

정가 20,000원